經濟數學進階

主編 ◎ 王國政、趙坤銀

前　言

　　《經濟數學進階》是在《經濟數學基礎》之上，對微積分中的概念、理論與方法進行重新嚴格講述的基礎上編寫而成。

　　本書的突出特點是與《經濟數學基礎》緊密銜接，可當作《經濟數學基礎》的續篇。對於經濟數學基礎課程中已講述的有關內容不再重複，對其中未嚴格表述的概念（如極限）重新進行講述，給出了許多定義、性質的證明，對於基本的求導與積分方法進行了補充與完善，並且補充了少量較複雜的內容，每章還增加了少量的有一定難度的綜合性習題。

　　編寫本書的初衷是結合獨立學院的教學改革需要，將高等數學知識的學習分為兩個層次，基礎部分為《經濟數學基礎》，意為一般院校經濟管理類專業學生提供一本淺易而實用的教材；而對一些要求數學較高專業的學生及願意學習更多數學知識的學生，則提供《經濟數學進階》供他們選修，以滿足他們進一步學習高等數學知識的需要，從而為后續學習其他各專業課程奠定更加嚴實的基礎。

　　本書的內容做了非常細緻的選擇與處理，由於編者學識有限，書中疏漏與錯誤之處在所難免，懇請各位同行與讀者不吝批評與指正。

編者

目　錄

第1章　極限與連續 ……………………………………………… (1)

　　第1節　極限的嚴格定義 ……………………………………… (1)
　　第2節　極限存在性定理與兩個重要極限 …………………… (14)
　　第3節　無窮小量與無窮大量 ………………………………… (22)
　　第4節　多元函數的極限與連續 ……………………………… (30)
　　第1章補充習題 ………………………………………………… (34)

第2章　導數與微分 ……………………………………………… (36)

　　第1節　導數的計算方法 ……………………………………… (36)
　　第2節　微分及其應用 ………………………………………… (50)
　　第3節　微分中值定理 ………………………………………… (57)
　　第4節　洛必達（L'Hospital）法則 …………………………… (66)
　　第5節　偏導數與全微分 ……………………………………… (73)
　　第2章補充習題 ………………………………………………… (85)

第3章　積分方法與廣義積分 …………………………………… (88)

　　第1節　換元積分法 …………………………………………… (88)
　　第2節　分部積分法 …………………………………………… (103)
　　第3節　有理函數的積分 ……………………………………… (110)
　　第4節　廣義積分與 Γ 函數 ………………………………… (118)
　　第3章補充習題 ………………………………………………… (125)

第4章　冪級數 …………………………………………………… (126)

　　第1節　冪級數的概念 ………………………………………… (126)
　　第2節　初等函數的冪級數展開 ……………………………… (135)
　　第3節　冪級數的應用 ………………………………………… (140)
　　第4章補充習題 ………………………………………………… (143)

第 5 章 高階微分方程 ……………………………………………… (145)

第 1 節 高階線性微分方程的解的結構 ……………………………… (145)

第 2 節 二階常系數線性微分方程 …………………………………… (149)

第 5 章補充習題 ……………………………………………………… (156)

附錄：各章補充習題答案或提示 ………………………………… (158)

第 1 章　極限與連續

　　極限理論的建立,在思想方法上深刻影響了近代數學的發展.極限概念的形成經歷了漫長的過程,直到 19 世紀上半葉,由於對無窮級數的研究,人們對極限概念才有了較明確的認識.1821 年法國數學家柯西(Augustin-Louis Cauchy)在他的《分析教程》中進一步提出了極限定義的「ε-δ」方法,把極限過程用不等式來刻畫,後經德國數學家魏爾斯特拉斯(Karl Weierstrass)進一步加工,成為現在一般微積分教科書中的柯西極限定義或叫「ε-δ」定義.

第 1 節　極限的嚴格定義

1. 數列的極限

先看如何用漸近的方法求圓的面積.

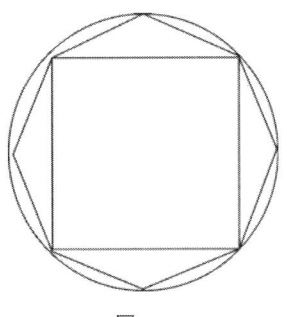

圖 1.1

　　如圖 1.1 所示,設有一圓,首先作內接正四邊形,它的面積記為 A_1;然后作內接正八邊形,它的面積記為 A_2;再作內接正十六邊形,它的面積記為 A_3;如此下去,每次邊數加倍,一般地把內接正 $4 \times 2^{n-1}$ 邊形的面積記為 $A_n(n \in N)$.這樣就得到一系列內接正多邊形的面積:

$$A_1, A_2, A_3, \cdots, A_n, \cdots$$

　　它們構成一列有次序的數.當 n 越大,內接正多邊形的面積與圓的面積的差別就越小,從而以 A_n 作為圓的面積的近似值也越精確.但是無論 n 取得如何大,只要 n 取定了,A_n 終究只是多邊形的面積,而不是圓的面積.因此,設想 n 無限增大(記為

$n \to \infty$，讀作 n 趨於無窮大），即內接正多邊形的邊數無限增加，在這個過程中，內接正多邊形無限接近於圓，同時 A_n 也無限接近於某一確定的數值.這個確定的數值在數學上稱為上面這列有次序的數（即數列）$A_1, A_2, A_3, \cdots, A_n, \cdots$ 當 $n \to \infty$ 時的極限.在圓面積問題中我們看到，正是這個數列的極限才精確地表達了圓的面積.

定義 1.1 如果按照某一法則，有第一個數 x_1，第二個數 $x_2, \cdots$ 這樣依次序排列著，使得對應著任何一個正整數 n 有一個確定的數 x_n，那麼，這列有次序的數

$$x_1, x_2, \cdots, x_n, \cdots$$

就叫做數列，記作 $\{x_n\}$. 第 n 項 x_n 叫做數列的一般項或通項.

在幾何上，數列 $\{x_n\}$ 可看作數軸上的一個動點，它依次取數軸上的點 $x_1, x_2, \cdots, x_n, \cdots$（見圖 1.2）.

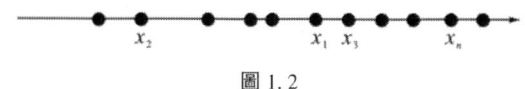

圖 1.2

當 n 無限增大時，如果數列 $\{x_n\}$ 中的項 x_n 無限接近於常數 a，則稱 a 為數列 $\{x_n\}$ 的極限.

這是一種描述性的定義，其中，「n 無限增大」、「x_n 無限接近於常數 a」是含糊不清的.數學上為了精確刻畫 n 增大的程度以及 x_n 接近於常數 a 的程度，引進了兩個參數 N 與 ε，由 $|x_n - a| < \varepsilon$ 可以確定一個相應的 N，即使得當 $n > N$ 時就有 $|x_n - a| < \varepsilon$，這時我們也認為 n 充分大時 ($n > N$)，x_n 與 a 充分接近了 (x_n 與 a 的距離比 ε 小).

比如，對數列

$$2, \frac{1}{2}, \frac{4}{3}, \cdots, \frac{n + (-1)^{n-1}}{n}, \cdots$$

其通項 $x_n = \dfrac{n + (-1)^{n-1}}{n} = 1 + \dfrac{(-1)^{n-1}}{n}$，我們以 n 為橫坐標，x_n 為縱坐標，畫出其圖形如圖 1.3 所示.

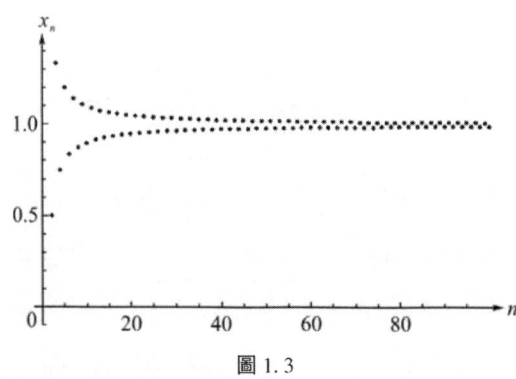

圖 1.3

可以看出,隨著 n 的無限增大,x_n 無限接近於常數 1.

如果取 $\varepsilon = 0.01$,則由

$$|x_n - 1| = \frac{1}{n} < 0.01$$

得 $n > 100$,故可取 $N = 100$(顯然 N 可取為任意一個大於 100 的常數,N 的取法是不唯一的),當 $n > N$ 時,就有 $|x_n - 1| < \varepsilon$.

而如果取 $\varepsilon = 0.000,1$,則由

$$|x_n - 1| = \frac{1}{n} < 0.000,1$$

知,當 $n > N = 10,000$ 時,才有 $|x_n - 1| < \varepsilon$.

很顯然,這個 N 與 ε 有關,一般而言,ε 越小,N 越大.

對於數列 $\{x_n\}$,若有極限 a,用 $\varepsilon - N$ 語言給出的嚴格定義如下:

定義 1.2 如果對於任意給定的正數 ε,總存在正整數 N,使得當 $n > N$ 時,不等式

$$|x_n - a| < \varepsilon$$

恒成立,則稱常數 a 是數列 $\{x_n\}$ 的極限,記作 $\lim\limits_{n \to \infty} x_n = a$. 或當 $n \to \infty$ 時,$x_n \to a$.

如果 $\lim\limits_{n \to \infty} x_n = a$,也稱數列 $\{x_n\}$ 收斂於 a. 一個數列如果有極限,便說它是收斂的,否則就說數列是發散的.

例如數列 $\left\{\left(\frac{6}{5}\right)^n\right\}$,隨著 n 逐漸增大,數列的元素越來越大,不會無限接近某個確定的常數,所以數列 $\left\{\left(\frac{6}{5}\right)^n\right\}$ 是發散的. 再如數列 $\{(-1)^{n-1}\}$,隨著 n 逐漸增大,數列不斷交替地取 1 和 -1,也不會無限接近某個確定的常數,所以數列 $\{(-1)^{n-1}\}$ 也是發散的.

注意:(1) 定義 1.2 中正數 ε 的任意性是很重要的,由於 ε 可任意給定,不等式 $|x_n - a| < \varepsilon$ 表明 $|x_n - a|$ 可以任意小(比任意給定的 ε 都小),相應表達出 x_n 與 a 無限接近的意思.

(2) 正整數 N 不唯一且與 ε 相關,在運用定義證明問題時,要證明 N 的存在性,最簡單有效的方式是找到一個符合要求的 N 即可.

數列極限的幾何解釋:將常數 a 及數列 $x_1, x_2, \cdots, x_n, \cdots$ 在數軸上用它們的對應點表示出來,再在數軸上作點 a 的 ε 鄰域即開區間 $(a - \varepsilon, a + \varepsilon)$,如圖 1.4 所示.

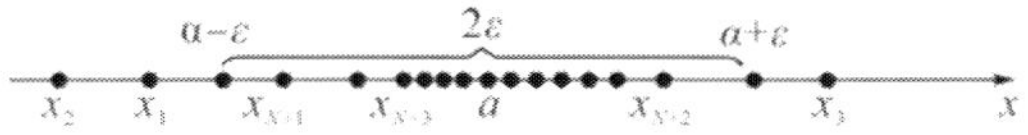

圖 1.4

當 $n > N$ 時,$|x_n - a| < \varepsilon$,即 $a - \varepsilon < x_n < a + \varepsilon$,這表明當 $n > N$ 時,所有的點 x_n 都落在 $(a - \varepsilon, a + \varepsilon)$ 內,而只有有限個(至多只有 N 個)在這區間之外.

例1 證明 $\lim\limits_{n\to\infty}\dfrac{n+(-1)^{n-1}}{n}=1$.

證明 由 $|x_n-1|=\left|\dfrac{n+(-1)^{n-1}}{n}-1\right|=\dfrac{1}{n}$,故對任給 $\varepsilon>0$,要使 $|x_n-1|<\varepsilon$,只要 $\dfrac{1}{n}<\varepsilon$,即 $n>\dfrac{1}{\varepsilon}$.所以,取 $N=\left[\dfrac{1}{\varepsilon}\right]$,則當 $n>N$ 時,就有

$$\left|\dfrac{n+(-1)^{n-1}}{n}-1\right|<\varepsilon.$$

即

$$\lim\limits_{n\to\infty}\dfrac{n+(-1)^{n-1}}{n}=1.$$

注意:函數 $[x]$ 表示不超過 x 的最大整數,如 $[3.2]=3$.

例2 設 $x_n\equiv C$(C 為常數),證明 $\lim\limits_{n\to\infty}x_n=C$.

證明 因為任給 $\varepsilon>0$,對於一切自然數 n,恒有 $|x_n-C|=|C-C|=0<\varepsilon$.所以,$\lim\limits_{n\to\infty}x_n=C$.即:常數列的極限等於同一常數.

例3 證明 $\lim\limits_{n\to\infty}q^n=0$,其中 $|q|<1$.

證明 若 $q=0$,則 $\lim\limits_{n\to\infty}q^n=\lim\limits_{n\to\infty}0=0$;

若 $0<|q|<1$,任給 $\varepsilon>0$,欲使 $|x_n-0|=|q^n|<\varepsilon$,必須 $n\ln|q|<\ln\varepsilon$,即 $n>\dfrac{\ln\varepsilon}{\ln|q|}$,取 $N=\left[\dfrac{\ln\varepsilon}{\ln|q|}\right]$,則當 $n>N$ 時,就有

$$|q^n-0|<\varepsilon,$$

從而 $\lim\limits_{n\to\infty}q^n=0$.

例4 設 $x_n>0$,且 $\lim\limits_{n\to\infty}x_n=a>0$,求證 $\lim\limits_{n\to\infty}\sqrt{x_n}=\sqrt{a}$.

證明 任給 $\varepsilon>0$,由

$$\left|\sqrt{x_n}-\sqrt{a}\right|=\dfrac{|x_n-a|}{\sqrt{x_n}+\sqrt{a}}<\dfrac{|x_n-a|}{\sqrt{a}},$$

要使 $\left|\sqrt{x_n}-\sqrt{a}\right|<\varepsilon$,只要 $|x_n-a|<\sqrt{a}\varepsilon$.

因為 $\lim\limits_{n\to\infty}x_n=a$,所以對 $\varepsilon_0=\sqrt{a}\varepsilon>0$,$\exists N>0$,當 $n>N$ 時,$|x_n-a|<\varepsilon_0=\sqrt{a}\varepsilon$,從而當 $n>N$ 時,恒有 $\left|\sqrt{x_n}-\sqrt{a}\right|<\varepsilon$,故 $\lim\limits_{n\to\infty}\sqrt{x_n}=\sqrt{a}$.

例5 證明數列 $x_n=(-1)^{n+1}$ 是發散的.

證明 用反證法.假設 $\lim\limits_{n\to\infty}x_n=a$,$a$ 為某一常數.由定義,對於 $\varepsilon=\dfrac{1}{2}$,$\exists N>0$,使得當 $n>N$ 時,恒有 $|x_n-a|<\dfrac{1}{2}$,即當 $n>N$ 時,$x_n\in\left(a-\dfrac{1}{2},a+\dfrac{1}{2}\right)$,區間長度為 1.而 x_n 無休止地反覆取 1 和 -1 兩個數,不可能同時位於長度為 1 的區間內,因此該數列是發散的.

2. 數列極限的性質與運算

(1) 收斂數列的性質

性質1(極限的唯一性):如果數列$\{x_n\}$收斂,則其收斂的極限值唯一.

證明 用反證法.假設$n \to \infty$時,同時有$x_n \to a$及$x_n \to b$,且不妨設$a < b$. 取$\varepsilon = \dfrac{b-a}{2}$,因為$\lim\limits_{n\to\infty} x_n = a$,故存在正整數$N_1$,使得對於$n > N_1$的一切$x_n$,不等式

$$|x_n - a| < \varepsilon = \frac{b-a}{2} \tag{1}$$

都成立.同理,因為$\lim\limits_{n\to\infty} x_n = b$,故存在正整數$N_2$,使得對於$n > N_2$的一切$x_n$,不等式

$$|x_n - b| < \frac{b-a}{2} \tag{2}$$

都成立.取$N = \max\{N_1, N_2\}$(這式子表示N是N_1和N_2中較大的那個數),則當$n > N$時,(1)式及(2)式同時成立.但由(1)式有$x_n < \dfrac{a+b}{2}$,由(2)式有$x_n > \dfrac{a+b}{2}$,這是不可能的,故性質1成立.

性質2(收斂數列的有界性):如果數列$\{x_n\}$收斂,那麼數列$\{x_n\}$一定有界.

數列$\{x_n\}$有界,即指存在M,使得對於一切x_n都滿足不等式$|x_n| \leq M$.

證明 不妨設$\lim\limits_{n\to\infty} x_n = a$,取$\varepsilon = 1$,$\exists N$,當$n > N$時,

$$|x_n - a| < 1$$
$$|x_n| < |a| + 1$$

令$M = \max\{1 + |a|, |x_1|, |x_2|, \cdots, |x_N|\}$,則對$\forall n$,都有$|x_n| \leq M$,即數列$\{x_n\}$有界。

性質3(收斂數列的保號性):如果數列$\{x_n\}$收斂於a,且$a > 0$(或$a < 0$),那麼存在正整數N,當$n > N$時,有$x_n > 0$(或$x_n < 0$).

推論 如果數列$\{x_n\}$從某項起有$x_n \geq 0$(或$x_n \leq 0$),且收斂於a,那麼$a \geq 0$(或$a \leq 0$).

最後,介紹子數列的概念以及關於收斂的數列與其子數列間關係的一個定理.

在數列$\{x_n\}$中任意抽取無限多項並保持這些項在原數列$\{x_n\}$中的先後次序,這樣得到的一個數列稱為原數列$\{x_n\}$的子數列(或子列).

設在數列$\{x_n\}$中,第一次抽取x_{n_1},第二次在x_{n_1}後抽取x_{n_2},第三次在x_{n_2}後抽取x_{n_3},$\cdots$,這樣一直抽取下去,得到一個數列

$$x_{n_1}, x_{n_2}, x_{n_3}, \cdots, x_{n_k} \cdots$$

這個數列$\{x_{n_k}\}$就是數列$\{x_n\}$的一個子數列.

注意 在子數列$\{x_{n_k}\}$中,一般項x_{n_k}是第k項,而x_{n_k}在原數列$\{x_n\}$中卻是第n_k項.顯然,$n_k \geq k$.

性質 4（收斂數列與其子數列間的關係）：如果數列 $\{x_n\}$ 收斂於 a，那麼它的任一子數列也收斂，且極限也是 a.

反之，若數列 $\{x_n\}$ 的任意兩個不同的子列收斂於不同的常數值，則數列 $\{x_n\}$ 發散.

性質 3、性質 4 的證明請讀者自己完成.

(2) 數列極限的四則運算法則

定理 1.1 設 $\lim\limits_{n\to\infty} x_n = a, \lim\limits_{n\to\infty} y_n = b$，則有

(1) $\lim\limits_{n\to\infty}(x_n \pm y_n) = a \pm b$；

(2) $\lim\limits_{n\to\infty}(x_n y_n) = ab$；

(3) $\lim\limits_{n\to\infty}\dfrac{x_n}{y_n} = \dfrac{a}{b}$，（要求 $b \neq 0, y_n \neq 0$）.

證明 （1）對 $\forall \varepsilon > 0$，由 $\lim\limits_{n\to\infty} x_n = a$，$\exists N_1$，當 $n > N_1$ 時，

$$|x_n - a| < \frac{\varepsilon}{2},$$

又由 $\lim\limits_{n\to\infty} y_n = b$，$\exists N_2$，當 $n > N_2$ 時，

$$|y_n - a| < \frac{\varepsilon}{2},$$

取 $N = \max(N_1, N_2)$，當 $n > N$ 時，就有

$$|(x_n \pm y_n) - (a \pm b)| \leq |x_n - a| + |y_n - b| < \frac{\varepsilon}{2} + \frac{\varepsilon}{2} = \varepsilon$$

即 $\lim\limits_{n\to\infty}(x_n \pm y_n) = a \pm b$.

（2）由上面的性質 2，$\exists M_1 > 0, \forall n, |y_n| < M_1$，令

$$M = \max\{M_1, |a|\} > 0,$$

對 $\forall \varepsilon > 0$，由 $\lim\limits_{n\to\infty} x_n = a$，$\exists N_1$，當 $n > N_1$ 時，有

$$|x_n - a| < \frac{\varepsilon}{2M},$$

又由 $\lim\limits_{n\to\infty} y_n = b$，$\exists N_2$，當 $n > N_2$ 時，有

$$|y_n - b| < \frac{\varepsilon}{2M},$$

取 $N = \max(N_1, N_2)$，則當 $n > N$ 時，就有

$$|x_n \cdot y_n - a \cdot b| = |y_n \cdot (x_n - a) + a \cdot (y_n - b)|$$
$$\leq |y_n| \cdot |x_n - a| + |a| \cdot |y_n - b|$$
$$< M \cdot |x_n - a| + M \cdot |y_n - b|$$
$$< M \cdot \frac{\varepsilon}{2M} + M \cdot \frac{\varepsilon}{2M} = \varepsilon$$

即 $\lim_{n\to\infty}(x_n y_n) = ab$.

(3) 先估計 $\{y_n\}$ 的下界. 對於 $\frac{|b|}{2} > 0$, 由 $\lim_{n\to\infty} y_n = b$, $\exists N_1$, 當 $n > N_1$ 時, 有

$$|b| - |y_n| \leq |y_n - b| < \frac{|b|}{2}$$

得 $\frac{|b|}{2} \leq |y_n|$.

對 $\forall \varepsilon > 0$, 仍由 $\lim_{n\to\infty} y_n = b$, $\exists N_2$, 當 $n > N_2$ 時, 有

$$|y_n - b| < \frac{|b|^2}{2}\varepsilon,$$

取 $N = \max(N_1, N_2)$, 則當 $n > N$ 時, 就有

$$\left|\frac{1}{y_n} - \frac{1}{b}\right| = \left|\frac{y_n - b}{y_n b}\right| \leq \frac{2|y_n - b|}{|b|^2}$$

$$< \frac{2}{|b|^2} \cdot \frac{|b|^2}{2}\varepsilon = \varepsilon$$

即

$$\lim_{n\to\infty}\frac{1}{y_n} = \frac{1}{b}.$$

由(2), 得

$$\lim_{n\to\infty}\frac{x_n}{y_n} = \lim_{n\to\infty} x_n \cdot \frac{1}{y_n} = a \cdot \frac{1}{b} = \frac{a}{b}.$$

定理1.1的結論可以推廣到有限多個數列的情形, 如每個數列極限存在, 則有

$$\lim_{n\to\infty}(x_n + y_n + z_n) = \lim_{n\to\infty} x_n + \lim_{n\to\infty} y_n + \lim_{n\to\infty} z_n$$

$$\lim_{n\to\infty}(x_n \cdot y_n \cdot z_n) = \lim_{n\to\infty} x_n \cdot \lim_{n\to\infty} y_n \cdot \lim_{n\to\infty} z_n$$

例6 設 $x_n = \frac{1}{2^n} + \arctan n$, $y_n = 2 + \frac{1}{n^2}$, 求下列極限:

(1) $\lim_{n\to\infty}(x_n + y_n)$; (2) $\lim_{n\to\infty}(x_n - y_n)$; (3) $\lim_{n\to\infty}(x_n y_n)$; (4) $\lim_{n\to\infty}\frac{x_n}{y_n}$.

解 由於 $\lim_{n\to\infty} x_n = \frac{\pi}{2}$, $\lim_{n\to\infty} y_n = 2$, 所以有

(1) $\lim_{n\to\infty}(x_n + y_n) = \frac{\pi}{2} + 2$;

(2) $\lim_{n\to\infty}(x_n - y_n) = \frac{\pi}{2} - 2$;

(3) $\lim_{n\to\infty}(x_n y_n) = \frac{\pi}{2} \cdot 2 = \pi$;

(4) $\lim\limits_{n\to\infty}\dfrac{x_n}{y_n}=\dfrac{\dfrac{\pi}{2}}{2}=\dfrac{\pi}{4}$.

3. 函數的極限定義

數列$\{x_n\}$也可看作自變量為正整數n的函數：
$$x_n=f(n)$$
它的定義域是全體正整數,當自變量n依次取$1,2,3,\cdots$時,對應的函數值就排列成數列$\{x_n\}$.數列的極限只是一種特殊的函數的極限.現在,我們討論定義於實數集合上的函數$y=f(x)$的極限.

(1) 當$x\to\infty$時,函數$y=f(x)$的極限

考慮函數$y=1+\dfrac{1}{x}$ $(x\ne 0)$,當$|x|$無限增大時,y無限地接近於常數1.與數列的情形一樣,「當$|x|$無限增大時,y無限地接近於常數1」,是指「當$|x|$無限增大時,y與1的距離即$|y-1|$可以任意地小」.

同樣引進兩個參數X與ε,其中正數ε用來衡量函數y和常數1的接近程度,X用來衡量$|x|$的大小,得到函數極限的$\varepsilon-X$定義如下：

定義 1.3 設函數$f(x)$在$|x|>M(M$為某一正數$)$時有定義,如果存在常數A,使得對於任意給定的正數ε,總存在正數X,當$|x|>X$時,不等式
$$|f(x)-A|<\varepsilon$$
恒成立,則稱常數A是函數$f(x)$當$x\to\infty$時的極限,記作
$$\lim\limits_{x\to\infty}f(x)=A \quad \text{或} \quad f(x)\to A \ (x\to\infty)$$
如果這樣的常數不存在,那麼稱當$x\to\infty$時函數$f(x)$極限不存在.

$x\to\infty$時$f(x)$以A為極限的幾何解釋:對於任意給定的正數ε,在坐標平面上作出兩平行直線$y=A-\varepsilon$與$y=A+\varepsilon$,兩直線之間形成一個帶形區域.不論ε多麼小,即不論帶形區域多麼狹窄,總可以找到$X>0$,當點$(x,f(x))$的橫坐標x進入區間$(-\infty,-X)\cup(X,+\infty)$時,縱坐標全部落入區間$(A-\varepsilon,A+\varepsilon)$內.此時$y=f(x)$的圖形處於帶形區域之內.$\varepsilon$越小,則帶形區域越狹窄,如圖1.5所示.

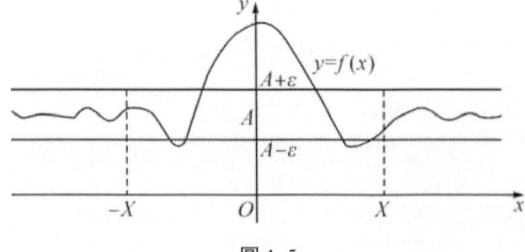

圖 1.5

有時我們還需要區分 x 趨於無窮大的符號.如果 x 趨於正無窮大,記作 $x \to +\infty$,只要把上述定義中 $|x| > X$ 改為 $x > X$,就得到 $\lim_{x \to +\infty} f(x) = A$ 的定義;同樣,如果 x 趨於負無窮大,記作 $x \to -\infty$,只要把上述定義中 $|x| > X$ 改為 $x < -X$,就得到 $\lim_{x \to -\infty} f(x) = A$ 的定義.

例 7 用極限定義證明 $\lim_{x \to \infty} \dfrac{\sin x}{x} = 0$.

證明 因為 $\left|\dfrac{\sin x}{x} - 0\right| = \left|\dfrac{\sin x}{x}\right| \leq \dfrac{1}{|x|}$,於是 $\forall \varepsilon > 0$,可取 $X = \dfrac{1}{\varepsilon}$,則當 $|x| > X$ 時,恒有 $\left|\dfrac{\sin x}{x} - 0\right| < \varepsilon$,故 $\lim_{x \to \infty} \dfrac{\sin x}{x} = 0$.

(2) 當 $x \to x_0$ 時,函數 $y = f(x)$ 的極限

考慮函數 $f(x) = \dfrac{4x^2 - 1}{2x - 1}$,如圖 1.6 所示,函數 $f(x) = \dfrac{4x^2 - 1}{2x - 1}$ 的定義域為 $(-\infty, \dfrac{1}{2}) \cup (\dfrac{1}{2}, +\infty)$.當 x 無論從左側還是右側充分接近 $\dfrac{1}{2}$ 時,函數 $f(x)$ 無限接近於常數 2.

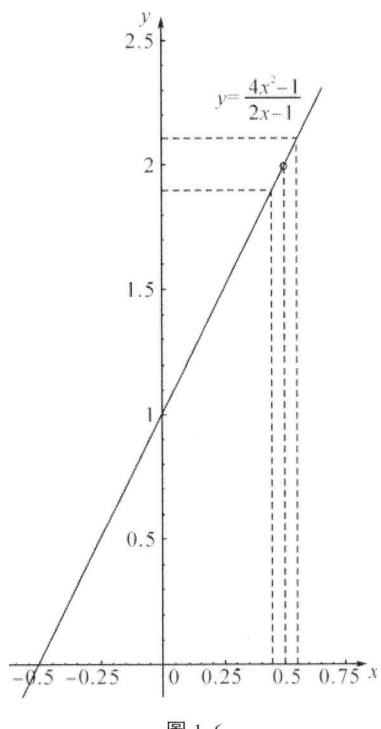

圖 1.6

一般地,當 x 無限接近於 x_0 但又不等於 x_0 時,函數 $f(x)$ 無限接近於常數 A,則稱這個常數 A 是當 x 趨於 x_0 時函數 $f(x)$ 的極限,記作 $\lim_{x \to x_0} f(x) = A$.

為了刻畫 $f(x)$ 與常數 A 的接近程度及 x 與 x_0 的接近程度,分別引進兩個參數 ε 及 δ,習慣上用 δ 來表示 x 與 x_0 的接近程度,用 ε 來表示 $f(x)$ 與常數 A 的接近程度,得到函數極限的 $\varepsilon - \delta$ 定義如下:

定義1.4 設函數 $f(x)$ 在點 x_0 的某空心鄰域內有定義,如果存在常數 A,使得對於 $\forall \varepsilon > 0$,總存在 $\delta > 0$,使得當 $0 < |x - x_0| < \delta$ 時,不等式

$$|f(x) - A| < \varepsilon$$

恒成立,則稱常數 A 是函數 $f(x)$ 當 $x \to x_0$ 時的極限,記作

$$\lim_{x \to x_0} f(x) = A \quad 或 \quad 當 x \to x_0 時, f(x) \to A$$

如果這樣的常數不存在,那麼稱當 $x \to x_0$ 時函數 $f(x)$ 極限不存在.

定義中不等式 $0 < |x - x_0| < \delta$ 表示 x 在點 x_0 的 δ 鄰域內,但 $x \neq x_0$. 這是因為當 $x \to x_0$ 時,函數 $f(x)$ 有沒有極限與 $f(x)$ 在 x_0 點有沒有定義毫無關係.

$x \to x_0$ 時 $f(x)$ 以 A 為極限的幾何解釋:對於任意給定的正數 ε,不論 ε 多麼小,即不論直線 $y = A - \varepsilon$ 與 $y = A + \varepsilon$ 之間的帶形區域多麼狹窄,總可以找到 $\delta > 0$,當點 $(x, f(x))$ 的橫坐標 x 進入區間 $(x_0 - \delta, x) \cup (x, x_0 + \delta)$ 時,縱坐標全部落入區間 $(A - \varepsilon, A + \varepsilon)$ 內. 此時 $y = f(x)$ 的圖形處於帶形區域之內. ε 越小,則帶形區域越狹窄,如圖 1.7 所示.

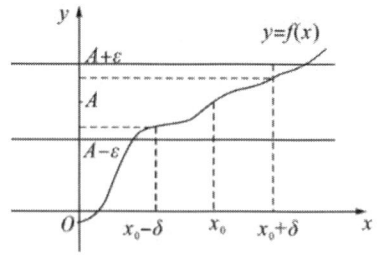

圖 1.7

例 8 設 $y = 2x - 1$,對下列不同的 ε 值,求一個相應的 δ,使得當 $|x - 4| < \delta$ 時,有 $|y - 7| < \varepsilon$.

(1) $\varepsilon = 0.1$; (2) $\varepsilon = 0.01$; (3) $\varepsilon = 0.001$.

解 (1) 欲使 $|y - 7| < 0.1$,即

$$|y - 7| = |(2x - 1) - 7| = |2x - 8| = 2|x - 4| < 0.1$$

從而

$$|x - 4| < \frac{0.1}{2} = 0.05,$$

故可取 $\delta = 0.05$,當 $|x - 4| < \delta$ 時,有 $|y - 7| < 0.1$.

(2) 欲使 $|y - 7| < 0.01$,即

$$|y - 7| = |(2x - 1) - 7| = |2x - 8| = 2|x - 4| < 0.01$$

從而

$$|x - 4| < \frac{0.01}{2} = 0.005,$$

故可取 $\delta = 0.005$,當 $|x - 4| < \delta$ 時,有 $|y - 7| < 0.01$.

（3）欲使 $|y - 7| < 0.001$,即
$$|y - 7| = |(2x - 1) - 7| = |2x - 8| = 2|x - 4| < 0.001$$
從而
$$|x - 4| < \frac{0.001}{2} = 0.000\,5,$$
故可取 $\delta = 0.000\,5$ 時,當 $|x - 4| < \delta$ 時,有 $|y - 7| < 0.001$.

例 9 證明 $\lim\limits_{x \to x_0} x = x_0$.

證明 因為 $|f(x) - x_0| = |x - x_0|$,任給 $\varepsilon > 0$,取 $\delta = \varepsilon$,當 $0 < |x - x_0| < \delta = \varepsilon$ 時,$|f(x) - x_0| = |x - x_0| < \varepsilon$ 成立,所以 $\lim\limits_{x \to x_0} x = x_0$.

例 10 證明 $\lim\limits_{x \to \frac{1}{2}} \frac{4x^2 - 1}{2x - 1} = 2$.

證明 函數在點 $x = \frac{1}{2}$ 處沒有定義,當 $x \neq \frac{1}{2}$ 時,$\left|\frac{4x^2 - 1}{2x - 1} - 2\right| = |2x - 1|$.

任給 $\varepsilon > 0$,只要取 $\delta = \frac{1}{2}\varepsilon$,則當 $0 < \left|x - \frac{1}{2}\right| < \delta$ 時,就有
$$\left|\frac{x^2 - 1}{x - 1} - 2\right| = |2x - 1| = 2\left|x - \frac{1}{2}\right| < 2\delta = \varepsilon$$
所以 $\lim\limits_{x \to \frac{1}{2}} \frac{4x^2 - 1}{2x - 1} = 2$.

（3）左極限與右極限

在上面討論 $\lim\limits_{x \to x_0} f(x) = A$ 時,$x \to x_0$ 的方式是任意的,可以從 x_0 的左側,也可以從 x_0 的右側無限接近於 x_0.但在有些問題中,往往只能或只需要考慮當 x 從 x_0 的一側無限接近於 x_0 時函數 $f(x)$ 的極限.例如,函數
$$f(x) = \begin{cases} 1, & x < 0 \\ x, & x \geq 0 \end{cases}.$$
$f(x)$ 函數作圖如圖 1.8 所示.

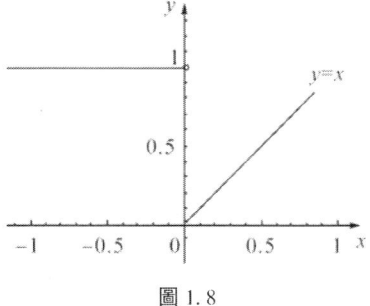

圖 1.8

容易看出,當 x 從 0 的左側趨於 0 時,$f(x)$ 趨於 1;而當 x 從 0 的右側趨於 0 時,$f(x)$ 趨於 0.我們分別稱它們是 x 趨於 0 時 $f(x)$ 的左極限和右極限.

再如函數 $y = \sqrt{x}$，由於其定義域為 $[0, +\infty)$，因此只能考察當 x 從 0 的右側趨於 0 時的極限。

定義 1.5 如果對於任意給定的正數 ε，總存在正數 δ，使得當 $-\delta < x - x_0 < 0$ 時，不等式

$$|f(x) - A| < \varepsilon$$

恒成立，則稱常數 A 是函數 $f(x)$ 當 $x \to x_0$ 時的左極限，記作

$$\lim_{x \to x_0^-} f(x) = A \quad \text{或} \quad f(x_0 - 0) = A$$

如果對於任意給定的正數 ε，總存在正數 δ，使得當 $0 < x - x_0 < \delta$ 時，不等式

$$|f(x) - A| < \varepsilon$$

恒成立，則稱常數 A 是函數 $f(x)$ 當 $x \to x_0$ 時的右極限，記作

$$\lim_{x \to x_0^+} f(x) = A \quad \text{或} \quad f(x_0 + 0) = A$$

左極限與右極限統稱單側極限。極限與單側極限關係如下：

定理 1.2 $\lim_{x \to x_0} f(x) = A$ 的充分必要條件是左右極限都存在並且相等，即

$$f(x_0 - 0) = f(x_0 + 0) = A$$

4. 函數極限的性質

函數極限與數列極限類似，也具有如下性質：

性質 1（極限的唯一性）：若極限 $\lim_{x \to x_0} f(x)$ 存在，則極限唯一。

不難用反證法證明，請讀者自證。

性質 2（有界性）：若極限 $\lim_{x \to x_0} f(x)$ 存在，則函數 $f(x)$ 在 x_0 的某空心鄰域內有界。

證明 由於 $\lim_{x \to x_0} f(x)$ 存在，不妨設 $\lim_{x \to x_0} f(x) = A$，則根據極限的定義，對於任意的 $0 < \varepsilon < 1$（ε 可以任意的小，當然可以限制它小於 1），總存在正數 δ，使得當 $0 < |x - x_0| < \delta$ 時，有不等式 $|f(x) - A| < \varepsilon$ 恒成立，即

$$A - 1 < A - \varepsilon < f(x) < A + \varepsilon < A + 1$$

所以函數 $f(x)$ 在 x_0 的某空心領域 $(x_0 - \delta, x_0) \cup (x_0, x_0 + \delta)$ 內有界。

性質 3（保號性）：若 $\lim_{x \to x_0} f(x) = A$，且 $A > 0$（或 $A < 0$），則在 x_0 的某空心鄰域內恒有 $f(x) > 0$（或 $f(x) < 0$）。

證明 設 $\lim_{x \to x_0} f(x) = A > 0$，則根據極限的定義，對於任意的 $0 < \varepsilon < \dfrac{A}{2}$（$\varepsilon$ 可以任意的小，當然可以限制它小於 $\dfrac{A}{2}$），總存在正數 δ，使得當 $0 < |x - x_0| < \delta$ 時，有不等式 $|f(x) - A| < \varepsilon$ 恒成立，即

$$0 < \frac{A}{2} = A - \frac{A}{2} < A - \varepsilon < f(x) < A + \varepsilon < A + \frac{A}{2} = \frac{3A}{2}$$

所以有 $f(x) > 0$。

$A < 0$ 的情形同理可以證明.

性質 4: 若 $\lim\limits_{x \to x_0} f(x) = A$, 且在 x_0 的某空心鄰域內恆有 $f(x) \geq 0$ (或 $f(x) \leq 0$), 則 $A \geq 0$ (或 $A \leq 0$).

證明略.

推論: 若 $\lim\limits_{x \to x_0} f(x) = A$, $\lim\limits_{x \to x_0} g(x) = B$, 且在 x_0 的某空心鄰域內恆有 $f(x) \geq g(x)$, 則 $A \geq B$.

習題 1.1

1. 用極限的定義證明.

   (1) 若 $k > 0$, 則 $\lim\limits_{n \to \infty} \dfrac{1}{n^k} = 0$;   (2) $\lim\limits_{n \to \infty} \dfrac{2n+1}{3n+1} = \dfrac{2}{3}$.

2. 設 $x_1 = 0.9, x_2 = 0.99, \cdots, x_n = 0.\overbrace{99\cdots 9}^{n}$, 求 $\lim\limits_{n \to \infty} x_n$. 如果要使 x_n 與其極限之差的絕對值小於 $0.000\,1$, 問 n 應滿足什麼條件?

3. 設數列 $\{x_n\}$ 有界, 且 $\lim\limits_{n \to \infty} y_n = 0$, 證明 $\lim\limits_{n \to \infty} x_n y_n = 0$.

4. 證明收斂數列的性質 3、性質 4.

5. 設 $x_n = \dfrac{1 + 2 + \cdots + n}{n^2}$, $y_n = 1 + \dfrac{1}{2} + \dfrac{1}{4} + \cdots + \dfrac{1}{2^{n-1}}$, 求下列極限:

   (1) $\lim\limits_{n \to \infty} (x_n + y_n)$; (2) $\lim\limits_{n \to \infty} (x_n - y_n)$; (3) $\lim\limits_{n \to \infty} (x_n y_n)$; (4) $\lim\limits_{n \to \infty} \dfrac{x_n}{y_n}$.

6. 當 $x \to -2$ 時, $x^2 \to 4$. 問 δ 等於多少, 當 $0 < |x+2| < \delta$ 時, 有 $|x^2 - 4| < 0.003$?

7. 當 $x \to \infty$ 時, $\dfrac{1}{x-2} \to 0$. 問 X 等於多少, 當 $|x| > X$ 時, 有 $\left| \dfrac{1}{x-2} - 0 \right| < 0.01$?

8. 用極限的定義證明:

   (1) $\lim\limits_{x \to 3} (3x - 1) = 8$;   (2) $\lim\limits_{x \to -2} \dfrac{x^2 - 4}{x + 2} = -4$;

   (3) $\lim\limits_{x \to \infty} \dfrac{2x + 3}{x} = 2$;   (4) $\lim\limits_{x \to -\infty} 2^x = 0$.

9. 設函數 $f(x) = \begin{cases} x - 1, & x < 0 \\ 0, & x = 0 \\ x + 1, & x > 0 \end{cases}$, 討論當 $x \to 0$ 時, $f(x)$ 的極限是否存在.

10. 證明函數 $f(x) = x|x|$ 當 $x \to 0$ 時極限為零.

11. 設函數 $f(x) = \begin{cases} x^2 + 1, & x \geq 2 \\ 2x + k, & x < 2 \end{cases}$, 問當 k 為何值時, 函數 $f(x)$ 在 $x \to 2$ 時的極限

存在?

12. 證明函數極限的性質1、性質4。

第2節　極限存在性定理與兩個重要極限

1. 極限存在性定理

定理 1.3 (夾擠定理)　如果數列 $\{x_n\}$、$\{y_n\}$ 及 $\{z_n\}$ 滿足下列條件：

(1) $y_n \leq x_n \leq z_n (n = 1, 2, 3, \cdots)$；

(2) $\lim\limits_{n \to \infty} y_n = a$, $\lim\limits_{n \to \infty} z_n = a$。

則數列 x_n 的極限存在，且 $\lim\limits_{n \to \infty} x_n = a$。

證明　因為 $\lim\limits_{n \to \infty} y_n = a$, $\lim\limits_{n \to \infty} z_n = a$，所以根據數列極限的定義，對於 $\forall \varepsilon > 0$，存在正整數 N_1，當 $n > N_1$ 時，有 $|y_n - a| < \varepsilon$；又存在正整數 N_2，當 $n > N_2$ 時，有 $|z_n - a| < \varepsilon$。現取 $N = \max\{N_1, N_2\}$，則當 $n > N$ 時，有

$$|y_n - a| < \varepsilon, |z_n - a| < \varepsilon$$

同時成立，即

$$a - \varepsilon < y_n < a + \varepsilon, a - \varepsilon < z_n < a + \varepsilon$$

同時成立。又因為 $y_n \leq x_n \leq z_n$，所以當 $n > N$ 時，有

$$a - \varepsilon < y_n \leq x_n \leq z_n < a + \varepsilon$$

即

$$|x_n - a| < \varepsilon$$

成立。這就證明了 $\lim\limits_{n \to \infty} x_n = a$。

註：定理1.3中的條件(1)可以修改為：存在一個正整數 N，當 $n > N$ 時，$y_n \leq x_n \leq z_n$。

例1　求 $\lim\limits_{n \to \infty} \left(\dfrac{1}{\sqrt{n^2 + 1}} + \dfrac{1}{\sqrt{n^2 + 2}} + \cdots + \dfrac{1}{\sqrt{n^2 + n}} \right)$。

解　由於 $\dfrac{n}{\sqrt{n^2 + n}} < \dfrac{1}{\sqrt{n^2 + 1}} + \cdots + \dfrac{1}{\sqrt{n^2 + n}} < \dfrac{n}{\sqrt{n^2 + 1}}$

又 $\lim\limits_{n \to \infty} \dfrac{n}{\sqrt{n^2 + n}} = \lim\limits_{n \to \infty} \dfrac{1}{\sqrt{1 + \dfrac{1}{n}}} = 1$, $\lim\limits_{n \to \infty} \dfrac{n}{\sqrt{n^2 + 1}} = \lim\limits_{n \to \infty} \dfrac{1}{\sqrt{1 + \dfrac{1}{n^2}}} = 1$，

故由定理1.3，得

$$\lim\limits_{n \to \infty} \left(\dfrac{1}{\sqrt{n^2 + 1}} + \dfrac{1}{\sqrt{n^2 + 2}} + \cdots + \dfrac{1}{\sqrt{n^2 + n}} \right) = 1.$$

例2　求 $\lim\limits_{n \to \infty} \left(\dfrac{1}{n^2} + \dfrac{1}{(n+1)^2} + \cdots + \dfrac{1}{(n+n)^2} \right)$。

解 設 $x_n = \dfrac{1}{n^2} + \dfrac{1}{(n+1)^2} + \cdots + \dfrac{1}{(n+n)^2}$, 顯然有

$$\frac{n+1}{4n^2} = \frac{1}{(2n)^2} + \frac{1}{(2n)^2} + \cdots + \frac{1}{(2n)^2} < x_n < \frac{1}{n^2} + \frac{1}{n^2} + \cdots + \frac{1}{n^2} = \frac{n+1}{n^2},$$

又 $\lim\limits_{n\to\infty} \dfrac{n+1}{4n^2} = 0$, $\lim\limits_{n\to\infty}\dfrac{n+1}{n^2} = 0$, 由定理 1.3 知 $\lim\limits_{n\to\infty} x_n = 0$, 即

$$\lim_{n\to\infty}\left(\frac{1}{n^2} + \frac{1}{(n+1)^2} + \cdots + \frac{1}{(n+n)^2}\right) = 0.$$

例 3 求 $\lim\limits_{n\to\infty} \dfrac{a^n}{n!} \ (a > 0)$.

解 $\dfrac{a^n}{n!} = \dfrac{a \cdot a \cdots a \cdot a}{1 \cdot 2 \cdot 3 \cdots ([a]+1)([a]+2)\cdots n}$

$= c \cdot \dfrac{a \cdot a \cdots a \cdot a}{([a]+2)([a]+3)\cdots n} < \dfrac{c \cdot a}{n}$,

其中 $c = \dfrac{a \cdot a \cdots a}{1 \cdot 2 \cdot 3 \cdots ([a]+1)}$, 因此 $0 < \dfrac{a^n}{n!} < \dfrac{c \cdot a}{n}$, 而 $\lim\limits_{n\to\infty} \dfrac{c \cdot a}{n} = 0$, 所以 $\lim\limits_{n\to\infty} \dfrac{a^n}{n!} = 0$.

例 4 求 $\lim\limits_{n\to\infty} \dfrac{n!}{n^n}$.

解 由 $\dfrac{n!}{n^n} = \dfrac{1 \cdot 2 \cdot 3 \cdots n}{n \cdot n \cdot n \cdots n} < \dfrac{1 \cdot 2 \cdot n \cdot n \cdots n}{n \cdot n \cdot n \cdots n} = \dfrac{2}{n^2}$,

易見 $0 < \dfrac{n!}{n^n} < \dfrac{2}{n^2}$. 又 $\lim\limits_{n\to\infty} \dfrac{2}{n^2} = 0$.

所以 $\lim\limits_{n\to\infty} \dfrac{n!}{n^n} = 0$.

例 5 求 $\lim\limits_{n\to\infty} \sqrt[n]{n}$.

解 令 $\sqrt[n]{n} = 1 + r_n (r_n \geq 0)$, 則

$$n = (1+r_n)^n = 1 + nr_n + \frac{n(n-1)}{2!}r_n^2 + \cdots + r_n^n > \frac{n(n-1)}{2!}r_n^2 \ (n > 1),$$

因此, $0 \leq r_n < \sqrt{\dfrac{2}{n-1}}$.

由於 $\lim\limits_{n\to\infty} \sqrt{\dfrac{2}{n-1}} = 0$, 所以 $\lim\limits_{n\to\infty} r_n = 0$. 故 $\lim\limits_{n\to\infty} \sqrt[n]{n} = \lim\limits_{n\to\infty} (1+r_n) = 1 + \lim\limits_{n\to\infty} r_n = 1$.

例 6 求證 $\lim\limits_{n\to\infty} \sqrt[n]{a} = 1 \ (a > 0)$.

證明 (1) 當 $a = 1$ 時, $\sqrt[n]{1} = 1$, 故 $\lim\limits_{n\to\infty} \sqrt[n]{a} = \lim\limits_{n\to\infty} 1 = 1$.

(2) 當 $a > 1$ 時,設 $x_n = \sqrt[n]{a}$,顯然 $x_n > 1$.當 $n > a$ 時,$x_n = \sqrt[n]{a} < \sqrt[n]{n}$.由例 5 知 $\lim\limits_{n \to \infty} \sqrt[n]{n} = 1$,所以 $\lim\limits_{n \to \infty} \sqrt[n]{a} = 1 \ (a > 1)$.

(3) 當 $0 < a < 1$ 時,總存在一個正數 $b(b > 1)$,使得 $a = 1/b$,由 (2) 知 $\lim\limits_{n \to \infty} \sqrt[n]{b} = 1$,所以 $\lim\limits_{n \to \infty} \sqrt[n]{a} = \lim\limits_{n \to \infty} \sqrt[n]{\dfrac{1}{b}} = \dfrac{1}{\lim\limits_{n \to \infty} \sqrt[n]{b}} = \dfrac{1}{1} = 1$.

綜合上述證明可知 $\lim\limits_{x \to x_0} \sqrt[n]{a} = 1 \ (a > 0)$.

上述關於數列極限的定理 1.3 可以推廣到函數極限的情形.

定理 1.4 設在 x_0 的某空心鄰域 $\overset{\circ}{U}(x_0, \delta)$ 內恒有

(1) $g(x) \leqslant f(x) \leqslant h(x)$;

(2) $\lim\limits_{x \to x_0} g(x) = \lim\limits_{x \to x_0} h(x) = A$.

則極限 $\lim\limits_{x \to x_0} f(x)$ 存在,且 $\lim\limits_{x \to x_0} f(x) = A$.

函數有單調性和有界性,數列作為特殊的下標函數,也有單調性和有界性.

如果數列 $\{x_n\}$ 滿足條件

$$x_1 \leqslant x_2 \leqslant x_3 \leqslant \cdots \leqslant x_n \leqslant x_{n+1} \leqslant \cdots$$

就稱數列 $\{x_n\}$ 是單調增加的;如果數列 $\{x_n\}$ 滿足條件

$$x_1 \geqslant x_2 \geqslant x_3 \geqslant \cdots \geqslant x_n \geqslant x_{n+1} \geqslant \cdots$$

就稱數列 $\{x_n\}$ 是單調減少的.單調增加和單調減少數列統稱為單調數列.

定理 1.5 單調有界數列一定有極限.

我們已知,收斂的數列一定有界,但有界的數列不一定收斂.定理 1.5 表明:如果數列不僅有界,並且是單調的,那麼這數列的極限一定存在,也就是這數列一定收斂.

從數軸上直接分析,此定理的結論是顯然的.因為 $\{x_n\}$ 作為數軸上的動點,若 $\{x_n\}$ 為單調增加的數列,那麼它保持向右運動,如果 $\{x_n\}$ 不是趨近於某一個定點,則必無限遠離原點,從而 $\{x_n\}$ 無界,矛盾.

例 7 設有數列 $x_1 = \sqrt{3}, x_2 = \sqrt{3 + x_1}, \cdots, x_n = \sqrt{3 + x_{n-1}}, \cdots$,求 $\lim\limits_{n \to \infty} x_n$.

解 不難用數學歸納法證明 $x_{n+1} > x_n$,即數列 $\{x_n\}$ 是單調遞增的.下面利用數學歸納法證明 $\{x_n\}$ 有界.

因為 $x_1 = \sqrt{3} < 3$,假定 $x_k < 3$,則 $x_{k+1} = \sqrt{3 + x_k} < \sqrt{3 + 3} < 3$,所以 $\{x_n\}$ 是有界的,從而 $\lim\limits_{n \to \infty} x_n$ 存在.

不妨設 $\lim\limits_{n \to \infty} x_n = A$,

由遞推關係 $x_{n+1} = \sqrt{3 + x_n}$,得 $x_{n+1}^2 = 3 + x_n$,故 $\lim\limits_{n \to \infty} x_{n+1}^2 = \lim\limits_{n \to \infty} (3 + x_n)$,即 $A^2 = 3 + A$,解得

$$A = \dfrac{1 + \sqrt{13}}{2}, A = \dfrac{1 - \sqrt{13}}{2} \ (捨去).$$

所以 $\lim\limits_{n\to\infty}x_n = \dfrac{1+\sqrt{13}}{2}$.

例8 設 $a > 0$ 為常數,數列 $\{x_n\}$ 由下式定義:
$$x_n = \frac{1}{2}\left(x_{n-1} + \frac{a}{x_{n-1}}\right) \quad (n = 1,2,\cdots)$$
其中 x_0 為大於零的常數,求 $\lim\limits_{n\to\infty}x_n$.

解 先證明數列 $\{x_n\}$ 的極限的存在性.

由 $x_n = \dfrac{1}{2}\left(x_{n-1} + \dfrac{a}{x_{n-1}}\right) \Rightarrow 2x_n x_{n-1} = x_{n-1}^2 + a$,即 $(x_n - x_{n-1})^2 = x_n^2 - a \Rightarrow x_n^2 \geqslant a$.

由 $a > 0, x_0 > 0$,知 $x_n > 0$,因此 $x_n \geqslant \sqrt{a}$,即 x_n 有下界.

又 $\dfrac{x_{n+1}}{x_n} = \dfrac{1}{2}\left(1 + \dfrac{a}{x_n^2}\right) = \dfrac{1}{2} + \dfrac{1}{2}\dfrac{a}{x_n^2} \leqslant 1$,故數列 x_n 單調遞減,由定理 1.5 知 $\lim\limits_{n\to\infty}x_n$ 存在.

不妨設 $\lim\limits_{n\to\infty}x_n = A$,對式子 $x_n = \dfrac{1}{2}\left(x_{n-1} + \dfrac{a}{x_{n-1}}\right)$ 兩邊取極限得:$A = \dfrac{1}{2}\left(A + \dfrac{a}{A}\right)$,

解之得 $A = \sqrt{a}$,即 $\lim\limits_{n\to\infty}x_n = \sqrt{a}$.

2. 兩個重要極限

(1) $\lim\limits_{x\to 0}\dfrac{\sin x}{x} = 1$

證明 首先注意到,函數 $\dfrac{\sin x}{x}$ 對於一切 $x \neq 0$ 都有定義.
見圖 1.9,圖中的圓為單位圓,$BC \perp OA, DA \perp OA$.圓心角
$\angle AOB = x\left(0 < x < \dfrac{\pi}{2}\right)$.顯然 $\sin x = CB, x = \widehat{AB}, \tan x = AD$.
因為
$$S_{\triangle AOB} < S_{\text{扇形} AOB} < S_{\triangle AOD},$$
所以
$$\frac{1}{2}\sin x < \frac{1}{2}x < \frac{1}{2}\tan x,$$
即
$$\sin x < x < \tan x.$$
不等號各邊都除以 $\sin x$,就有
$$1 < \frac{x}{\sin x} < \frac{1}{\cos x},$$
或
$$\cos x < \frac{\sin x}{x} < 1.$$

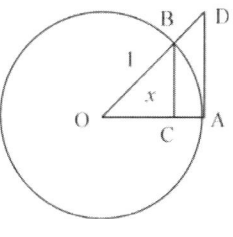

圖 1.9

注意,此不等式當 $-\dfrac{\pi}{2} < x < 0$ 時也成立. 而 $\lim\limits_{x \to 0}\cos x = 1$,根據定理 1.3 得,
$\lim\limits_{x \to 0} \dfrac{\sin x}{x} = 1$.

注意:在極限 $\lim \dfrac{\sin \alpha(x)}{\alpha(x)}$ 中,只要 $\lim \alpha(x) = 0$,就有 $\lim \dfrac{\sin \alpha(x)}{\alpha(x)} = 1$.

這是因為,令 $u = \alpha(x)$,則 $u \to 0$,於是 $\lim \dfrac{\sin \alpha(x)}{\alpha(x)} = \lim\limits_{u \to 0} \dfrac{\sin u}{u} = 1$.

例 9 　求 $\lim\limits_{x \to 0} \dfrac{\tan x}{x}$.

解　$\lim\limits_{x \to 0} \dfrac{\tan x}{x} = \lim\limits_{x \to 0} \dfrac{\sin x}{x} \cdot \dfrac{1}{\cos x} = \lim\limits_{x \to 0} \dfrac{\sin x}{x} \cdot \lim\limits_{x \to 0} \dfrac{1}{\cos x} = 1$.

例 10 　求 $\lim\limits_{x \to 0} \dfrac{\tan 3x}{\sin 5x}$.

解　$\lim\limits_{x \to 0} \dfrac{\tan 3x}{\sin 5x} = \lim\limits_{x \to 0} \dfrac{\sin 3x}{\sin 5x} \cdot \dfrac{1}{\cos 3x} = \lim\limits_{x \to 0} \dfrac{\frac{\sin 3x}{3x}}{\frac{\sin 5x}{5x}} \cdot \dfrac{3}{5} \dfrac{1}{\cos 3x} = \dfrac{1}{1} \times \dfrac{3}{5} \times 1 = \dfrac{3}{5}$.

例 11 　求 $\lim\limits_{x \to 0} \dfrac{1 - \cos x}{x^2}$.

解　$\lim\limits_{x \to 0} \dfrac{1 - \cos x}{x^2} = \lim\limits_{x \to 0} \dfrac{2 \sin^2 \frac{x}{2}}{x^2} = \dfrac{1}{2} \lim\limits_{x \to 0} \dfrac{\sin^2 \frac{x}{2}}{\left(\frac{x}{2}\right)^2} = \dfrac{1}{2} \lim\limits_{x \to 0} \left(\dfrac{\sin \frac{x}{2}}{\frac{x}{2}}\right)^2 = \dfrac{1}{2} \cdot 1^2 = \dfrac{1}{2}$.

例 12 　下列運算過程是否正確.
$$\lim\limits_{x \to \pi} \dfrac{\tan x}{\sin x} = \lim\limits_{x \to \pi} \dfrac{\tan x}{x} \cdot \dfrac{x}{\sin x} = \lim\limits_{x \to \pi} \dfrac{\tan x}{x} \lim\limits_{x \to \pi} \dfrac{x}{\sin x} = 1.$$

解　這種運算是錯誤的. 當 $x \to 0$ 時,$\dfrac{\tan x}{x} \to 1$,$\dfrac{x}{\sin x} \to 1$,本題 $x \to \pi$,所以不能應用上述方法進行計算. 正確的做法如下:

令 $x - \pi = t$,則 $x = \pi + t$,當 $x \to \pi$ 時,$t \to 0$,於是
$$\lim\limits_{x \to \pi} \dfrac{\tan x}{\sin x} = \lim\limits_{t \to 0} \dfrac{\tan(\pi + t)}{\sin(\pi + t)} = \lim\limits_{t \to 0} \dfrac{\tan t}{-\sin t} = \lim\limits_{t \to 0} \dfrac{\tan t}{t} \cdot \dfrac{t}{-\sin t} = -1.$$

例 13 　計算 $\lim\limits_{x \to 0} \dfrac{\cos x - \cos 3x}{x^2}$.

解　$\lim\limits_{x \to 0} \dfrac{\cos x - \cos 3x}{x^2} = \lim\limits_{x \to 0} \dfrac{2 \sin 2x \sin x}{x^2} = \lim\limits_{x \to 0} \dfrac{4 \sin 2x}{2x} \cdot \dfrac{\sin x}{x} = 4$.

例 14 　計算 $\lim\limits_{x \to 0} \dfrac{x - \sin 2x}{x + \sin 2x}$.

解 $\lim\limits_{x\to 0}\dfrac{x-\sin 2x}{x+\sin 2x}=\lim\limits_{x\to 0}\dfrac{1-\dfrac{\sin 2x}{x}}{1+\dfrac{\sin 2x}{x}}=\lim\limits_{x\to 0}\dfrac{1-2\dfrac{\sin 2x}{2x}}{1+2\dfrac{\sin 2x}{2x}}=\dfrac{1-2}{1+2}=-\dfrac{1}{3}$.

（2）$\lim\limits_{x\to\infty}\left(1+\dfrac{1}{x}\right)^{x}=e$ 或 $\lim\limits_{x\to 0}(1+x)^{\frac{1}{x}}=e$

其中 e 是一個無理數，$e=2.718281828459045\cdots$.

* **證明** 下面分三步進行證明.

第一步，證明 x 取正整數 n 而趨於正無窮大的的情形.

設 $x_n=\left(1+\dfrac{1}{n}\right)^n$，因為

$$\sqrt[n+1]{x_n}=\sqrt[n+1]{\left(1+\dfrac{1}{n}\right)^n\cdot 1}<\dfrac{1}{n+1}\left[\left(1+\dfrac{1}{n}\right)\cdot n+1\right]=\dfrac{1}{n+1}[(n+1)+1]$$

$$=1+\dfrac{1}{n+1}$$

所以，$x_n=\left(1+\dfrac{1}{n}\right)^n<\left(1+\dfrac{1}{n+1}\right)^{n+1}=x_{n+1}$，即數列$\{x_n\}$單調增加。

又因為

$$\dfrac{1}{x_n}=\dfrac{1}{\left(1+\dfrac{1}{n}\right)^n}=\left(\dfrac{n}{n+1}\right)^n$$

$$=\left[\dfrac{(n-1)\cdot 1+\dfrac{1}{2}+\dfrac{1}{2}}{n+1}\right]^n>\left(\sqrt[n+1]{\underbrace{1\cdot 1\cdot\cdots\cdot 1}_{(n-1)\text{個}1}\cdot\dfrac{1}{2}\cdot\dfrac{1}{2}}\right)^n=\left(\dfrac{1}{4}\right)^{\frac{n}{n+1}}$$

所以，$x_n<4^{\frac{n}{n+1}}<4$，即數列$\{x_n\}$有界.

綜上所述，由極限存在準則可知，$\lim\limits_{n\to\infty}x_n=\lim\limits_{n\to\infty}\left(1+\dfrac{1}{n}\right)^n$ 有極限，記此極限值為 e，即

$$\lim_{n\to\infty}\left(1+\dfrac{1}{n}\right)^n=e.$$

可以證明，e 是一個無理數，$e=2.718281828459045\cdots$.

第二步，證明 $x\to+\infty$ 的情形.

令 $n=[x]$，即 n 為不超過 x 的最大整數部分，則有 $n<x<n+1$，且

$$1+\dfrac{1}{n+1}<1+\dfrac{1}{x}<1+\dfrac{1}{n}$$

於是有

$$\left(1+\dfrac{1}{n+1}\right)^n<\left(1+\dfrac{1}{x}\right)^x<\left(1+\dfrac{1}{n}\right)^{n+1}$$

由第一步,有

$$\lim_{n\to\infty}\left(1+\frac{1}{n+1}\right)^n = \lim_{n\to\infty}\frac{\left(1+\frac{1}{n+1}\right)^{n+1}}{1+\frac{1}{n+1}} = e,$$

$$\lim_{n\to\infty}\left(1+\frac{1}{n}\right)^{n+1} = \lim_{n\to\infty}\left(1+\frac{1}{n}\right)^n\left(1+\frac{1}{n}\right) = e.$$

而當 $x \to +\infty$ 時,$n = [x] \to +\infty$,於是由夾擠準則有

$$\lim_{x\to+\infty}\left(1+\frac{1}{x}\right)^x = e.$$

第三步,再證 $x \to -\infty$ 的情形.

令 $u = -(x+1)$,則當 $x \to -\infty$ 時,$u \to +\infty$,於是有

$$\lim_{x\to-\infty}\left(1+\frac{1}{x}\right)^x = \lim_{u\to+\infty}\left(1-\frac{1}{u+1}\right)^{-(u+1)} = \lim_{u\to+\infty}\left(1+\frac{1}{u}\right)^{u+1} = e.$$

於是,綜合第二步和第三步,可知

$$\lim_{x\to\infty}\left(1+\frac{1}{x}\right)^x = e.$$

我們先看一個實際問題.例如計算複利息問題.設本金為 A_0,利率為 r,期數為 t,如果每期結算一次,則本利和為

$$A = A_0(1+r)^t.$$

如果每期結算 m 次,t 期本利和 A_m 為

$$A_m = A_0\left(1+\frac{r}{m}\right)^{mt}.$$

在現實世界中有許多事物是屬於這種模型的,而且是立即產生立即計算,即 $m \to \infty$.如物體的冷卻、鐳的衰變、細胞的繁殖、樹木的生長,等等,都需要應用下面的極限:

$$\lim_{m\to\infty}A_0\left(1+\frac{r}{m}\right)^{mt}.$$

這個式子反應了現實世界中一些事物生長或消失的數量規律.因此,它是一個不僅在數學理論上,而且在實際應用中都很有用的極限.

注意:在極限 $\lim[1+\alpha(x)]^{\frac{1}{\alpha(x)}}$ 中,只要 $\lim\alpha(x) = 0$,就有

$$\lim[1+\alpha(x)]^{\frac{1}{\alpha(x)}} = e.$$

這是因為,令 $u = \frac{1}{\alpha(x)}$,則 $u \to \infty$,於是 $\lim[1+\alpha(x)]^{\frac{1}{\alpha(x)}} = \lim_{u\to\infty}\left(1+\frac{1}{u}\right)^u = e.$

例 15 求 $\lim_{n\to\infty}\left(1+\frac{1}{n}\right)^{n+3}$.

解 $\lim_{n\to\infty}\left(1+\frac{1}{n}\right)^{n+3} = \lim_{n\to\infty}\left[\left(1+\frac{1}{n}\right)^n \cdot \left(1+\frac{1}{n}\right)^3\right]$

$$= \lim_{n\to\infty}\left(1+\frac{1}{n}\right)^n \cdot \lim_{n\to\infty}\left(1+\frac{1}{n}\right)^3 = e \cdot 1 = e.$$

例 16 求 $\lim_{x\to 0}(1-2x)^{\frac{1}{x}}$.

解 $\lim_{x\to 0}(1-2x)^{\frac{1}{x}} = \lim_{x\to 0}\left[(1-2x)^{-\frac{1}{2x}}\right]^{-2} = e^{-2}.$

例 17 求 $\lim_{x\to\infty}\left(1+\frac{k}{x}\right)^x$.

解 $\lim_{x\to\infty}\left(1+\frac{k}{x}\right)^x = \lim_{x\to\infty}\left[\left(1+\frac{k}{x}\right)^{\frac{x}{k}}\right]^k = \left[\lim_{x\to\infty}\left(1+\frac{k}{x}\right)^{\frac{x}{k}}\right]^k = e^k.$

特別地，當 $k=-1$ 時，有 $\lim_{x\to\infty}\left(1-\frac{1}{x}\right)^x = e^{-1}.$

例 18 求 $\lim_{x\to\infty}\left(\frac{3+x}{2+x}\right)^{2x}$.

解 $\lim_{x\to\infty}\left(\frac{3+x}{2+x}\right)^{2x} = \lim_{x\to\infty}\left[\left(1+\frac{1}{x+2}\right)^x\right]^2 = \lim_{x\to\infty}\left[\left(1+\frac{1}{x+2}\right)^{x+2-2}\right]^2$

$$= \lim_{x\to\infty}\left[\left(1+\frac{1}{x+2}\right)^{x+2}\right]^2 \left(1+\frac{1}{x+2}\right)^{-4} = e^2.$$

例 19 求 $\lim_{x\to\infty}\left(\frac{x^2}{x^2-1}\right)^x$.

解 $\lim_{x\to\infty}\left(\frac{x^2}{x^2-1}\right)^x = \lim_{x\to\infty}\left(1+\frac{1}{x^2-1}\right)^x = \lim_{x\to\infty}\left[\left(1+\frac{1}{x^2-1}\right)^{x^2-1}\right]^{\frac{x}{x^2-1}} = e^0 = 1.$

習題 1.2

1. 利用極限存在性定理證明.

(1) $\lim_{n\to\infty}\frac{\sqrt[3]{n^2}\sin n}{n+1} = 0$；

(2) $\lim_{n\to\infty}n\left(\frac{1}{n^2+\pi}+\frac{1}{n^2+2\pi}+\cdots+\frac{1}{n^2+n\pi}\right) = 1$；

(3) 數列 $\sqrt{2}, \sqrt{2+\sqrt{2}}, \sqrt{2+\sqrt{2+\sqrt{2}}}, \cdots$ 的極限存在.

2. 求下列極限.

(1) $\lim_{x\to 0}\frac{\sin kx}{x}$；

(2) $\lim_{x\to 0} x\cot 2x$；

(3) $\lim_{x\to 0}\frac{\sin 2x}{\tan 5x}$；

(4) $\lim_{x\to\infty} x^2 \sin\frac{2}{x^2}$；

(5) $\lim\limits_{x\to 1}\dfrac{\sin(x^2-1)}{x-1}$; (6) $\lim\limits_{x\to 0}\dfrac{1-\cos x}{x\sin x}$;

(7) $\lim\limits_{x\to \pi}\dfrac{\sin x}{x-\pi}$; (8) $\lim\limits_{n\to\infty}2^n\sin\dfrac{x}{2^n}$.

3. 求下列極限.

(1) $\lim\limits_{x\to\infty}\left(1+\dfrac{3}{x}\right)^{x+1}$; (2) $\lim\limits_{x\to 0}\sqrt[x]{1-3x}$;

(3) $\lim\limits_{x\to\infty}\left(\dfrac{1+x}{x}\right)^{2x}$; (4) $\lim\limits_{x\to\infty}\left(\dfrac{2x-1}{2x+3}\right)^{x}$;

(5) $\lim\limits_{x\to\frac{\pi}{2}}(1+\cos x)^{3\sec x}$; (6) $\lim\limits_{x\to 0}(1+2\sin x)^{\frac{1}{x}}$;

(7) $\lim\limits_{x\to 0}(1-4x)^{\frac{1-x}{x}}$; (8) $\lim\limits_{x\to 0}(1+3\tan^2 x)^{\cot^2 x}$.

4. 設本金為 p 元, 年利率為 r, 若一年分為 n 期, 存期為 t 年, 則本金與利息之和是多少? 現某人將本金 $p=10,000$ 元存入某銀行, 規定年利率為 $r=0.035$, $t=2$, 請按季度、月、日以及連續複利計算本利和, 並做出你的評價.

第 3 節　　無窮小量與無窮大量

　　早在十七世紀微積分學創立之初, 其數學理論體系是不嚴密的, 特別是由於對無窮小概念不很清楚, 從而導致導數、微分、積分等概念也不清楚. 其中關鍵問題就是無窮小量究竟是不是零? 無窮小及其分析是否合理? 由此而引起了數學界甚至哲學界長達一個半世紀的爭論, 造成了第二次數學危機.

　　直到 19 世紀 20 年代, 一些數學家才開始關注於微積分基礎的嚴格性. 從波爾查諾、阿貝爾、柯西、狄里赫利等人的工作開始, 到魏爾斯特拉斯、狄德金和康托的工作結束, 中間經歷了半個多世紀, 基本上解決了微積分學的矛盾, 為數學分析奠定了一個嚴格的基礎.

　　歐拉的《無窮小分析引論》這部巨著與他隨後發表的《微分學》《積分學》標誌著微積分歷史上的一個轉折: 以往的數學家們都以曲線作為微積分的主要研究對象, 而歐拉則第一次把函數放到了中心的地位, 並且是建立在函數的微分基礎之上. 波爾查諾正是在無窮小的概念的基礎上給出了函數連續性的正確定義.

　　無窮小概念的正確定義, 是微積分學形成完整科學體系的理論基礎. 正是在對無窮小概念研究的基礎上, 逐步科學定義和完善了函數、極限、函數連續性、導數、積分等理論概念, 使微積分學作為數學分析理論工具更加嚴密.

1. 無窮小量

　　定義 1.6　極限為零的變量稱為無窮小量, 簡稱無窮小.

例1 因為 $\lim\limits_{x\to 1}(x-1)=0$,所以函數 $x-1$ 當 $x\to 1$ 時為無窮小.

因為 $\lim\limits_{x\to\infty}\dfrac{1}{x}=0$,所以函數 $\dfrac{1}{x}$ 當 $x\to\infty$ 時為無窮小.

注意:(1) 定義 1.6 中所說的極限,包括數列極限和各種情形的函數極限.

(2) 無窮小量是相對於自變量的某一變化過程而言的.例如 $\dfrac{1}{x}$,當 $x\to\infty$ 時是無窮小量;當 $x\to 1$ 時就不是無窮小量了.

(3) 不要把無窮小與很小的正數(例如百萬分之一)混為一談,因為無窮小是這樣的函數,在 $x\to x_0$(或 $x\to\infty$)的過程中,這個函數的絕對值能小於任意給定的正數 ε.一個很小的數,例如百萬分之一,並不能小於任意給定的正數 ε,若取 ε 等於千萬分之一,則百萬分之一就不能小於這個給定的 ε.

(4) 零通常可以看成是無窮小量,因為 $\lim 0=0$,符合無窮小量的定義.

下面的定理說明無窮小量與函數極限的關係.

定理 1.6 $\lim\limits_{x\to x_0}f(x)=A$ 的充分必要條件是:函數 $f(x)$ 在 x_0 的某空心鄰域內可以表示為常數 A 和無窮小量 α 之和,即有

$$\lim\limits_{x\to x_0}f(x)=A \Leftrightarrow f(x)=A+\alpha$$

其中 α 為 $x\to x_0$ 時的無窮小量.

證明 **必要性** 設 $\lim\limits_{x\to x_0}f(x)=A$,則對於 $\forall\varepsilon>0$,$\exists\delta>0$,使得當 $0<|x-x_0|<\delta$ 時,總有

$$|f(x)-A|<\varepsilon,$$

即有

$$|[f(x)-A]-0|<\varepsilon.$$

於是,由函數極限的定義可知

$$\lim\limits_{x\to x_0}[f(x)-A]=0.$$

因此,當 $x\to x_0$ 時,$f(x)-A$ 為無窮小量,記 $\alpha=f(x)-A$,則有

$$f(x)=A+\alpha,$$

其中 α 為 $x\to x_0$ 時的無窮小量.

充分性 設 $f(x)=A+\alpha$,其中 α 為 $x\to x_0$ 時的無窮小量,則對於 $\forall\varepsilon>0$,$\exists\delta>0$,使得當 $0<|x-x_0|<\delta$ 時,總有

$$|\alpha|=|f(x)-A|<\varepsilon.$$

於是,根據定義有

$$\lim\limits_{x\to x_0}f(x)=A.$$

這個定理說明:「$f(x)$ 以 A 為極限」與「$f(x)$ 與 A 之差是無窮小量」,是兩個等價的說法.

注意:在自變量 x 的其他變化過程($x\to\infty$,$x\to+\infty$,$x\to-\infty$,$x\to x_0^+$,$x\to x_0^-$)中,有類似於定理 1.6 的結論.

2. 無窮小量的性質

性質1：有限個無窮小量的代數和是無窮小量.

證明 不失一般性,證明兩個無窮小量的情形.設 $\lim\limits_{x \to x_0}\alpha = 0, \lim\limits_{x \to x_0}\beta = 0$,則對於 $\forall \varepsilon > 0, \exists \delta > 0$,使得當 $0 < |x - x_0| < \delta$ 時,有 $|\alpha| < \dfrac{\varepsilon}{2}, |\beta| < \dfrac{\varepsilon}{2}$ 同時成立,於是

$$|\alpha + \beta| \leq |\alpha| + |\beta| < \frac{\varepsilon}{2} + \frac{\varepsilon}{2} = \varepsilon$$

即 $\lim\limits_{x \to x_0}(\alpha + \beta) = 0$,亦即 $\alpha + \beta$ 是無窮小量.

性質2：有界變量與無窮小量之積是無窮小量.

證明 設 $f(x)$ 為有界函數,即存在常數 $M > 0$,使得 $|f(x)| \leq M$,又設 $\lim\limits_{x \to x_0}\alpha = 0$,則對於 $\forall \varepsilon > 0, \exists \delta > 0$,使得當 $0 < |x - x_0| < \delta$ 時,有

$$|\alpha| < \frac{\varepsilon}{M},$$

從而

$$|\alpha \cdot f(x)| = |\alpha| \cdot |f(x)| < \frac{\varepsilon}{M} \cdot M = \varepsilon,$$

所以 $\alpha f(x)$ 是無窮小量.

推論1 常數與無窮小量的乘積是無窮小量.

推論2 有限個無窮小量的乘積是無窮小量.

例2 求 $\lim\limits_{x \to \infty} \dfrac{\sin x}{x}$.

解 因為 $\lim\limits_{x \to \infty} \dfrac{\sin x}{x} = \lim\limits_{x \to \infty} \dfrac{1}{x} \cdot \sin x$,而當 $x \to \infty$ 時,$\dfrac{1}{x}$ 是無窮小量,$\sin x$ 是有界量 ($|\sin x| \leq 1$),所以 $\lim\limits_{x \to \infty} \dfrac{\sin x}{x} = 0$.

例3 求 $\lim\limits_{x \to 0}(x^2 \sin \dfrac{1}{x} + 2x \arctan \dfrac{1}{x})$.

解 因為 $\left|\sin \dfrac{1}{x}\right| \leq 1, \left|\arctan \dfrac{1}{x}\right| < \dfrac{\pi}{2}$,而當 $x \to 0$ 時,x^2 和 x 是無窮小量,所以,$\lim\limits_{x \to 0}(x^2 \sin \dfrac{1}{x} + 2x \arctan \dfrac{1}{x}) = 0$.

性質3：無窮小量除以極限不為零的變量,其商仍是無窮小量.

證明 設 $\lim\limits_{x \to x_0}\alpha = 0, \lim\limits_{x \to x_0}f(x) = A$,不妨設 $A > 0$,則根據極限的定義,對於任意的 $0 < \varepsilon < \dfrac{A}{2}$($\varepsilon$ 可以任意的小,當然可以限制它小於 $\dfrac{A}{2}$),$\exists \delta_1 > 0$,使得當 $0 < |x - x_0| < \delta_1$ 時,有不等式 $|f(x) - A| < \varepsilon$ 恒成立,即

$$0 < \frac{A}{2} = A - \frac{A}{2} < A - \varepsilon < f(x) < A + \varepsilon < A + \frac{A}{2} = \frac{3A}{2}$$

同理,對於上述 ε,由 $\lim_{x \to x_0} \alpha = 0$ 的定義,$\exists \delta_2 > 0$,使得當 $0 < |x - x_0| < \delta_2$ 時,有不等式 $|\alpha - 0| < \frac{A}{2}\varepsilon$.

取 $\delta = \min(\delta_1, \delta_2)$,則當 $0 < |x - x_0| < \delta$ 時,有

$$\left| \frac{\alpha}{f(x)} - 0 \right| = \frac{|\alpha|}{|f(x)|} < \frac{\frac{A}{2}\varepsilon}{\frac{A}{2}} = \varepsilon$$

根據極限定義就有,$\lim_{x \to x_0} \frac{\alpha}{f(x)} = 0$,性質 3 得證.

3. 無窮大量

在極限不存在的情形中,有一種比較特殊.

例如 $x \to 0$ 時,函數 $f(x) = \frac{1}{x}$, $g(x) = \frac{1}{x^2}$, $h(x) = -\frac{1}{x^2}$ 的絕對值都無限地增大,通常我們給這類函數的極限一種特別的記法.

$$\lim_{x \to 0} \frac{1}{x} = \infty, \quad \lim_{x \to 0} \frac{1}{x^2} = +\infty, \quad \lim_{x \to 0} \left(-\frac{1}{x^2} \right) = -\infty$$

定義 1.7 在自變量的某一變化過程中,若函數 $f(x)$ 的絕對值無限增大,則稱函數 $f(x)$ 為無窮大量,簡稱無窮大.記作 $\lim f(x) = \infty$,或者 $f(x) \to \infty$.

說明:這裡「lim」表示變化過程可以是數列或函數極限的任何一種情況,以後不再說明.

無窮大量是相對於自變量的某一變化過程而言的.例如 $x \to 0$ 時,$\frac{1}{x}$ 為無窮大量,而當 $x \to 1$ 或 $x \to \infty$ 時,$\frac{1}{x}$ 不是無窮大量.

無窮大量與無窮小量之間有著十分密切的關係,在自變量的同一變化過程中,無窮大量的倒數為無窮小量,無窮小量(如果不取零值)的倒數為無窮大量,即

若 $\lim f(x) = \infty$,則 $\lim \frac{1}{f(x)} = 0$.

若 $\lim f(x) = 0$,且 $f(x) \neq 0$,則 $\lim \frac{1}{f(x)} = \infty$.

例如,$\lim_{x \to +\infty} e^x = +\infty$,$\lim_{x \to +\infty} \frac{1}{e^x} = 0$.

4. 無窮小量的商

由無窮小量的性質可知,兩個無窮小量的和、差及乘積仍為無窮小量.兩個無窮小量的商會什麼情況呢? 比如,當 $x \to 0$ 時, $x, x^2, 2x$ 和 $x - x^2$ 都是無窮小量,它們趨近於零的速度各不相同,因此它們之間的比值的極限也會隨之不同.事實上, $\lim\limits_{x \to 0} \dfrac{2x}{x} = 2$, $\lim\limits_{x \to 0} \dfrac{x^2}{x} = 0$, $\lim\limits_{x \to 0} \dfrac{x - x^2}{x} = 1$.

定義 1.8 設 α 和 β 是在自變量的同一變化過程中的兩個無窮小量,且 $\lim \dfrac{\alpha}{\beta} = A$.

(1) 如果 $A = 0$,則稱 α 是比 β 高階的無窮小量(或稱 β 是比 α 低階的無窮小量),記為 $\alpha = o(\beta)$.

(2) 如果 $A \neq 0$,則稱 α 與 β 是同階的無窮小量.特別地,如果 $A = 1$,則稱 α 與 β 是等價的無窮小量,記為 $\alpha \sim \beta$.

由上面的討論可知,當 $x \to 0$ 時, $2x$ 與 x 是同階無窮小量, x^2 是比 x 高階的無窮小量, $x - x^2$ 是與 x 等價的無窮小量(即 $x - x^2 \sim x$).

下面再舉一些例子:

因為 $\lim\limits_{n \to \infty} \dfrac{\frac{1}{n^2}}{\frac{1}{n}} = 0$,所以當 $n \to \infty$ 時, $\dfrac{1}{n^2}$ 是比 $\dfrac{1}{n}$ 高階的無窮小量.

因為 $\lim\limits_{x \to 3} \dfrac{x^2 - 9}{x - 3} = 6$,所以當 $x \to 3$ 時, $x^2 - 9$ 與 $x - 3$ 是同階無窮小量.

因為 $\lim\limits_{x \to 0} \dfrac{1 - \cos x}{\frac{1}{2}x^2} = 1$,所以當 $x \to 0$ 時, $1 - \cos x$ 與 $\dfrac{1}{2}x^2$ 是等價無窮小量.

因為 $\lim\limits_{x \to 0} \dfrac{\sin x}{x} = 1$,所以當 $x \to 0$ 時, $\sin x$ 與 x 是等價無窮小量.

常用的等價無窮小關係:當 $x \to 0$ 時, $\sin x \sim x$, $\tan x \sim x$, $\arcsin x \sim x$, $\arctan x \sim x$, $1 - \cos x \sim \dfrac{1}{2}x^2$, $\ln(1 + x) \sim x$, $e^x - 1 \sim x$, $a^x - 1 \sim x \ln a (a > 0)$, $(1 + x)^a - 1 \sim ax$ ($a \neq 0$ 是常數).

更一般地,當 $\alpha(x) \to 0$ 時, $\sin \alpha(x) \sim \alpha(x)$, $\tan \alpha(x) \sim \alpha(x)$, $\arcsin \alpha(x) \sim \alpha(x)$, $\arctan \alpha(x) \sim \alpha(x)$, $1 - \cos \alpha(x) \sim \dfrac{1}{2}\alpha^2(x)$, $\ln(1 + \alpha(x)) \sim \alpha(x)$, $e^{\alpha(x)} - 1 \sim \alpha(x)$, $a^{\alpha(x)} - 1 \sim \alpha(x) \ln a (a > 0)$, $(1 + \alpha(x))^a - 1 \sim a\alpha(x)$ ($a \neq 0$ 是常數).

5. 利用等價無窮小求極限

定理 1.7 α 與 β 是等價無窮小量的充分必要條件是 $\alpha = \beta + o(\beta)$.

證明 **必要性** 設 $\alpha \sim \beta$,則

$$\lim \frac{\alpha - \beta}{\beta} = \lim \left(\frac{\alpha}{\beta} - 1 \right) = \lim \frac{\alpha}{\beta} - 1 = 0,$$

因此,$\alpha - \beta = o(\beta)$,即 $\alpha = \beta + o(\beta)$.

充分性 設 $\alpha = \beta + o(\beta)$,則

$$\lim \frac{\alpha}{\beta} = \lim \frac{\beta + o(\beta)}{\beta} = \lim \left[1 + \frac{o(\beta)}{\beta} \right] = 1,$$

因此 $\alpha \sim \beta$.

因為當 $x \to 0$ 時,$\sin x \sim x$,$\tan x \sim x$,$1 - \cos x \sim \frac{1}{2}x^2$,所以當 $x \to 0$ 時,$\sin x = x + o(x)$,$\tan x = x + o(x)$,$1 - \cos x = \frac{1}{2}x^2 + o(x^2)$.

例 4 求 $\lim\limits_{x \to 0} \frac{\tan 5x - \cos x + 1}{\sin 3x}$.

解 由於 $\tan 5x = 5x + o(x)$,$\sin 3x = 3x + o(x)$,$1 - \cos x = \frac{x^2}{2} + o(x^2)$,

故 $\lim\limits_{x \to 0} \frac{\tan 5x - \cos x + 1}{\sin 3x} = \lim\limits_{x \to 0} \frac{5x + o(x) + \frac{x^2}{2} + o(x^2)}{3x + o(x)}$

$$= \lim\limits_{x \to 0} \frac{5 + \frac{o(x)}{x} + \frac{x}{2} + \frac{o(x^2)}{x}}{3 + \frac{o(x)}{x}} = \frac{5}{3}.$$

定理 1.8 (替換定理) 設 $\alpha \sim \alpha_1$,$\beta \sim \beta_1$,且 $\lim \frac{\beta_1}{\alpha_1}$ 存在,則 $\lim \frac{\beta}{\alpha} = \lim \frac{\beta_1}{\alpha_1}$.

證明 $\lim \frac{\beta}{\alpha} = \lim \left(\frac{\beta}{\beta_1} \cdot \frac{\beta_1}{\alpha_1} \cdot \frac{\alpha_1}{\alpha} \right) = \lim \frac{\beta}{\beta_1} \cdot \lim \frac{\beta_1}{\alpha_1} \cdot \lim \frac{\alpha_1}{\alpha} = \lim \frac{\beta_1}{\alpha_1}.$

定理 1.8 表明,求兩個無窮小量之比的極限時,可用它們的等價無窮小量之比來代替.因此,如果用來代替的無窮小量選得適當的話,可以使計算簡化.

例 5 求 $\lim\limits_{x \to 0} \frac{\tan 2x}{\sin 5x}$.

解 當 $x \to 0$ 時,$\tan 2x \sim 2x$,$\sin 5x \sim 5x$,故 $\lim\limits_{x \to 0} \frac{\tan 2x}{\sin 5x} = \lim\limits_{x \to 0} \frac{2x}{5x} = \frac{2}{5}$.

例 6 求 $\lim\limits_{x \to 0} \frac{\tan x - \sin x}{\sin^3 2x}$.

錯解 當 $x \to 0$ 時，$\tan x \sim x$，$\sin x \sim x$，得

$$\lim_{x \to 0} \frac{\tan x - \sin x}{\sin^3 2x} = \lim_{x \to 0} \frac{x - x}{(2x)^3} = 0.$$

正解 當 $x \to 0$ 時，$\sin 2x \sim 2x$，$\tan x - \sin x = \tan x(1 - \cos x) \sim \frac{1}{2}x^3$，

故 $\lim_{x \to 0} \dfrac{\tan x - \sin x}{\sin^3 2x} = \lim_{x \to 0} \dfrac{\frac{1}{2}x^3}{(2x)^3} = \dfrac{1}{16}.$

注意：可以將整個分子或分母用各自的等價無窮小量替換，也可以將屬於乘積因子的無窮小量替換成與其等價的無窮小量，而不能把進行加減運算的無窮小量替換成它的等價無窮小量。

例 7 求 $\lim\limits_{x \to 0} \dfrac{(1+x^2)^{\frac{1}{3}} - 1}{\cos x - 1}$。

解 當 $x \to 0$ 時，$(1+x^2)^{\frac{1}{3}} - 1 \sim \dfrac{1}{3}x^2$，$\cos x - 1 \sim -\dfrac{1}{2}x^2$，故

$$\lim_{x \to 0} \frac{(1+x^2)^{\frac{1}{3}} - 1}{\cos x - 1} = \lim_{x \to 0} \frac{\frac{1}{3}x^2}{-\frac{1}{2}x^2} = -\frac{2}{3}.$$

例 8 求 $\lim\limits_{x \to 0} \dfrac{\sqrt{1+\tan x} - \sqrt{1-\tan x}}{\sqrt{1+2x} - 1}$。

解 由於 $x \to 0$ 時，$\sqrt{1+2x} - 1 \sim x$，$\tan x \sim x$，故

$$\lim_{x \to 0} \frac{\sqrt{1+\tan x} - \sqrt{1-\tan x}}{\sqrt{1+2x} - 1} = \lim_{x \to 0} \frac{2\tan x}{x(\sqrt{1+\tan x} + \sqrt{1-\tan x})}$$

$$= \lim_{x \to 0} \frac{2x}{x(\sqrt{1+\tan x} + \sqrt{1-\tan x})} = 1.$$

例 9 計算 $\lim\limits_{x \to 0} \dfrac{e^x - e^{x\cos x}}{x\ln(1+x^2)}$。

解 注意到當 $x \to 0$ 時，$\ln(1+x^2) \sim x^2$，$e^{x-x\cos x} - 1 \sim x - x\cos x$，所以

$$\lim_{x \to 0} \frac{e^x - e^{x\cos x}}{x\ln(1+x^2)} = \lim_{x \to 0} \frac{e^{x\cos x}(e^{x-x\cos x} - 1)}{x\ln(1+x^2)} = \lim_{x \to 0} \frac{e^{x\cos x}(x - x\cos x)}{x \cdot x^2}$$

$$= \lim_{x \to 0} \frac{e^{x\cos x}(1-\cos x)}{x^2} = \frac{1}{2}.$$

例 10 計算 $\lim\limits_{x \to 0} \dfrac{\sqrt{2} - \sqrt{1+\cos x}}{\sin^2 x}$。

解 $\lim\limits_{x \to 0} \dfrac{\sqrt{2} - \sqrt{2\cos^2 \frac{x}{2}}}{\sin^2 x} = \sqrt{2} \lim\limits_{x \to 0} \dfrac{1 - \cos \frac{x}{2}}{\sin^2 x} = \sqrt{2} \lim\limits_{x \to 0} \dfrac{\frac{1}{2}\left(\frac{x}{2}\right)^2}{x^2} = \dfrac{\sqrt{2}}{8}.$

習題 1.3

1. 根據定義證明：

(1) 當 $x \to 3$ 時，$y = \dfrac{x^2 - 9}{x + 3}$ 為無窮小；

(2) 當 $x \to 0$ 時，$y = x\sin\dfrac{1}{x}$ 為無窮小。

2. 根據定義證明：當 $x \to 0$ 時，函數 $y = \dfrac{1 + 2x}{x}$ 是無窮大。x 應滿足什麼條件，能使 $|y| > 10^4$？

3. 下列函數在什麼情況下是無窮小，什麼情況下是無窮大？

(1) $y = \dfrac{1}{x^3}$； (2) $y = \dfrac{x - 1}{x^2 - 1}$；

(3) $y = e^{-x}$； (4) $y = \ln(x + 1)$。

4. 函數 $y = x\cos x$ 在 $(-\infty, +\infty)$ 內是否有界？又當 $x \to +\infty$ 時，這個函數是否為無窮大？

5. 當 $x \to 0$ 時，$2x - x^2$ 與 $x^2 - x^3$ 相比，哪一個是高階無窮小？

6. 當 $x \to 1$ 時，無窮小 $1 - x$ 和 $1 - x^2, \dfrac{1}{2}(1 - x^2)$ 是否同階？是否等價？

7. 當 $x \to 0^+$ 時，指出下列函數中關於 x 的同階無窮小、高階無窮小、等價無窮小：

$\sqrt{1 + x} - 1, \sin^2 x, \cos x - 1, \dfrac{1}{2}(e^{2x} - 1), \sin x^2$

8. 把下列函數表示為常數（極限值）與一個當 $x \to \infty$ 時的無窮小的形式。

(1) $f(x) = \dfrac{x^3}{x^3 - 1}$； (2) $f(x) = \dfrac{x^3}{2x^3 + 1}$。

9. 利用等價無窮小替換定理，求下列極限。

(1) $\lim\limits_{x \to 0} \dfrac{\tan 3x}{2x}$； (2) $\lim\limits_{x \to 0} \dfrac{\sin(x^n)}{(\sin x)^m}$，($n, m$ 為正整數)；

(3) $\lim\limits_{x \to 0} \dfrac{\tan x - \sin x}{\sin^3 x}$； (4) $\lim\limits_{x \to 0} \dfrac{x\sin 3x}{\sin\dfrac{x}{2}\tan 5x}$；

(5) $\lim\limits_{x \to 0} \dfrac{e^{\frac{\sin x}{2}} - 1}{x}$； (6) $\lim\limits_{x \to 0} \dfrac{\ln(1 + 2x - 3x^2)}{x}$；

(7) $\lim\limits_{x \to 0} \dfrac{\sin 2x}{\sqrt{1 + x + x^2} - 1}$； (8) $\lim\limits_{x \to 0} \dfrac{\arcsin 2x}{\sin x}$；

(9) $\lim\limits_{n\to\infty}\dfrac{\sqrt[3]{n^4-10n^3-n+1}}{\sqrt{n^3-n-2}}$; (10) $\lim\limits_{x\to 0}\dfrac{2^x-1}{x}$.

第4節 多元函數的極限與連續

1. 二元函數的極限

與一元函數的極限概念類似,如果在 $P(x,y)\to P_0(x_0,y_0)$ 的過程中,對應的函數值 $f(x,y)$ 無限接近一個常數 A,則稱 A 為函數 $z=f(x,y)$ 當 $x\to x_0,y\to y_0$ 時的極限. 嚴格的數學定義如下:

定義 1.9 設函數 $f(x,y)$ 在開區域(或閉區域) D 內有定義, $P_0(x_0,y_0)$ 是 D 的內點或邊界點. 如果對於任意給定的正數 ε,總存在正數 δ,使得對於滿足不等式

$$0<|PP_0|=\sqrt{(x-x_0)^2+(y-y_0)^2}<\delta$$

的一切點 $P(x,y)\in D$,都有

$$|f(x,y)-A|<\varepsilon$$

成立,則稱常數 A 為函數 $z=f(x,y)$ 當 $x\to x_0, y\to y_0$ 時的極限,記作

$$\lim_{\substack{x\to x_0\\y\to y_0}}f(x,y)=A$$

或

$$f(x,y)\to A \quad (\rho\to 0)$$

這裡 $\rho=|PP_0|$.

關於多元函數的極限運算,有與一元函數類似的運算法則.

例 1 求極限 $\lim\limits_{\substack{x\to 0\\y\to 0}}(x^2+y^2)\sin\dfrac{1}{x^2+y^2}$.

解 令 $u=x^2+y^2$,則 $\lim\limits_{\substack{x\to 0\\y\to 0}}(x^2+y^2)\sin\dfrac{1}{x^2+y^2}=\lim\limits_{u\to 0}u\sin\dfrac{1}{u}=0$.

例 2 求極限 $\lim\limits_{\substack{x\to 0\\y\to 0}}\dfrac{\sin(x^2y)}{x^2+y^2}$.

解 $\lim\limits_{\substack{x\to 0\\y\to 0}}\dfrac{\sin(x^2y)}{x^2+y^2}=\lim\limits_{\substack{x\to 0\\y\to 0}}\dfrac{\sin(x^2y)}{x^2y}\cdot\dfrac{x^2y}{x^2+y^2}$,其中

$$\lim_{\substack{x\to 0\\y\to 0}}\dfrac{\sin(x^2y)}{x^2y}\xlongequal{u=x^2+y}\lim_{u\to 0}\dfrac{\sin u}{u}=1,$$

$$\left|\dfrac{x^2y}{x^2+y^2}\right|=\left|\dfrac{x^2}{x^2+y^2}\right|\cdot|y|\leq|y|\xrightarrow{y\to 0}0,$$

所以 $\lim\limits_{\substack{x\to 0\\y\to 0}}\dfrac{\sin(x^2y)}{x^2+y^2}=0$.

例3 求極限 $\lim\limits_{\substack{x\to\infty\\y\to\infty}}\dfrac{x+y}{x^2+y^2}$.

解 當 $xy \neq 0$ 時,

$$0 \leqslant \left|\dfrac{x+y}{x^2+y^2}\right| \leqslant \dfrac{|x|+|y|}{x^2+y^2} \leqslant \dfrac{|x|+|y|}{2|xy|} = \dfrac{1}{2|y|} + \dfrac{1}{2|x|} \to 0 \quad (x\to\infty, y\to\infty),$$

所以 $\lim\limits_{\substack{x\to\infty\\y\to\infty}}\dfrac{x+y}{x^2+y^2} = 0.$

例4 求下列極限

(1) $\lim\limits_{(x,y)\to(0,0)}\dfrac{2-\sqrt{xy+4}}{xy}$; (2) $\lim\limits_{(x,y)\to(0,0)}\dfrac{xy}{\sqrt{x^2+y^2}}$; (3) $\lim\limits_{(x,y)\to(0,0)}\dfrac{x^3+y^3}{x^2+y^2}$.

解 (1) 原式 $= \lim\limits_{(x,y)\to(0,0)}\dfrac{-xy}{xy(2+\sqrt{xy+4})} = -\dfrac{1}{4}$ ($\dfrac{0}{0}$ 型, 約去零因式法)

(2) 因 $\sqrt{x^2+y^2} \geqslant \sqrt{x^2} = |x|$, 當 $(x,y) \neq (0,0)$ 時, $\left|\dfrac{x}{\sqrt{x^2+y^2}}\right| \leqslant 1$, 又當 $(x,y) \to (0,0)$ 時, y 是無窮小. 於是原式 $= \lim\limits_{(x,y)\to(0,0)}\dfrac{x}{\sqrt{x^2+y^2}}y = 0$ (利用無窮小的性質求極限的方法).

(3) 令 $x = \rho\cos\theta, y = \rho\sin\theta$, 則

原式 $= \lim\limits_{\rho\to 0}\dfrac{\rho^3\cos^3\theta + \rho^3\sin^3\theta}{\rho^2} = \lim\limits_{\rho\to 0}(\rho\cos^3\theta + \rho\sin^3\theta) = 0$

(變為一元函數的極限求解)

注意: 極限定義中, 若函數的極限存在且為 A, 則要求 $P(x,y)$ 以任何方式趨於 $P_0(x_0,y_0)$ 時, 函數都無限趨近於 A; 如果 $P(x,y)$ 以某一特殊方式, 例如沿著一條定直線或定曲線趨於 $P_0(x_0,y_0)$ 時, 即使函數無限趨近於某一確定值, 我們也不能由此斷定函數的極限存在. 但是反過來, 如果當 $P(x,y)$ 以不同方式趨於 $P_0(x_0,y_0)$ 時, 函數趨於不同的值, 那麼就可以斷定函數的極限不存在.

例5 證明 $\lim\limits_{\substack{x\to 0\\y\to 0}}\dfrac{x^3y}{x^6+y^2}$ 不存在.

證明 取 $y = kx^3$, $\lim\limits_{\substack{x\to 0\\y\to 0}}\dfrac{x^3y}{x^6+y^2} = \lim\limits_{\substack{x\to 0\\y=kx^3\to 0}}\dfrac{x^3\cdot kx^3}{x^6+k^2x^6} = \dfrac{k}{1+k^2}$, 其值隨 k 的不同而變化, 故極限不存在.

以上關於二元函數的極限概念, 可相應地推廣到 n 元函數 $u = f(x_1, x_2, \cdots, x_n)$ 上去.

2. 二元函數的連續性

明白了函數極限的概念，就不難說明多元函數的連續性.

定義 1.10　如果函數 $f(x,y)$ 滿足：

(1) $f(x,y)$ 在 $P_0(x_0,y_0)$ 點有定義；

(2) $\lim\limits_{\substack{x\to x_0\\y\to y_0}} f(x,y)$ 存在；

(3) $\lim\limits_{\substack{x\to x_0\\y\to y_0}} f(x,y) = f(x_0,y_0)$.

則稱函數 $f(x,y)$ **在點** $P_0(x_0,y_0)$ **連續.**

如果函數 $f(x,y)$ 在開區域(或閉區域) D 內的每一點連續，那麼就稱函數 $f(x,y)$ 在 D 內連續，或者稱 $f(x,y)$ 是 D 內的連續函數.

例 6　討論二元函數 $f(x,y) = \begin{cases} \dfrac{x^3+y^3}{x^2+y^2}, & (x,y) \neq (0,0) \\ 0, & (x,y) = (0,0) \end{cases}$ 在 $(0,0)$ 處的連續性.

解　由 $f(x,y)$ 表達式的特徵，設 $x = \rho\cos\theta, y = \rho\sin\theta$，則
$$\lim_{(x,y)\to(0,0)} f(x,y) = \lim_{\rho\to 0}\rho(\sin^3\theta + \cos^3\theta) = 0 = f(0,0)$$
所以函數在 $(0,0)$ 點處連續.

以上關於二元函數的連續性概念，可相應地推廣到 n 元函數 $f(P)$ 上去.

若函數 $f(x,y)$ 在點 $P_0(x_0,y_0)$ 不連續，則 $P_0(x_0,y_0)$ 稱為函數 $f(x,y)$ 的間斷點. 這裡順便指出：如果在開區域(或閉區域) D 內某些孤立點(註：若點 P 為 D 的孤立點，則 $P \in D$，且至少能找到 P 的一個去心鄰域，使得 $\overset{\circ}{U}(P) \cap D = \phi$)，或者沿 D 內某些曲線，函數 $f(x,y)$ 沒有定義，但在 D 內其餘部分，$f(x,y)$ 都有定義，那麼這些孤立點或這些曲線上的點，都是函數 $f(x,y)$ 的不連續點，即間斷點.

對於函數
$$f(x,y) = \begin{cases} \dfrac{x^3 y}{x^6+y^2}, & x^2+y^2 \neq 0 \\ 0, & x^2+y^2 = 0 \end{cases},$$

由例 5 知，當 $x \to 0, y \to 0$ 時的極限不存在，所以點 $(0,0)$ 是該函數的一個間斷點. 二元函數的間斷點可以形成一條曲線，例如函數
$$z = \sin\frac{1}{x^2+y^2-1}$$
在圓周 $x^2+y^2=1$ 上沒有定義，所以該圓周上各點都是間斷點.

與閉區間上一元連續函數的性質相類似，在有界閉區域上多元連續函數也有如下性質.

性質 1(最大值和最小值定理)　在有界閉區域 D 上的多元連續函數，在 D 上一

定有最大值和最小值.

這就是說,在 D 上至少有一點 P_1 及一點 P_2,使得 $f(P_1)$ 為最大值而 $f(P_2)$ 為最小值,即對於一切點 $P \in D$,有

$$f(P_2) \leq f(P) \leq f(P_1).$$

性質 2(介值定理) 在有界閉區域 D 上的多元連續函數,如果在 D 上取得兩個不同的函數值,則它在 D 上能夠取得介於這兩個值之間的任何值.

推論 如果 C 是函數在 D 上的最小值 m 和最大值 M 之間的一個數,則在 D 上至少有一點 Q,使得 $f(Q) = C$.

前面我們已經指出:一元函數中關於極限的運算法則,對於多元函數仍然適用;根據極限運算法則,可以證明多元連續函數的和、差、積均為連續函數;在分母不為零處,連續函數的商是連續函數.多元連續函數的複合函數也是連續函數.

與一元初等函數相類似,多元初等函數是多元多項式及基本初等函數經過有限次的四則運算和複合步驟所構成的(基本初等函數是一元函數,在構成多元初等函數時,它必須與多元函數複合)可用一個式子所表示的多元函數.

例如,$\dfrac{x^3 - xy + y^4}{x + y}$ 是兩個多項式之商,它是多元初等函數.又如,$\sin(x + y)$ 是由基本初等函數 $\sin u$ 與多項式 $u = x + y$ 複合而成的,它也是多元初等函數.

根據上面指出的連續函數的和、差、積、商的連續性以及連續函數的複合函數的連續性,再考慮到多元多項式及基本初等函數的連續性,我們進一步可以得出如下結論:

一切多元初等函數在其定義區域內是連續的.

所謂定義區域是指包含在定義域內的區域或閉區域.

由多元初等函數的連續性,如果要求它在點 P_0 處的極限,而該點又在此函數的定義區域內,則極限值就是函數在該點的函數值,即 $\lim\limits_{P \to P_0} f(P) = f(P_0)$.

例 7 求 $\lim\limits_{\substack{x \to 0 \\ y \to 1}} \left[\ln(y - x) + \dfrac{y}{\sqrt{1 - x^2}} \right]$.

解 $\lim\limits_{\substack{x \to 0 \\ y \to 1}} \left[\ln(y - x) + \dfrac{y}{\sqrt{1 - x^2}} \right] = \ln(1 - 0) + \dfrac{1}{\sqrt{1 - 0^2}} = 1.$

例 8 求 $\lim\limits_{\substack{x \to 0 \\ y \to 1}} \dfrac{e^x + y}{x + y}$.

解 因初等函數 $f(x, y) = \dfrac{e^x + y}{x + y}$ 在 $(0, 1)$ 處連續,故

$$\lim\limits_{\substack{x \to 0 \\ y \to 1}} \dfrac{e^x + y}{x + y} = \dfrac{e^0 + 1}{0 + 1} = 2.$$

習題 1.4

1. 求下列各極限.

(1) $\lim\limits_{\substack{x\to 0\\y\to 1}} \dfrac{1-xy}{x^2+y^2}$;

(2) $\lim\limits_{\substack{x\to 1\\y\to 0}} \dfrac{\ln(x+e^y)}{x^2+y^2}$;

(3) $\lim\limits_{(x,y)\to(0,0)} \dfrac{xy}{\sqrt{xy+1}-1}$;

(4) $\lim\limits_{(x,y)\to(2,0)} \dfrac{\sin xy}{y}$.

2. 證明極限不存在.

(1) $\lim\limits_{\substack{x\to 0\\y\to 0}} \dfrac{x+y}{x-y}$;

(2) $\lim\limits_{\substack{x\to 0\\y\to 0}} \dfrac{x^2 y^2}{x^2 y^2 + (x-y)^2}$.

3. 求下列函數的間斷點.

(1) $z = \dfrac{1}{\sqrt{x^2+y^2}}$;

(2) $z = \dfrac{xy}{x+y}$;

(3) $z = \sin\dfrac{1}{xy}$;

(4) $z = \dfrac{y^2+2x}{y^2-2x}$.

第 1 章補充習題

1. 請選擇下列各題中的正確選項.

(1) 設 $f(x) \cdot g(x)$ 在 x_0 不連續,則( ).

(A) $f(x)+g(x)$ 和 $f(x) \cdot g(x)$ 在 x_0 都不連續

(B) $f(x)+g(x)$ 在 x_0 連續,$f(x) \cdot g(x)$ 在 x_0 不連續

(C) $f(x)+g(x)$ 在 x_0 不連續,$f(x) \cdot g(x)$ 在 x_0 連續

(D) $f(x)+g(x)$ 和 $f(x) \cdot g(x)$ 在 x_0 的連續性不確定

(2) 已知 $f(x)$ 和 $g(x)$ 在 $(-\infty, +\infty)$ 上連續,且 $f(x) < g(x)$,則必有( ).

(A) $\lim\limits_{x\to x_0} f(x) \leq \lim\limits_{x\to x_0} g(x)$

(B) $\lim\limits_{x\to\infty} f(x) \leq \lim\limits_{x\to\infty} g(x)$

(C) $\lim\limits_{x\to x_0} f(x) < \lim\limits_{x\to x_0} g(x)$

(D) $\lim\limits_{x\to\infty} f(x) < \lim\limits_{x\to\infty} g(x)$

(3) 設 $f(x)$ 對一切 x_1, x_2 滿足 $f(x_1+x_2) = f(x_1)+f(x_2)$,$f(x)$ 在點 $x=0$ 連續,則對於任意的 $x_0 \neq 0$,有( ).

(A) $\lim\limits_{x\to x_0} f(x)$ 不存在

(B) $\lim\limits_{x\to x_0} f(x)$ 存在,但 $f(x)$ 在點 x_0 處不連續

(C) $f(x)$ 在點 x_0 處連續

(D) $f(x)$ 在點 x_0 處的連續性不確定

(4) 當 $x \to 0$ 時, $f(x) = \frac{1}{x^2}\sin\frac{1}{x}$ 是( ).

(A) 無窮小量 　　　　　　　(B) 無窮大量
(C) 有界量非無窮小量　　　(D) 無界但非無窮大量

2. 若 $f(x) = \begin{cases} \dfrac{\sin 2x + e^{2ax} - 1}{x}, & x \neq 0 \\ a, & x = 0 \end{cases}$ 在 $(-\infty, \infty)$ 上連續,求 a.

3. 已知函數 $f(x) = \begin{cases} \dfrac{e^{\sin x} - 1}{\tan \dfrac{x}{2}}, & x > 0 \\ ae^{2x}, & x \leq 0 \end{cases}$ 在 $x = 0$ 處連續,求 a.

4. 設 $\lim\limits_{x \to 0} \dfrac{\sin x}{e^x - a}(\cos x - b) = 5$,求 a, b.

5. 求下列極限.

(1) $\lim\limits_{x \to \infty} \dfrac{2x^3 + \sin(1 + x^3)}{1 + x^3}$;　　(2) $\lim\limits_{x \to 0} \dfrac{1 - \cos 2x}{x \sin x}$;

(3) $\lim\limits_{x \to 0} \dfrac{3\sin x + x^2 \cos \dfrac{1}{x}}{(1 + \cos x)\ln(1 + x)}$;　　(4) $\lim\limits_{x \to 0} \dfrac{\sqrt{1 + x} - \sqrt{1 - x}}{\sin x}$;

(5) $\lim\limits_{x \to \infty} \left(\sin \dfrac{2}{x} + \cos \dfrac{1}{x}\right)^x$;　　(6) $\lim\limits_{x \to 0} \dfrac{\sqrt{1 + \tan x} - \sqrt{1 + \sin x}}{e^{\tan x} - e^{\sin x}}$.

第 2 章　導數與微分

導數與微分是微分學中兩個極其重要的概念,它們所涉及的理論與計算方法都十分豐富,本章著重介紹導數、微分、偏導數的有關理論與計算方法.

第 1 節　導數的計算方法

求導運算是一種極其重要的基本運算,通常根據定義求導往往非常困難,有時甚至是不可行的,所以需要找到求導的一般法則或常用函數的求導公式,以及針對特殊函數的一般方法.

1. 利用導數的定義求導

若函數 $y = f(x)$ 在點 x_0 處可導,則 $f(x)$ 在點 x_0 處的導數記作 $f'(x_0)$,定義為:

$$f'(x_0) = \lim_{\Delta x \to 0} \frac{\Delta y}{\Delta x} = \lim_{\Delta x \to 0} \frac{f(x_0 + \Delta x) - f(x_0)}{\Delta x} \tag{2.1}$$

或寫成:

$$f'(x_0) = \lim_{x \to x_0} \frac{f(x) - f(x_0)}{x - x_0} \tag{2.2}$$

利用導數的定義,可以求一些簡單函數的導數;而函數在某一點處的導數或單側導數往往只能由定義求出.

例 1　設 $f(x) = 13x - 6$,求 $f'(4)$.

解

$$f'(4) = \lim_{\Delta x \to 0} \frac{f(4 + \Delta x) - f(4)}{\Delta x}$$
$$= \lim_{\Delta x \to 0} \frac{[13(4 + \Delta x) - 6] - (13 \times 4 - 6)}{\Delta x}$$
$$= \lim_{\Delta x \to 0} \frac{13\Delta x}{\Delta x} = \lim_{\Delta x \to 0} 13 = 13$$

例 2　求函數 $f(x) = \begin{cases} \sin x, & x \geq 0 \\ x, & x < 0 \end{cases}$ 在 $x = 0$ 處的導數.

解　當 $\Delta x < 0$ 時,有

$$\Delta y = f(0 + \Delta x) - f(0) = \Delta x - \sin 0 = \Delta x$$

因此

$$\lim_{\Delta x \to 0^-} \frac{\Delta y}{\Delta x} = \lim_{\Delta x \to 0^-} \frac{\Delta x}{\Delta x} = 1$$

當 $\Delta x > 0$ 時, 有

$$\Delta y = f(0 + \Delta x) - f(0) = \sin\Delta x - \sin 0 = \sin\Delta x$$

則有

$$\lim_{\Delta x \to 0^+} \frac{\Delta y}{\Delta x} = \lim_{\Delta x \to 0^+} \frac{\sin\Delta x}{\Delta x} = 1$$

可得 $\lim_{\Delta x \to 0^-} \frac{\Delta y}{\Delta x} = \lim_{\Delta x \to 0^+} \frac{\Delta x}{\Delta x} = 1.$

根據極限的性質與導數的定義有 $f'(0) = \lim_{\Delta x \to 0} \frac{\Delta y}{\Delta x} = 1.$

例 3 求函數 $f(x) = \begin{cases} 2x, & 0 < x \leq 1 \\ x^2 + 2, & 1 < x < 2 \end{cases}$ 的導數.

解 求分段函數的導數時, 在每一段內的導數可按一般求導法則進行計算, 但在分段點處的導數要用定義分別計算左右導數進行處理.

當 $0 < x < 1$ 時, $f'(x) = (2x)' = 2$,
當 $1 < x < 2$ 時, $f'(x) = (x^2 + 1)' = 2x$,
當 $x = 1$ 時,

$$f'_-(1) = \lim_{x \to 1^-} \frac{f(x) - f(1)}{x - 1} = \lim_{x \to 1^-} \frac{2x - 2}{x - 1} = 2,$$

$$f'_+(1) = \lim_{x \to 1^+} \frac{f(x) - f(1)}{x - 1} = \lim_{x \to 1^+} \frac{x^2 + 2 - 2}{x - 1} = \lim_{x \to 1^+} \frac{x^2}{x - 1} = +\infty,$$

由於 $f'_+(1)$ 不存在, 所以 $f'(1)$ 不存在. 所以

$$f'(x) = \begin{cases} 2, & 0 < x < 1 \\ 2x, & 1 < x < 2 \end{cases}.$$

2. 函數的和、差、積、商的求導法則

設函數 $u = u(x)$ 及 $v = v(x)$ 在點 x 處具有導數 $u' = u'(x)$ 及 $v' = v'(x)$.

(1) 設 $f(x) = u(x) + v(x)$, 則由導數的定義有

$$\begin{aligned}
f'(x) &= \lim_{h \to 0} \frac{f(x + h) - f(x)}{h} \\
&= \lim_{h \to 0} \frac{[u(x + h) + v(x + h)] - [u(x) + v(x)]}{h} \\
&= \lim_{h \to 0} \left[\frac{u(x + h) - u(x)}{h} + \frac{v(x + h) - v(x)}{h} \right] \\
&= u'(x) + v'(x)
\end{aligned}$$

即
$$[u(x)+v(x)]' = u'(x)+v'(x)$$
類似地,有
$$[u(x)-v(x)]' = u'(x)-v'(x).$$
這個法則可以推廣到任意有限個函數的情形,例如
$$[u(x)+v(x)+w(x)]' = u'(x)+v'(x)+w'(x)$$

(2) 設 $f(x) = u(x) \cdot v(x)$,則由導數的定義有

$$\begin{aligned}
f'(x) &= \lim_{h \to 0} \frac{f(x+h)-f(x)}{h} \\
&= \lim_{h \to 0} \frac{u(x+h)v(x+h)-u(x)v(x)}{h} \\
&= \lim_{h \to 0} \frac{1}{h}[u(x+h)v(x+h)-u(x)v(x+h)+u(x)v(x+h)-u(x)v(x)] \\
&= \lim_{h \to 0} \left[\frac{u(x+h)-u(x)}{h} \cdot v(x+h) + u(x) \cdot \frac{v(x+h)-v(x)}{h}\right] \\
&= \lim_{h \to 0} \frac{u(x+h)-u(x)}{h} \cdot \lim_{h \to 0} v(x+h) + u(x) \cdot \lim_{h \to 0} \frac{v(x+h)-v(x)}{h} \\
&= u'(x)v(x) + u(x)v'(x)
\end{aligned}$$

即
$$[u(x)v(x)]' = u'(x)v(x) + u(x)v'(x)$$
特別地,如果 $v = C$(C 是常數),則
$$[Cu(x)]' = Cu'(x)$$
積的求導法則也可以推廣到任意有限個函數之積的情形.例如
$$[u(x)v(x)w(x)]' = u'(x)v(x)w(x) + u(x)v'(x)w(x) + u(x)v(x)w'(x).$$

(3) 設 $f(x) = \dfrac{u(x)}{v(x)}$,$v(x) \neq 0$,則由導數的定義有

$$\begin{aligned}
f'(x) &= \lim_{h \to 0} \frac{f(x+h)-f(x)}{h} \\
&= \lim_{h \to 0} \frac{\dfrac{u(x+h)}{v(x+h)} - \dfrac{u(x)}{v(x)}}{h} \\
&= \lim_{h \to 0} \frac{u(x+h)v(x)-u(x)v(x+h)}{v(x+h)v(x)h} \\
&= \lim_{h \to 0} \frac{[u(x+h)-u(x)]v(x) - u(x)[v(x+h)-v(x)]}{v(x+h)v(x)h} \\
&= \lim_{h \to 0} \frac{\dfrac{u(x+h)-u(x)}{h} \cdot v(x) - u(x) \cdot \dfrac{v(x+h)-v(x)}{h}}{v(x+h)v(x)}
\end{aligned}$$

$$= \frac{u'(x)v(x) - u(x)v'(x)}{[v(x)]^2}.$$

即

$$\left(\frac{u(x)}{v(x)}\right)' = \frac{u'(x)v(x) - u(x)v'(x)}{[v(x)]^2}.$$

綜合以上結果,得到函數和、差、積、商的求導法則如下:

設 $u = u(x), v = v(x)$ **都可導,則**

(1) $(u \pm v)' = u' \pm v'$, (2) $(Cu)' = Cu'$ (C 是常數),

(3) $(uv)' = u'v + uv'$, (4) $\left(\dfrac{u}{v}\right)' = \dfrac{u'v - uv'}{v^2}$ ($v \neq 0$).

例 4 求 $y = 2\sqrt{x}\sin x$ 的導數.

解 $y' = (2\sqrt{x}\sin x)' = 2(\sqrt{x}\sin x)'$

$= 2[(\sqrt{x})'\sin x + \sqrt{x}(\sin x)']$

$= 2\left(\dfrac{1}{2\sqrt{x}}\sin x + \sqrt{x}\cos x\right) = \dfrac{1}{\sqrt{x}}\sin x + 2\sqrt{x}\cos x.$

例 5 已知 $y = \sqrt{x}(x^3 - 4\cos x - \sin 1)$,求 y'.

解 $y' = \dfrac{1}{2\sqrt{x}}(x^3 - 4\cos x - \sin 1) + \sqrt{x}(3x^2 + 4\sin x).$

例 6 求 $y = \tan x$ 的導數.

解 $y' = (\tan x)' = \left(\dfrac{\sin x}{\cos x}\right)' = \dfrac{(\sin x)'\cos x - \sin x(\cos x)'}{\cos^2 x}$

$= \dfrac{\cos^2 x + \sin^2 x}{\cos^2 x} = \dfrac{1}{\cos^2 x} = \sec^2 x.$

即 $(\tan x)' = \sec^2 x.$

例 7 求 $y = \sec x$ 的導數.

解 $y' = (\sec x)' = \left(\dfrac{1}{\cos x}\right)' = \dfrac{-(\cos x)'}{\cos^2 x} = \dfrac{\sin x}{\cos^2 x} = \sec x \tan x.$

3. 反函數的導數

設 $y = f(x)$ 是函數 $x = \varphi(y)$ 的反函數.如果 $x = \varphi(y)$ 在區間 I_y 內單調且連續,那麼它的反函數 $y = f(x)$ 在對應區間 $I_x = \{x \mid x = \varphi(y), y \in I_y\}$ 內也是單調且連續的.現在假定 $x = \varphi(y)$ 在區間 I_y 內不僅單調、連續,而且是可導的,在此假定下來考慮它的反函數 $y = f(x)$ 的可導性以及導數 $f'(x)$ 與 $\varphi'(y)$ 之間的關係.

任取 $x \in I_x$,給 $y = f(x)$ 以增量 $\Delta x (\Delta x \neq 0, x + \Delta x \in I_x)$,由 $y = f(x)$ 的單調性可知

$$\Delta y = f(x + \Delta x) - f(x) \neq 0,$$

於是有
$$\frac{\Delta y}{\Delta x} = \frac{1}{\frac{\Delta x}{\Delta y}}$$

因 $y = f(x)$ 連續,故當 $\Delta x \to 0$ 時,必有 $\Delta y \to 0$.現再假定 $x = \varphi(y)$ 在點 y 處不僅可導且 $\varphi'(y) \neq 0$,即 $\lim\limits_{\Delta y \to 0} \frac{\Delta x}{\Delta y} \neq 0$,則

$$\lim_{\Delta x \to 0} \frac{\Delta y}{\Delta x} = \lim_{\Delta y \to 0} \frac{1}{\frac{\Delta x}{\Delta y}} = \frac{1}{\varphi'(y)}$$

即
$$f'(x) = \frac{1}{\varphi'(y)}$$

由於點 x 是區間 I_x 內任意取定的一點,因此可以得出結論:如果函數 $x = \varphi(y)$ 在某區間 I_y 內單調、可導且 $\varphi'(y) \neq 0$,那麼它的反函數 $y = f(x)$ 在對應區間 I_x 內也可導,且有 $f'(x) = \frac{1}{\varphi'(y)}$.

例 8 求函數 $y = \arcsin x$ 的導數.

解 因為 $x = \sin y$ 在 $I_y = \left(-\frac{\pi}{2}, \frac{\pi}{2}\right)$ 內單調、可導,且 $(\sin y)' = \cos y > 0$,所以在對應區間 $I_x = (-1, 1)$ 內有

$$(\arcsin x)' = \frac{1}{(\sin y)'} = \frac{1}{\cos y} = \frac{1}{\sqrt{1 - \sin^2 y}} = \frac{1}{\sqrt{1 - x^2}}$$

同樣可求得

$$(\arccos x)' = -\frac{1}{\sqrt{1 - x^2}}, (\arctan x)' = \frac{1}{1 + x^2}, (\text{arccot } x)' = -\frac{1}{1 + x^2}$$

例 9 求函數 $y = \log_a x$ 的導數.

解 因為 $x = a^y$ 在 $I_y = (-\infty, +\infty)$ 內單調、可導,且 $(a^y)' = a^y \ln a \neq 0$,所以在對應區間 $I_x = (0, +\infty)$ 內有

$$(\log_a x)' = \frac{1}{(a^y)'} = \frac{1}{a^y \ln a} = \frac{1}{x \ln a}.$$

特別地
$$(\ln x)' = \frac{1}{x}.$$

4. 複合函數的求導法則

定理 2.1(複合函數的求導法則) 如果 $u = \varphi(x)$ 在點 x_0 可導,而 $y = f(u)$ 在點 $u_0 = \varphi(x_0)$ 可導,則複合函數 $y = f[\varphi(x)]$ 在點 x_0 可導,且其導數為

$$\left.\frac{dy}{dx}\right|_{x=x_0} = f'(u_0)\varphi'(x_0).$$

證明 由於 $y = f(u)$ 在點 u_0 可導,因此

$$\lim_{\Delta u \to 0} \frac{\Delta y}{\Delta u} = f'(u_0)$$

存在,於是根據函數極限與無窮小量的關係有

$$\frac{\Delta y}{\Delta u} = f'(u_0) + \alpha,$$

其中 α 是當 $\Delta u \to 0$ 時的無窮小量.上式中 $\Delta u \neq 0$,用 Δu 乘兩邊,得

$$\Delta y = f'(u_0)\Delta u + \alpha \cdot \Delta u \qquad (2.3)$$

當 $\Delta u = 0$ 時,規定 $\alpha = 0$,這時因為 $\Delta y = f(u_0 + \Delta u) - f(u_0) = 0$,而(2.3)式右端變為零,故(2.3)式對 $\Delta u = 0$ 也成立.用 $\Delta x \neq 0$ 除(2.3)式兩邊,得

$$\frac{\Delta y}{\Delta x} = f'(u_0)\frac{\Delta u}{\Delta x} + \alpha \cdot \frac{\Delta u}{\Delta x},$$

於是 $$\lim_{\Delta x \to 0} \frac{\Delta y}{\Delta x} = \lim_{\Delta x \to 0} [f'(u_0)\frac{\Delta u}{\Delta x} + \alpha \cdot \frac{\Delta u}{\Delta x}].$$

根據函數在某點可導必在該點連續的性質知道,當 $\Delta x \to 0$ 時,$\Delta u \to 0$,從而可以得到

$$\lim_{\Delta x \to 0} \alpha = \lim_{\Delta u \to 0} \alpha = 0.$$

又因為 $u = \varphi(x)$ 在點 x_0 可導,有

$$\lim_{\Delta x \to 0} \frac{\Delta u}{\Delta x} = \varphi'(x_0)$$

故

$$\lim_{\Delta x \to 0} \frac{\Delta y}{\Delta x} = f'(u_0) \cdot \lim_{\Delta x \to 0} \frac{\Delta u}{\Delta x} = f'(u_0)\varphi'(x_0).$$

根據上述法則,如果 $u = \varphi(x)$ 在開區間 I 內可導,$y = f(u)$ 在開區間 I_1 內可導,且當 $x \in I$ 時,對應的 $u \in I_1$,那麼複合函數 $y = f[\varphi(x)]$ 在開區間 I 內可導,且有

$$\frac{dy}{dx} = \frac{dy}{du} \cdot \frac{du}{dx}$$

例10 求函數 $y = \ln\sin x$ 的導數.

解 設 $y = \ln u, u = \sin x$.

則 $$\frac{dy}{dx} = \frac{dy}{du} \cdot \frac{du}{dx} = \frac{1}{u} \cdot \cos x = \frac{\cos x}{\sin x} = \cot x.$$

例11 求函數 $y = (x^2 + 1)^{10}$ 的導數.

解 設 $y = u^{10}, u = x^2 + 1$.則

$$\frac{dy}{dx} = \frac{dy}{du} \cdot \frac{du}{dx} = 10u^9 \cdot 2x = 10(x^2 + 1)^9 \cdot 2x = 20x(x^2 + 1)^9.$$

注意:在求複合函數 $y = f\{g[h(x)]\}$ 的導數時,要從外層到內層(或從左往右)逐層推進.先求 f 對大括號內的變量 u 的導數($u = g[h(x)]$),再求 g 對中括號內的變

量 v 的導數($v = h(x)$),最後求 h 對小括號內的變量 x 的導數.在這裡,首先要始終明確所求的導數是哪個函數對哪個變量(不管是自變量還是中間變量) 的導數;其次,在逐層求導時,不要遺漏,也不要重複.熟練之後可以不設中間變量的字母.

例12 求函數 $y = (x + \sin^2 x)^3$ 的導數.

解
$$y' = [(x + \sin^2 x)^3]' = 3(x + \sin^2 x)^2 (x + \sin^2 x)'$$
$$= 3(x + \sin^2 x)^2 [1 + 2\sin x \cdot (\sin x)']$$
$$= 3(x + \sin^2 x)^2 (1 + \sin 2x).$$

例13 求函數 $y = e^{\sin^2(1-x)}$ 的導數.

解一 設中間變量,令 $y = e^u, u = v^2, v = \sin w, w = 1 - x$.

於是
$$y'_x = y'_u \cdot u'_v \cdot v'_w \cdot w'_x = (e^u)' \cdot (v^2)' \cdot (\sin w)' \cdot (1-x)'$$
$$= e^u \cdot 2v \cdot \cos w \cdot (-1) = -e^{\sin^2(1-x)} \cdot 2\sin(1-x)\cos(1-x)$$
$$= -\sin 2(1-x) \cdot e^{\sin^2(1-x)}.$$

解二 不設中間變量.
$$y' = e^{\sin^2(1-x)} \cdot 2\sin(1-x) \cdot \cos(1-x) \cdot (-1) = -\sin 2(1-x) \cdot e^{\sin^2(1-x)}.$$

例14 求函數 $y = \ln \dfrac{\sqrt{x^2+1}}{\sqrt[3]{x-2}} (x > 2)$ 的導數.

解 因為 $y = \dfrac{1}{2}\ln(x^2 + 1) - \dfrac{1}{3}\ln(x - 2)$,所以

$$y' = \frac{1}{2} \cdot \frac{1}{x^2+1} \cdot (x^2+1)' - \frac{1}{3} \cdot \frac{1}{x-2} \cdot (x-2)'$$
$$= \frac{1}{2} \cdot \frac{1}{x^2+1} \cdot 2x - \frac{1}{3(x-2)}$$
$$= \frac{x}{x^2+1} - \frac{1}{3(x-2)}.$$

例15 求函數 $y = \sqrt{x + \sqrt{x + \sqrt{x}}}$ 的導數.

解
$$y' = \frac{1}{2\sqrt{x + \sqrt{x + \sqrt{x}}}} (x + \sqrt{x + \sqrt{x}})'$$
$$= \frac{1}{2\sqrt{x + \sqrt{x + \sqrt{x}}}} \left[1 + \frac{1}{2\sqrt{x + \sqrt{x}}} (x + \sqrt{x})' \right]$$
$$= \frac{1}{2\sqrt{x + \sqrt{x + \sqrt{x}}}} \left[1 + \frac{1}{2\sqrt{x + \sqrt{x}}} \left(1 + \frac{1}{2\sqrt{x}} \right) \right]$$
$$= \frac{4\sqrt{x^2 + x\sqrt{x}} + 2\sqrt{x} + 1}{8\sqrt{x + \sqrt{x + \sqrt{x}}} \cdot \sqrt{x^2 + x\sqrt{x}}}.$$

例 16 求函數 $y = x^{a^a} + a^{x^a} + a^{a^x} (a > 0)$ 的導數.

解 $y' = a^a x^{a^a - 1} + a^{x^a} \ln a \cdot (x^a)' + a^{a^x} \cdot \ln a \cdot (a^x)'$
$= a^a x^{a^a - 1} + ax^{a-1} a^{x^a} \ln a + a^x a^{a^x} \cdot \ln^2 a.$

5. 隱函數的導數

如果在方程 $F(x, y) = 0$ 中,當 x 取某區間內的任一值時,相應地總有滿足此方程的唯一的 y 值存在,那麼就說方程 $F(x, y) = 0$ 在該區間內確定了一個隱函數.

把一個隱函數化成顯函數,叫做隱函數的顯化.例如從方程 $2x + y^3 - 1 = 0$ 中解出 $y = \sqrt[3]{1 - 2x}$,就把隱函數化成了顯函數.隱函數的顯化有時是困難的,甚至是不可能的.在實際問題中,有時需要直接由方程計算出它所確定的隱函數的導數.

事實上,如果方程 $F(x, y) = 0$ 確定了一個隱函數 $y = y(x)$,則
$$F(x, y(x)) \equiv 0$$

在上式兩邊對 x 求導,利用複合函數的求導法則,可以得到一個關於 $y'(x)$ 的方程,從這個方程中解出 $y'(x)$ 即可.

下面通過具體例子來說明這種方法.

例 17 求由下列方程所確定的函數 $y = y(x)$ 的導數.
$$y \sin x - \cos(x - y) = 0.$$

解 在方程兩邊同時對自變量 x 求導,得
$$y \cos x + \sin x \cdot \frac{dy}{dx} + \sin(x - y) \cdot (1 - \frac{dy}{dx}) = 0$$

整理得
$$[\sin(x - y) - \sin x] \frac{dy}{dx} = \sin(x - y) + y \cos x$$

解得
$$\frac{dy}{dx} = \frac{\sin(x - y) + y \cos x}{\sin(x - y) - \sin x}$$

例 18 求由方程 $xy - e^x + e^y = 0$ 所確定的隱函數 y 的導數 $\frac{dy}{dx}$ 及 $\frac{dy}{dx}\bigg|_{x=0}$.

解 方程兩邊對 x 求導,得
$$y + x\frac{dy}{dx} - e^x + e^y \frac{dy}{dx} = 0$$

解得
$$\frac{dy}{dx} = \frac{e^x - y}{x + e^y}$$

由原方程知 $x = 0$ 時,$y = 0$,所以
$$\frac{dy}{dx}\bigg|_{x=0} = \frac{e^x - y}{x + e^y}\bigg|_{\substack{x=0 \\ y=0}} = 1$$

例19 求由方程 $xy + \ln y = 1$ 所確定的函數 $y = f(x)$ 在點 $M(1,1)$ 處的切線方程.

解 在方程兩邊同時對自變量 x 求導,得

$$y + xy' + \frac{1}{y}y' = 0$$

解得

$$y' = -\frac{y^2}{xy + 1}$$

在點 $M(1,1)$ 處,$y'\big|_{\substack{x=1\\y=1}} = -\frac{1^2}{1 \times 1 + 1} = -\frac{1}{2}$

於是,在點 $M(1,1)$ 處的切線方程為

$$y - 1 = -\frac{1}{2}(x - 1), \text{即 } x + 2y - 3 = 0.$$

6. 對數求導法

形如 $y = u(x)^{v(x)}$ 的函數稱為冪指函數.直接使用前面介紹的求導法則不能求出冪指函數的導數,對於這類函數,可以先在函數兩邊取對數,將顯函數轉換成隱函數,然后利用隱函數的求導法則求出所求導數,我們把這種方法稱為對數求導法.對數求導法不僅適用於冪指函數,還適用於函數的表達式是多個因子的乘積(或乘法與除法的混合運算)等複雜的函數表達式的情形.

例20 設 $y = x^{\sin x}(x > 0)$,求 y'.

解 等式兩邊取對數得

$$\ln y = \sin x \cdot \ln x$$

兩邊對 x 求導得

$$\frac{1}{y}y' = \cos x \cdot \ln x + \sin x \cdot \frac{1}{x}$$

所以

$$y' = y\left(\cos x \cdot \ln x + \sin x \cdot \frac{1}{x}\right) = x^{\sin x}\left(\cos x \cdot \ln x + \frac{\sin x}{x}\right).$$

例21 設 $(\cos y)^x = (\sin x)^y$,求 y'.

解 在等式兩邊取對數,得

$$x\ln\cos y = y\ln\sin x$$

等式兩邊對 x 求導,得

$$\ln\cos y - x\frac{\sin y}{\cos y} \cdot y' = y'\ln\sin x + y \cdot \frac{\cos x}{\sin x}$$

解得

$$y' = \frac{\ln\cos y - y\cot x}{x\tan y + \ln\sin x}.$$

例 22 設 $y = \dfrac{(x+1)\sqrt[3]{x-1}}{(x+4)^2 e^x}$,求 y'.

解 等式兩邊取對數,得

$$\ln y = \ln(x+1) + \frac{1}{3}\ln(x-1) - 2\ln(x+4) - x,$$

上式兩邊對 x 求導,得

$$\frac{y'}{y} = \frac{1}{x+1} + \frac{1}{3(x-1)} - \frac{2}{x+4} - 1$$

所以

$$y' = \frac{(x+1)\sqrt[3]{x-1}}{(x+4)^2 e^x}\left[\frac{1}{x+1} + \frac{1}{3(x-1)} - \frac{2}{x+4} - 1\right].$$

7. 高階導數的計算

一般地,如果函數 $y = f(x)$ 的導函數 $f'(x)$ 在點 x 處可導,則稱導函數 $f'(x)$ 在點 x 處的導數為函數 $y = f(x)$ 的二階導數,記為

$$y'' \text{ 或 } f''(x) \text{ 或 } \frac{d^2 y}{dx^2} \text{ 或 } \frac{d^2 f(x)}{dx^2}.$$

類似地定義 $y = f(x)$ 的三階導數為二階導數的導數,記為

$$y''' \text{ 或 } f'''(x) \text{ 或 } \frac{d^3 y}{dx^3} \text{ 或 } \frac{d^3 f(x)}{dx^3}.$$

一般地,如果函數 $y = f(x)$ 的 $n-1$ 階導函數存在且可導,則稱 y 的 $n-1$ 階導數的導數為函數 $y = f(x)$ 的 n 階導數,記為

$$y^{(n)} \text{ 或 } f^{(n)}(x) \text{ 或 } \frac{d^n y}{dx^n} \text{ 或 } \frac{d^n f(x)}{dx^n}.$$

n 階導數在 x_0 處的值記為

$$y^{(n)}\big|_{x=x_0} \text{ 或 } f^{(n)}(x_0) \text{ 或 } \frac{d^n y}{dx^n}\bigg|_{x=x_0}.$$

二階和二階以上的導數統稱為高階導數.如果函數 $y = f(x)$ 的 n 階導數存在,則稱 $f(x)$ 為 n 階可導.

例 23 設 $y = ax + b$,求 y''.

解 $y' = a, y'' = 0.$

例 24 求指數函數 $y = e^x$ 的 n 階導數.

解 $y' = e^x, y'' = e^x, \cdots, y^{(n)} = e^x.$

例 25 設 $y = \arctan x$,求 $y'''(0)$.

解 $y' = \dfrac{1}{1+x^2}$,

$$y'' = \left(\frac{1}{1+x^2}\right)' = \frac{-2x}{(1+x^2)^2},$$

$$y''' = \left(\frac{-2x}{(1+x^2)^2}\right)' = \frac{2(3x^2-1)}{(1+x^2)^3},$$

$$y'''(0) = \frac{2(3x^2-1)}{(1+x^2)^3}\bigg|_{x=0} = -2.$$

例 26 證明:函數 $y = \sqrt{2x - x^2}$ 滿足關係式 $y^3 y'' + 1 = 0$.

證明 對 $y = \sqrt{2x - x^2}$ 求導,得

$$y' = \frac{1}{2\sqrt{2x-x^2}} \cdot (2x-x^2)' = \frac{1-x}{\sqrt{2x-x^2}},$$

$$y'' = \frac{(1-x)' \cdot \sqrt{2x-x^2} - (1-x) \cdot (\sqrt{2x-x^2})'}{2x-x^2}$$

$$= \frac{-\sqrt{2x-x^2} - (1-x)\dfrac{2-2x}{2\sqrt{2x-x^2}}}{2x-x^2}$$

$$= \frac{-2x+x^2-(1-x)^2}{(2x-x^2)\sqrt{2x-x^2}} = -\frac{1}{(2x-x^2)^{3/2}} = -\frac{1}{y^3}.$$

即得 $y^3 y'' + 1 = 0$,證畢.

例 27 $y = x^\alpha (\alpha \in R)$,求 $y^{(n)}$.

解 $y' = \alpha x^{\alpha-1}$,

$y'' = (\alpha x^{\alpha-1})' = \alpha(\alpha-1)x^{\alpha-2},$

$y''' = (\alpha(\alpha-1)x^{\alpha-2})' = \alpha(\alpha-1)(\alpha-2)x^{\alpha-3},$

...

$y^{(n)} = \alpha(\alpha-1)\cdots(\alpha-n+1)x^{\alpha-n} (n \geq 1),$

若 α 為自然數 n,則 $y^{(n)} = (x^n)^{(n)} = n!, y^{(n+1)} = (n!)' = 0$.

例 28 設 $y = \ln(1+x)$,求 $y^{(n)}$.

解 $y' = \dfrac{1}{1+x}, y'' = -\dfrac{1}{(1+x)^2}, y''' = \dfrac{2!}{(1+x)^3}, y^{(4)} = -\dfrac{3!}{(1+x)^4}, \cdots,$

$$y^{(n)} = (-1)^{n-1}\frac{(n-1)!}{(1+x)^n} \quad (n \geq 1, 0! = 1).$$

例 29 設 $y = \sin kx$,求 $y^{(n)}$.

解 $y' = k\cos kx = k\sin\left(kx + \dfrac{\pi}{2}\right),$

$y'' = (y')' = k^2\cos\left(kx + \dfrac{\pi}{2}\right) = k^2\sin\left(kx + \dfrac{\pi}{2} + \dfrac{\pi}{2}\right) = k^2\sin\left(kx + 2\cdot\dfrac{\pi}{2}\right),$

$y''' = (y'')' = k^3\cos\left(kx + 2\cdot\dfrac{\pi}{2}\right) = k^3\sin\left(kx + 3\cdot\dfrac{\pi}{2}\right)$

...

$$y^{(n)} = k^n \sin\left(kx + n \cdot \frac{\pi}{2}\right), \text{即} (\sin kx)^{(n)} = k^n \sin\left(kx + n \cdot \frac{\pi}{2}\right).$$

同理可得 $(\cos kx)^{(n)} = k^n \cos\left(kx + n \cdot \frac{\pi}{2}\right).$

8. 隱函數的二階導數

如果方程 $F(x,y) = 0$ 能夠確定一個具有二階導數的函數 $y = y(x)$，則利用複合函數的求導法則，在方程 $F(x,y) = 0$ 兩邊對 x 求導，可得到關於 x, y 及 y' 的方程

$$G(x, y, y') = 0 \tag{2.4}$$

從方程(2.4)式可以解出 y 對 x 的一階導數 $y'(x)$. 再在方程(2.4)式兩邊對 x 求導，可得到關於 x, y, y' 及 y'' 的方程

$$H(x, y, y', y'') = 0 \tag{2.5}$$

從方程(2.5)式中解出 y''，並將從方程(2.4)式中解出的一階導數 $y'(x)$ 代入即可.

例30 設 $x^4 - xy + y^4 = 1$，求 y'' 在點 $(0,1)$ 處的值.

解 方程兩邊對 x 求導，得

$$4x^3 - y - xy' + 4y^3 y' = 0 \tag{2.6}$$

代入 $x = 0, y = 1$ 得 $y'\big|_{\substack{x=0\\y=1}} = \frac{1}{4}$；

將方程(2.6)式兩邊再對 x 求導，得

$$12x^2 - 2y' - xy'' + 12y^2 (y')^2 + 4y^3 y'' = 0$$

代入 $x = 0, y = 1, y'\big|_{\substack{x=0\\y=1}} = \frac{1}{4}$ 得

$$y''\big|_{\substack{x=0\\y=1}} = -\frac{1}{16}.$$

例31 設 $xy - e^x + e^y = 0$，求 y''.

解 方程兩邊對 x 求導，得

$$y + xy' - e^x + e^y y' = 0 \tag{2.7}$$

由方程(2.7)式解得 $y' = \dfrac{e^x - y}{x + e^y}$；

將方程(2.7)式兩邊再對 x 求導，得

$$2y' + xy'' - e^x + e^y (y')^2 + e^y y'' = 0 \tag{2.8}$$

由方程(2.8)式解得

$$y'' = \frac{e^x - 2y' - e^y (y')^2}{x + e^y} = \frac{e^x - 2 \cdot \dfrac{e^x - y}{x + e^y} - e^y \left(\dfrac{e^x - y}{x + e^y}\right)^2}{x + e^y}$$

$$= \frac{e^x}{x + e^y} - \frac{2(e^x - y)}{(x + e^y)^2} - \frac{e^y (e^x - y)^2}{(x + e^y)^3}.$$

習題 2.1

1. 求下列函數的導數.

(1) $y = 5x^3 - 2^x + 3e^x$;

(2) $y = 2^x \ln x$;

(3) $y = 2x^3 \sin x$;

(4) $y = (3 + 2x)(2 - 3x)$;

(5) $y = x^2 \ln x$;

(6) $y = \dfrac{\ln x}{x} + \dfrac{1}{\ln x}$;

(7) $y = \dfrac{e^x}{x^2} + \dfrac{2}{x}$;

(8) $y = \dfrac{1 + \cos t}{1 - \sin t}$;

(9) $y = \dfrac{1}{1 + x + x^2}$;

(10) $y = \dfrac{5x^2 - 3x + 4}{x^2 - 1}$;

(11) $y = \dfrac{2\csc x}{x^2}$;

(12) $y = \dfrac{2\ln x + x^3}{3\ln x + x^2}$.

2. 求下列函數在給定點處的導數.

(1) $y = \sin x - \cos x$, 求 $y' \big|_{x = \frac{\pi}{6}}$;

(2) $\rho = \varphi \sin \varphi + \dfrac{1}{2} \cos \varphi$, 求 $\dfrac{d\rho}{d\varphi} \bigg|_{\varphi = \frac{\pi}{4}}$;

(3) $f(x) = \dfrac{3}{5 - x} + \dfrac{x^2}{5}$, 求 $f'(0)$ 和 $f'(2)$.

3. 求下列函數的導數.

(1) $y = \sqrt{3 - 2x^2}$;

(2) $y = e^{2x^3}$;

(3) $y = \arcsin\sqrt{x}$;

(4) $y = \ln(x + \sqrt{a^2 + x^2})$;

(5) $y = \ln\cos e^{-x^2}$;

(6) $y = \arctan \dfrac{1}{x}$;

(7) $y = \arcsin(1 - 2x)$;

(8) $y = e^{-\frac{x}{2}} \cos 3x$;

(9) $y = \arccos \dfrac{1}{x}$;

(10) $y = \dfrac{1 - \ln x}{1 + \ln x}$.

4. 求下列函數的導數.

(1) $y = \left(\arcsin \dfrac{x}{2}\right)^2$;

(2) $y = \ln\tan \dfrac{x}{2}$;

(3) $y = \sqrt{1 + \ln^2 x}$;

(4) $y = e^{\arctan\sqrt{x}}$;

(5) $y = \sin^n x \cos nx$;

(6) $y = \arctan \dfrac{x + 1}{x - 1}$;

(7) $y = \dfrac{\arcsin x}{\arccos x}$;

(8) $y = \ln[\ln(\ln x)]$;

(9) $y = \dfrac{\sqrt{1+x} - \sqrt{1-x}}{\sqrt{1+x} + \sqrt{1-x}}$; (10) $y = \arcsin\sqrt{\dfrac{1-x}{1+x}}$.

5. 設函數 f 可導，求下列函數的導數 $\dfrac{dy}{dx}$.

(1) $y = f(e^x + x^e)$; (2) $y = \cos 2x - f(\sin^2 x)$;

(3) $y = [f(x^2 + a)]^n$; (4) $y = f[f(x + \ln x)]$;

(5) $y = e^{f(\frac{1}{x} + \arctan x)}$; (6) $y = f(\sin^2 x) + f(\cos^2 x)$.

6. 設 $f(x) = \begin{cases} \ln(1+x), & x > 0 \\ 0, & x = 0 \\ \dfrac{\sin^2 x}{x}, & x < 0 \end{cases}$，求 $f'(x)$.

7. 求由下列方程確定的隱函數的導數 y'.

(1) $xy = e^{x+y}$; (2) $x^2 + xy = \arctan(xy)$;

(3) $y - xe^y = 1$; (4) $x^3 + y^3 - a = 0$ (a 是常數).

8. 用對數求導法求下列函數的導數.

(1) $y = x \cdot \sqrt{\dfrac{(1-x)^3}{(1+x^2)(2-3x)}}$; (2) $y = \left(\dfrac{x}{1+x}\right)^x$;

(3) $y = x^{\ln x}$; (4) $y = \sqrt[5]{\dfrac{x-5}{\sqrt[5]{x^2+2}}}$;

(5) $y = \dfrac{\sqrt{x+2}\,(3-x)^4}{(x+1)^5}$; (6) $y = \sqrt{x\sqrt{1 - e^x \sin x}}$.

9. 求下列函數的二階導數.

(1) $y = xe^{2x}$; (2) $y = \ln(1 - x^2)$;

(3) $y = \arctan x$; (4) $y = \sin^2(1 + 2x)$;

(5) $y = \ln(x + \sqrt{1 + x^2})$; (6) $y = (1 + x^2)\arctan x$;

(7) $y = e^{-t}\sin t$; (8) $y = xe^{x^2}$.

10. 已知 $f''(x)$ 存在且 $f(x) \neq 0$，求 $\dfrac{d^2 y}{dx^2}$.

(1) $y = f(x^2)$; (2) $y = \ln[f(x)]$.

11. 驗證函數 $y = e^x \sin x$ 滿足關係式：$y'' - 2y' + 2y = 0$.

12. 設 $x^3 + y^3 + e^{-x} = 0$，求 $y''(0)$.

13. 求由下列方程所確定的隱函數 y 的二階導數 $\dfrac{d^2 y}{dx^2}$.

(1) $x^2 - y^2 = 1$; (2) $b^2 x^2 + a^2 y^2 = a^2 b^2$;

(3) $y = \tan(x + y)$; (4) $y = 1 + xe^y$.

14. 求下列函數的 n 階導數的一般表達式.

(1) $y = x^n + a_1 x^{n-1} + a_2 x^{n-2} + \cdots + a_{n-1} x + a_n$ ($a_1, a_2, \cdots, a_n$ 都是常數);

(2) $y = \sin^2 x$;   (3) $y = x\ln x$;

(4) $y = xe^x$;   (5) $y = 3^x$.

第 2 節　微分及其應用

1. 可微與可導的關係

我們已知,若對於函數 $y = f(x)$ 在點 x 的自變量增量 Δx, 函數的改變量 $\Delta y = f(x + \Delta x) - f(x)$ 可以表示成

$$\Delta y = A\Delta x + o(\Delta x)$$

其中 A 是不依賴於 Δx 的常數,而 $o(\Delta x)$ 是比 Δx 高階的無窮小,那麼稱函數 $y = f(x)$ 在點 x 處可微,而 Δy 的線性主部 $A\Delta x$ 稱為函數 $y = f(x)$ 在點 x 處的微分,記作 dy,即 $dy = A\Delta x$.

函數可導與可微有如下關係:

定理 2.2　函數 $y = f(x)$ 在點 x 可微的充要條件是函數在點 x 可導, 且 $dy = f'(x)\Delta x$.

證明　**必要性**　若 $f(x)$ 在點 x 可微,由微分定義有

$$\Delta y = A\Delta x + o(\Delta x)$$

等式兩端除以 Δx,並取極限有

$$\lim_{\Delta x \to 0} \frac{\Delta y}{\Delta x} = \lim_{\Delta x \to 0} \left[A + \frac{o(\Delta x)}{\Delta x} \right] = A$$

由此可得函數 $f(x)$ 在點 x 可導,且導數等於 A.

充分性　若函數 $f(x)$ 在點 x 可導,則函數 $f(x)$ 在點 x 有

$$f'(x) = \lim_{\Delta x \to 0} \frac{\Delta y}{\Delta x}$$

由極限與無窮小的關係可知

$$\frac{\Delta y}{\Delta x} = f'(x) + \alpha$$

其中 α 是當 $\Delta x \to 0$ 時的無窮小量. 因此有

$$\Delta y = f'(x) \cdot \Delta x + \alpha \cdot \Delta x.$$

其中 $\lim_{\Delta x \to 0} \frac{\alpha \cdot \Delta x}{\Delta x} = 0$, 即 $\alpha \cdot \Delta x = o(\Delta x)$, 由微分定義可知, $f(x)$ 在點 x 可微, 且微分可表示為 $dy = f'(x)\Delta x$.

定理 2.2 表明,一元函數的可導性與可微性是等價的.

由於 $(x)' = 1$,所以自變量 x 的微分 $dx = (x)'\Delta x = \Delta x$. 於是函數 $y = f(x)$ 的微分又

可記作
$$dy = f'(x)dx.$$
從而有
$$\frac{dy}{dx} = f'(x).$$
這就是說,函數的微分 dy 與自變量的微分 dx 之商等於該函數的導數.因此,導數也叫做微商.

2. 一階微分形式不變性

設函數 $y = f(u)$ 及 $u = g(x)$ 分別關於 u 和 x 可微,則複合函數 $y = f[g(x)]$ 的微分為:
$$dy = y'_x dx = f'(g(x))g'(x)dx = f'(u)u'dx = f'(u)du$$

該結果與把 u 看作自變量求微分的結果一樣.也就是說,對 $y = f(u)$ 求微分時,不管 u 是自變量還是函數,所得結果的形式是相同的.這個性質通常稱為一階微分形式的不變性.

不過要注意,它們的意義是不一樣的,u 是自變量時,$du = \Delta u$,而 u 是函數時,du 與 Δu 一般來說是不同的.

例 1 設 $y = \sin(2x + 1)$,求 dy.

解 設 $y = \sin u, u = 2x + 1$,則
$$dy = d(\sin u) = \cos u du = \cos(2x+1)d(2x+1)$$
$$= \cos(2x+1) \cdot 2dx = 2\cos(2x+1)dx.$$

熟練以后,往往不再寫出中間變量.

例 2 設 $y = \ln(1 + e^{x^2})$,求 dy.

解 $dy = d\ln(1 + e^{x^2}) = \frac{1}{1 + e^{x^2}}d(1 + e^{x^2}) = \frac{1}{1 + e^{x^2}}e^{x^2}d(x^2)$
$$= \frac{e^{x^2}}{1 + e^{x^2}}2xdx = \frac{2xe^{x^2}}{1 + e^{x^2}}dx.$$

特別地,利用一階微分形式不變性,可以很方便地求出由 $F(x,y) = 0$ 確定的隱函數 $y = f(x)$ 的導數或微分,其做法是:在方程 $F(x,y) = 0$ 兩邊求微分,利用微分形式不變性(可以理解為:把方程中的兩個變量看作是相互獨立的變量),得到一個關於 dx 與 dy 的方程,從該方程中解出 $\frac{dy}{dx}$,即得到隱函數的導數.

例 3 求由方程 $e^{xy} = 2x + y^3$ 所確定的隱函數 $y = f(x)$ 的導數 $\frac{dy}{dx}$.

解 對方程兩邊求微分,得
$$d(e^{xy}) = d(2x + y^3),$$
$$e^{xy}d(xy) = d(2x) + d(y^3),$$
$$e^{xy}(ydx + xdy) = 2dx + 3y^2dy,$$

於是 $\dfrac{dy}{dx} = \dfrac{2 - ye^{xy}}{xe^{xy} - 3y^2}$.

3. 函數的線性化

定義 2.1 如果 $f(x)$ 在點 x_0 處可微分，那麼近似函數
$$L(x) = f(x_0) + f'(x_0)(x - x_0)$$
就稱為 $f(x)$ **在點** x_0 **處的線性化**.

其實,由微分的定義,我們知道,在 x_0 點,當 $\Delta x = x - x_0$ 很小時,有 $\Delta y \approx dy$,即
$$f(x) - f(x_0) \approx f'(x_0)(x - x_0) \tag{2.9}$$
$$f(x) \approx f(x_0) + f'(x_0)(x - x_0) = L(x)$$

近似式 $f(x) \approx L(x)$ 稱為 $f(x)$ 在點 x_0 處的標準線性近似,點 x_0 稱為該近似的中心.

從幾何角度來看, $f(x)$ 在 x_0 處的線性化,其實就是曲線 $y = f(x)$ 在 $(x_0, f(x_0))$ 處的切線.只要切線在保持同曲線接近的範圍内, $L(x)$ 就給出對 $f(x)$ 的充分逼近.

例 4 求 $f(x) = \sqrt{1 + x}$ 在 $x = 0$ 與 $x = 3$ 處的線性化.

解 首先不難求得 $f'(x) = \dfrac{1}{2\sqrt{1 + x}}$,則
$$f(0) = 1, f(3) = 2, f'(0) = \dfrac{1}{2}, f'(3) = \dfrac{1}{4}$$

於是,根據上面線性化定義知, $f(x)$ 在 $x = 0$ 處的線性化為
$$L(x) = f(0) + f'(0)(x - 0) = \dfrac{1}{2}x + 1$$

在 $x = 3$ 處的線性化為
$$L(x) = f(3) + f'(3)(x - 3) = \dfrac{1}{4}x + \dfrac{5}{4}$$

見圖 2.1.

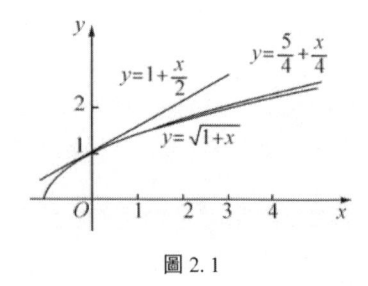

圖 2.1

故
$$\sqrt{1 + x} \approx 1 + \dfrac{1}{2}x (\text{在 } x = 0 \text{ 處}),$$

$$\sqrt{1 + x} \approx \dfrac{1}{4}x + \dfrac{5}{4} (\text{在 } x = 3 \text{ 處}).$$

例5 求 $f(x)=\ln(1+x)$ 在 $x=0$ 的線性化.

解 首先求得 $f'(x)=\dfrac{1}{1+x}$，得 $f'(0)=1$，又 $f(0)=0$，於是 $f(x)$ 在 $x=0$ 處的線性化為
$$L(x)=f(0)+f'(0)(x-0)=x$$

實際中，常用 $f(x)$ 在點 x_0 處的標準線性近似進行近似計算. 公式(2.9)也可改寫成：
$$\Delta y \approx f'(x_0)\Delta x$$
或
$$f(x_0+\Delta x)\approx f(x_0)+f'(x_0)\Delta x$$

上面兩個公式可以用於計算 Δy 或者 $f(x)$ 的近似值，其本質是 $\Delta y \approx dy$. 若是求 $f(x)$ 的近似值，可以通過尋找鄰近於 x 的值 x_0，只要 $f(x_0)$ 與 $f'(x_0)$ 容易計算，則可以用 x 代替上式中的 $x_0+\Delta x$ 得到 $f(x)$ 的近似值.

例6 半徑 10cm 的金屬圓片加熱後，半徑伸長了 0.05cm，問面積大約增大了多少？

解 設 $A=\pi r^2, r=10(\text{cm}), \Delta r=0.05(\text{cm})$.
記面積增加值為 ΔA，則
$$\Delta A \approx dA = 2\pi r \cdot \Delta r = 2\pi \times 10 \times 0.05 = \pi(\text{cm}^2).$$

例7 計算 $\cos 60°30'$ 的近似值.

解 設 $f(x)=\cos x$，則 $f'(x)=-\sin x$（x 為弧度），取 $x_0=\dfrac{\pi}{3}, \Delta x=\dfrac{\pi}{360}, f\left(\dfrac{\pi}{3}\right)=\dfrac{1}{2}$，$f'\left(\dfrac{\pi}{3}\right)=-\dfrac{\sqrt{3}}{2}$. 所以
$$\cos 60°30'=\cos\left(\dfrac{\pi}{3}+\dfrac{\pi}{360}\right)=\cos\dfrac{\pi}{3}-\sin\dfrac{\pi}{3}\cdot\dfrac{\pi}{360}=\dfrac{1}{2}-\dfrac{\sqrt{3}}{2}\cdot\dfrac{\pi}{360}\approx 0.492,4.$$

4. 誤差估計

在生產實踐中，經常要測量各種數據. 但是有的數據不易直接測量，這時我們就通過測量其他有關數據後，根據某種公式算出所要的數據. 例如，要計算圓鋼的截面積 A，可先用卡尺測量圓鋼截面的直徑 D，然後根據公式 $A=\dfrac{\pi D^2}{4}$ 算出 A.

由於測量儀器的精度、測量的條件和測量的方法等各種因素的影響，測得的數據往往帶有誤差，而根據帶有誤差的數據計算所得的結果也會有誤差，我們把它叫做間接測量誤差.

下面就討論怎樣利用微分來估計間接測量誤差.

先說明什麼叫絕對誤差、什麼叫相對誤差.

如果某個量的精確值為 A，它的近似值為 a，那麼 $|a-A|$ 叫做 a 的絕對誤差，而

絕對誤差與 $|a|$ 的比值 $\dfrac{|a-A|}{|a|}$ 叫做 a 的相對誤差.

在實際工作中,某個量的精確值往往是無法知道的,於是絕對誤差和相對誤差也就無法求得.但是根據測量儀器的精度等因素,有時能夠確定誤差在某一個範圍內.如果某個量的精確值是 A,測得它的近似值是 a,又知道它的誤差不超過 δ_A,即

$$|a-A| \le \delta_A$$

那麼,δ_A 叫做測量 A 的絕對誤差限,而 $\dfrac{\delta_A}{|a|}$ 叫做測量 A 的相對誤差限.

例 8 設測得圓鋼截面的直徑 $D=60.03\text{mm}$,測量 D 的絕對誤差限 $\delta_D=0.05\text{mm}$.利用公式 $A=\dfrac{\pi D^2}{4}$ 計算圓鋼的截面積時,試估計面積的誤差.

解 我們把測量 D 時所產生的誤差當作自變量 D 的增量 ΔD,那麼,利用公式 $A=\dfrac{\pi D^2}{4}$ 來計算 A 時所產生的誤差就是函數 A 的對應增量 ΔA.當 $|\Delta D|$ 很小時,可以利用微分 dA 近似地代替增量 ΔA,即

$$\Delta A \approx dA = A' \cdot \Delta D = \dfrac{\pi}{2} D \cdot \Delta D.$$

由於 D 的絕對誤差限為 $\delta_D=0.05mm$,所以

$$|\Delta D| \le \delta_D = 0.05$$

而 $\quad |\Delta A| \approx |dA| = \dfrac{\pi}{2} D \cdot |\Delta D| \le \dfrac{\pi}{2} D \cdot \delta_D$

因此,得出 A 的絕對誤差限約為

$$\delta_A = \dfrac{\pi}{2} D \cdot \delta_D = \dfrac{\pi}{2} \times 60.03 \times 0.05 \approx 4.715\ (mm^2);$$

A 的相對誤差限約為

$$\dfrac{\delta_A}{A} = \dfrac{\dfrac{\pi}{2}D \cdot \delta_D}{\dfrac{\pi}{4}D^2} = \dfrac{2\delta_D}{D} = \dfrac{2 \times 0.05}{60.03} \approx 0.17\%.$$

一般地,根據直接測量的 x 值按公式 $y=f(x)$ 計算 y 值時,如果已知測量 x 的絕對誤差限是 δ_x,即

$$|\Delta x| \le \delta_x,$$

那麼,當 $y' \ne 0$ 時,y 的絕對誤差

$$|\Delta y| \approx |dy| = |y'| \cdot |\Delta x| \le |y'| \cdot \delta_x,$$

即 y 的絕對誤差限約為

$$\delta_y = |y'| \cdot \delta_x;$$

相應地,y 的相對誤差限約為

$$\frac{\delta_y}{|y|} = \left|\frac{y'}{y}\right| \cdot \delta_x.$$

以后常把絕對誤差限與相對誤差限簡稱為絕對誤差與相對誤差.

例9 正方形邊長為 $2.41 \pm 0.005 m$，求出它的面積，並估計絕對誤差與相對誤差.

解 設正方形的邊長為 x，面積為 y，則 $y = x^2$.

當 $x = 2.41$ 時，$y = (2.41)^2 = 5.808,1(m^2)$，$y'|_{x=2.41} = 2x|_{x=2.41} = 4.82$.

因為邊長的絕對誤差為 $\delta_x = 0.005$，所以面積的絕對誤差為 $\delta_x = 4.82 \times 0.005 = 0.024,1(m^2)$.

面積的相對誤差為 $\dfrac{\delta_y}{|y|} = \dfrac{0.024,1}{5.808,1} \approx 0.4\%$.

習題 2.2

1. 求下列函數的微分.

(1) $y = x^2 e^{2x}$；

(2) $y = e^x \sin^2 x$；

(3) $y = \arctan\sqrt{x}$；

(4) $y = \ln\sqrt{1-x^2}$；

(5) $y = \arcsin\sqrt{1-x^2}$；

(6) $y = e^{-x}\cos(3-x)$；

(7) $y = \arctan\dfrac{1-x^2}{1+x^2}$；

(8) $s = A\sin(\omega t + \varphi)$ (A, ω, φ 是常數)；

(9) $y = 1 + xe^y$；

(10) $y^2 = x + \arccos y$.

2. 將適當的函數填入下列括號內，使等式成立.

(1) $d(\quad) = 2dx$；

(2) $d(\quad) = 3xdx$；

(3) $d(\quad) = \cos t dt$；

(4) $d(\quad) = \sin\omega x dx$；

(5) $d(\quad) = \dfrac{1}{1+x}dx$；

(6) $d(\quad) = e^{-2x}dx$；

(7) $d(\quad) = \dfrac{1}{\sqrt{x}}dx$；

(8) $d(\quad) = \sec^2 3x dx$.

3. 設 $y = x^2\ln x^2 + \cos x$，求 $dy|_{x=1}$.

4. 設 $xy^2 + \arctan y = \dfrac{\pi}{4}$，求 $dy|_{x=0}$.

5. 計算下列式子的近似值.

(1) $\sqrt[3]{996}$；

(2) $\sqrt[6]{65}$；

(3) $\cos 29°$；

(4) $\tan 136°$；

(5) $\arcsin 0.500,2$；

(6) $\arccos 0.499,5$.

6. 當 $|x|$ 較小時,證明下列近似公式:

(1) $\tan x \approx x$ (x 是角度的弧度值); (2) $\ln(1+x) \approx x$;

(3) $\dfrac{1}{1+x} \approx 1-x$.

7. 水管壁的正截面是一個圓環(見圖 2.2),設它的內半徑為 R_0,壁厚為 h,利用微分來計算這個圓環面積的近似值.

8. 擴音器插頭為圓柱形,截面半徑 r 為 0.15cm,長度 l 為 4cm,為了提高它的導電性能,要在這圓柱的側面鍍上一層厚為 0.001cm 的純銅,問每個插頭約需多少 g 純銅?(純銅的比重為 8.9g/cm^3)

9. 如圖 2.3 所示的電纜 AOB 的長為 s,跨度為 $2l$,電纜的最低點 O 與杆頂連線 AB 的距離為 f,則電纜長可按下面公式計算

$$s = 2l\left(1 + \frac{2f^2}{3l^2}\right),$$

當 f 變化了 Δf 時,電纜長的變化約為多少?

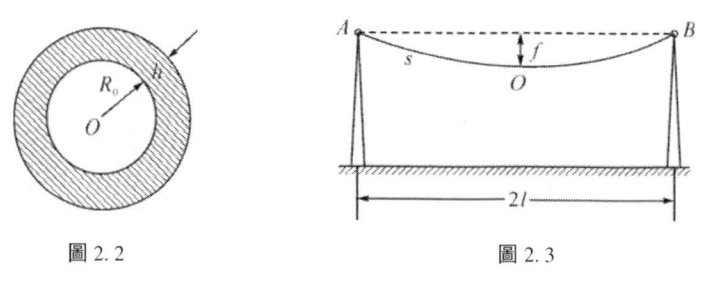

圖 2.2 　　　　　　圖 2.3

10. 設扇形的圓心角 $\alpha = 60°$,半徑 $R = 100\text{cm}$(見圖 2.4).如果 R 不變,α 減少 $30'$,問扇形面積大約改變了多少?又如果 α 不變,R 增加 1cm,問扇形面積大約改變了多少?

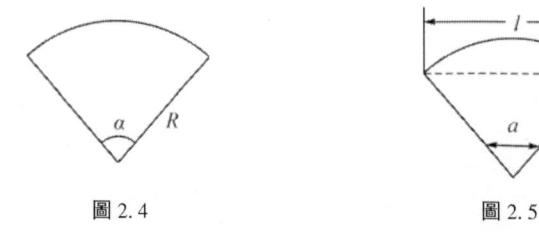

11. 某廠生產如圖 2.5 所示的扇形板,半徑 $R = 200\text{mm}$,要求中心角 α 為 $55°$.產品檢驗時,一般用測量弦長 l 的辦法來間接測量中心角 α.如果測量弦長 l 時的誤差 $\delta_l = 0.1\text{mm}$,問由此而引起的中心角測量誤差 δ_α 是多少?

圖 2.4 　　　　　　圖 2.5

第 3 節　微分中值定理

微分中值定理建立了函數值與導數之間的聯繫,揭示了函數在某區間上的整體性質與該區間內部某一點的導數之間的關係,是用微分學知識解決應用問題的理論基礎.

1. 羅爾定理

定理 2.3(羅爾(Rolle)定理)　設 $f(x)$ 在閉區間 $[a,b]$ 上連續,在開區間 (a,b) 內可導,且 $f(a)=f(b)$.則至少存在一點 $\xi \in (a,b)$,使得 $f'(\xi)=0$.

證明　(1) 如果 $f(x)$ 是常函數,則 $f'(x) \equiv 0$,定理的結論顯然成立.

(2) 如果 $f(x)$ 不是常函數,則由閉區間上連續函數的性質, $f(x)$ 在 $[a,b]$ 上有最大值與最小值,而 $f(a)=f(b)$,故最大值與最小值至少有一個不在區間端點處取到,即 (a,b) 內至少有一個最大值點或最小值點,不妨設有一最大值點 $\xi \in (a,b)$,於是

$$f'(\xi)=f'_{-}(\xi)=\lim_{x \to \xi^{-}}\frac{f(x)-f(\xi)}{x-\xi} \geq 0,$$

$$f'(\xi)=f'_{+}(\xi)=\lim_{x \to \xi^{+}}\frac{f(x)-f(\xi)}{x-\xi} \leq 0,$$

所以 $f'(\xi)=0$.

從幾何角度來看,如果連續曲線 $y=f(x)$ 在 $[a,b]$ 上除 $(a,f(a))$ 和 $(b,f(b))$ 兩點外是光滑的,在 $x=a$ 和 $x=b$ 處曲線的縱坐標是相等的,則在 (a,b) 內至少有一點 ξ,曲線在 $(\xi,f(\xi))$ 點的切線是水平的.如圖 2.6 所示.

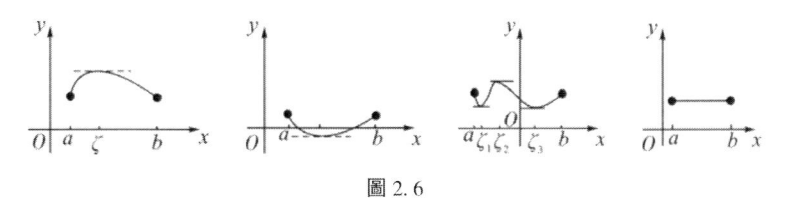

圖 2.6

在圖 2.6 的前兩個圖中,僅僅有一個可能的數值 ξ 使得導數為零.在第三個圖中,有三個潛在的數值使得導數為零,這是可以的,因為羅爾定理說至少有一個.第四個圖為常數函數圖像,導數一直為零.這說明 ξ 可以取 a 和 b 之間的任何值.

如果函數在區間 $[a,b]$ 的圖形如圖 2.7 所示,則不能應用羅爾定理.

圖 2.7

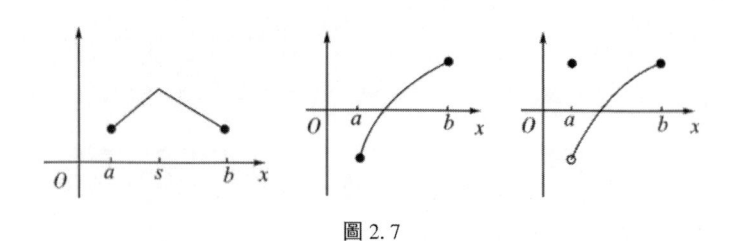

在圖 2.7 中,因為它們都不滿足羅爾定理的要求;分別是函數在開區間(a,b)內不可導(在s點導數不存在),$f(a) \neq f(b)$,函數在閉區間$[a,b]$內不連續(在a點不連續),所以羅爾定理不成立.

例 1 對函數$f(x) = \sin^2 x$在區間$[0,\pi]$上驗證羅爾定理的正確性.

解 顯然$f(x)$在$[0,\pi]$上連續,在$(0,\pi)$內可導,且$f(0) = f(\pi) = 0$. 而在$(0,\pi)$內確存在一點$\xi = \dfrac{\pi}{2}$使

$$f'\left(\dfrac{\pi}{2}\right) = (2\sin x \cos x)\big|_{x=\pi/2} = 0.$$

例 2 判斷函數$f(x) = (x-1)(x-2)(x-3)$的導數有幾個零點及這些零點所在的範圍.

解 因為$f(1) = f(2) = f(3) = 0$,所以$f(x)$在閉區間$[1,2]$、$[2,3]$上滿足羅爾定理的三個條件,從而,在$(1,2)$內至少存在一點ξ_1,使$f'(\xi_1) = 0$,即ξ_1是$f'(x)$的一個零點.

同樣,在$(2,3)$內至少存在一點ξ_2,使$f'(\xi_2) = 0$,即ξ_2是$f'(x)$的一個零點.

又因為$f'(x)$為二次多項式,最多只能有兩個零點,故$f'(x)$恰好有兩個零點,分別在區間$(1,2)$和$(2,3)$內.

例 3 證明方程$x^5 - 5x + 1 = 0$有且僅有一個小於1的正實根.

證 設$f(x) = x^5 - 5x + 1$,則$f(x)$在$[0,1]$上連續,且$f(0) = 1$,$f(1) = -3$. 由介值定理,存在$x_0 \in (0,1)$,使$f(x_0) = 0$,即x_0為方程的小於1的正實根.

又由於當$x \in (0,1)$時,$f'(x) = 5(x^4 - 1) < 0$,即函數$y = f(x)$在$(0,1)$區間內是單調減的,故x_0為唯一的小於1的正實根.

例 4 設$f(x)$在$[a,b]$上連續,在(a,b)內可導,且$f(a) = f(b) = 0$. 證明:存在$\xi \in (a,b)$,使$f'(\xi) = f(\xi)$成立.

證 引進輔助函數$\varphi(x) = f(x)e^{-x}$.

由於$\varphi(a) = \varphi(b) = 0$,易知$\varphi(x)$在$[a,b]$上滿足羅爾定理條件,且$\varphi'(x) = f'(x)e^{-x} - f(x)e^{-x}$,因此,在$(a,b)$內至少存在一點$\xi \in (a,b)$,使$\varphi'(\xi) = 0$,即$f'(\xi)e^{-\xi} - f(\xi)e^{-\xi} = 0$,因$e^{-\xi} \neq 0$,所以$f'(\xi) = f(\xi)$.

2. 拉格朗日中值定理

定理 2.4(拉格朗日(Lagrange)中值定理) 設$f(x)$在閉區間$[a,b]$上連續,在

開區間(a,b)內可導,則至少存在一點$\xi \in (a,b)$,使得
$$f'(\xi) = \frac{f(b)-f(a)}{b-a}$$

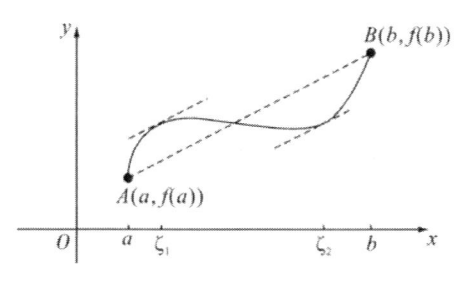

圖 2.8

如圖 2.8 所示,由於$f'(\xi)$在幾何上代表曲線$y=f(x)$在點$(\xi,f(\xi))$處的切線斜率,$\frac{f(b)-f(a)}{b-a}$則代表曲線$y=f(x)$上的弦AB的斜率,則拉格朗日中值定理在幾何上可以解釋為:如果連續曲線$y=f(x)$在$[a,b]$上除$A(a,f(a))$和$B(b,f(b))$兩點外是光滑的,則在(a,b)內至少有一點ξ,曲線在$(\xi,f(\xi))$點的切線與弦AB平行。

在圖 2.8 中,點A和點B既在曲線$y=f(x)$上,又在直線AB上,利用這一關係,我們可以構造一個輔助函數來證明拉格朗日中值定理。

證明 作輔助函數$g(x) = f(x) - f(a) - \frac{f(b)-f(a)}{b-a}(x-a)$.

容易驗證函數$g(x)$滿足羅爾定理的條件:$g(a) = g(b) = 0$,$g(x)$在閉區間$[a,b]$上連續,在開區間(a,b)內可導,且
$$g'(x) = f'(x) - \frac{f(b)-f(a)}{b-a}.$$
根據羅爾定理,可知在開區間(a,b)內至少有一點ξ,使$g'(\xi) = 0$,即
$$f'(\xi) - \frac{f(b)-f(a)}{b-a} = 0$$
由此得
$$f'(\xi) = \frac{f(b)-f(a)}{b-a}.$$
定理證畢.

拉格朗日中值定理的結論也可以寫成
$$f(b) - f(a) = f'(\xi)(b-a) \tag{2.10}$$
公式(2.10)稱為**拉格朗日中值公式**.

若x與$x+\Delta x$為區間$[a,b]$內兩個點,則公式(2.10)在x與$x+\Delta x$之間就成為
$$f(x+\Delta x) - f(x) = f'(x+\theta\Delta x)\cdot\Delta x \quad (0<\theta<1), \tag{2.11}$$
由於θ是在 0 與 1 之間,所以$x+\theta\Delta x$是在x與$x+\Delta x$之間。

如果記 $f(x)$ 為 y,則(2.11)式又可寫成
$$\Delta y = f'(x + \theta \Delta x) \cdot \Delta x \qquad (0 < \theta < 1) \qquad (2.12)$$

(2.12)式也叫做**限增量公式**,它給出了在 Δx 為有限時增量 Δy 的準確表達式.**因此微分中值定理**也叫做**有限增量定理**,它在微分學中佔有重要地位,它精確地表達了函數在一個區間上的增量與函數在這區間內某點處的導數之間的關係.

例 5 證明:如果函數 $f(x)$ 在區間 I 上的導數恒為零,那麼 $f(x)$ 在區間 I 上是一個常數.

證明 在區間 I 上任取兩點 x_1, x_2(不妨設 $x_1 < x_2$),應用(2.10)式就得
$$f(x_2) - f(x_1) = f'(\xi)(x_2 - x_1) \qquad (x_1 < \xi < x_2).$$
由假定,$f'(\xi) = 0$,所以 $f(x_2) - f(x_1) = 0$,即
$$f(x_2) = f(x_1).$$
因為 x_1, x_2 是 I 上任意兩點,故 $f(x)$ 在區間 I 上是一個常數.

從上述論證中可以看出,雖然拉格朗日中值定理中的 ξ 的準確數值不知道,但在這裡並不妨礙它的應用.

例 6 驗證函數 $f(x) = \arctan x$ 在 $[0,1]$ 上滿足拉格朗日中值定理,並求出相應的 ξ 值.

解 $f(x) = \arctan x$ 在 $[0,1]$ 上連續,在 $(0,1)$ 可導,故滿足拉格朗日中值定理的條件,由
$$f(1) - f(0) = f'(\xi)(1 - 0)$$
即
$$\arctan 1 - \arctan 0 = \left.\frac{1}{1+x^2}\right|_{x=\xi} = \frac{1}{1+\xi^2} = \frac{\pi}{4}$$
得
$$\xi = \sqrt{\frac{4-\pi}{\pi}} \quad (0 < \xi < 1).$$

例 7 證明當 $x > 0$ 時,$\dfrac{x}{1+x} < \ln(1+x) < x$.

證明 設 $f(x) = \ln(1+x)$,則 $f(x)$ 在 $[0,x]$ 上滿足拉格朗日定理的條件.由
$$f(x) - f(0) = f'(\xi)(x - 0) \quad (0 < \xi < x),$$
及 $f(0) = 0$,$f'(x) = \dfrac{1}{1+x}$,得
$$\ln(1+x) = \frac{x}{1+\xi} \quad (0 < \xi < x),$$
又因為 $1 < 1+\xi < 1+x$,所以 $\dfrac{1}{1+x} < \dfrac{1}{1+\xi} < 1$,得
$$\frac{x}{1+x} < \frac{x}{1+\xi} < x$$
即 $\dfrac{x}{1+x} < \ln(1+x) < x.$

例8 證明:對任何實數 x_1 和 x_2,恒有 $|\sin x_1 - \sin x_2| \leq |x_1 - x_2|$.

證明 設 $f(x) = \sin x$,則 $f(x)$ 在任何有限區間上滿足拉格朗日定理的條件.於是有

$$\cos\xi = \frac{\sin x_1 - \sin x_2}{x_1 - x_2} \quad (\xi \text{ 在 } x_1 \text{ 和 } x_2 \text{ 之間})$$

由 $|\cos\xi| \leq 1$,有

$$|\cos\xi| = \frac{|\sin x_1 - \sin x_2|}{|x_1 - x_2|} \leq 1$$

得 $|\sin x_1 - \sin x_2| \leq |x_1 - x_2|$.

例9 設函數為 $f(x) = x^{\frac{2}{3}}$,定義域為 $[-8, 27]$,說明中值定理失效.

解 由題意知:

$$f'(x) = \frac{2}{3}x^{-\frac{1}{3}}, \quad x \neq 0$$

又因為

$$\frac{f(27) - f(-8)}{27 - (-8)} = \frac{9 - 4}{35} = \frac{1}{7}$$

因此根據中值定理,由

$$\frac{2}{3}\xi^{-\frac{1}{3}} = \frac{1}{7}$$

得 $\xi = \left(\frac{14}{3}\right)^3 \approx 102$,由於 $\xi = 102$ 不在定義域 $(-8, 27)$ 中,故中值定理失效.失效的原因是函數 $f(x)$ 在定義域 $(-8, 27)$ 內不是處處可導的(在 $x = 0$ 處不可導).

3. 柯西中值定理

定理2.5(柯西(Cauchy)中值定理) 設函數 $f(x)$ 和 $g(x)$ 在閉區間 $[a, b]$ 上連續,在開區間 (a, b) 內可導,且 $g'(x)$ 在 (a, b) 內的每一點處均不為零,那麼在 (a, b) 內至少存在一點 ξ,使得

$$\frac{f'(\xi)}{g'(\xi)} = \frac{f(b) - f(a)}{g(b) - g(a)} \tag{2.13}$$

證明 將 (2.13) 式變形為

$$f'(\xi) = \frac{f(b) - f(a)}{g(b) - g(a)} g'(\xi),$$

$$\left[f(x) - \frac{f(b) - f(a)}{g(b) - g(a)} g(x)\right]'\bigg|_{x=\xi}.$$

可作輔助函數

$$F(x) = f(x) - \frac{f(b) - f(a)}{g(b) - g(a)} g(x),$$

不難驗證, $f(x)$ 在 $[a,b]$ 上滿足羅爾定理的全部條件, 故在 (a,b) 內至少存在一點 ξ, 使得

$$F'(\xi) = f'(\xi) - \frac{f(b) - f(a)}{g(b) - g(a)}g'(\xi) = 0.$$

而由任意 $x \in (a,b)$ 均有 $g'(x) \neq 0$ 知, $g'(\xi) \neq 0$ 且 $g(b) \neq g(a)$. 故由上式, 可得 (2.13) 式成立.

公式 (2.13) 稱為**柯西 (Cauchy) 中值公式**.

特別地, 當 $g(x) = x$ 時, (2.13) 式便成為拉格朗日中值公式. 因此, 拉格朗日中值定理可看作柯西中值定理的特殊情形.

例 10 若 $f(x)$ 在 $[a,b]$ 上連續, 在 (a,b) 內可導且 $a > 0$, 試證在 (a,b) 內方程 $2x[f(b) - f(a)] = (b^2 - a^2)f'(x)$ 至少存在一個根.

證明 因為所給方程等價於方程

$$\frac{f'(x)}{(x^2)'} = \frac{f(b) - f(a)}{b^2 - a^2},$$

而 $f(x), x^2$ 在 $[a,b]$ 上滿足柯西中值定理的條件, 所以在 (a,b) 內至少存在一個 ξ, 使得

$$\frac{f'(\xi)}{2\xi} = \frac{f(b) - f(a)}{b^2 - a^2},$$

即 $2\xi[f(b) - f(a)] = (b^2 - a^2)f'(\xi)$.

故在 (a,b) 內, 方程 $2x[f(b) - f(a)] = (b^2 - a^2)f'(x)$ 至少有一個根 ξ.

*4. 泰勒 (Taylor) 中值定理

由於多項式對數值計算和理論分析都十分方便, 所以在研究某些複雜函數時, 通常希望把它們表示 (或近似表示) 成一個多項式. 如果 $f(x)$ 在 x_0 的某鄰域 $U(x_0)$ 內能夠表示 (或近似表示) 為一個多項式 $P_n(x)$, 那麼這個多項式 $P_n(x)$ 的系數應如何確定呢? $f(x) - P_n(x)$ 又是多少呢?

下面我們就來討論這個問題.

(1) 若要把一個關於 x 的多項式 $f(x) = b_0 + b_1 x + \cdots + b_n x^n$ 在 $U(x_0)$ 內表示為 $x - x_0$ 的多項式

$$P_n(x) = a_0 + a_1(x - x_0) + \cdots + a_n(x - x_0)^n,$$

則由多項式函數具有任意階導數知, 只要對上式兩邊求 1 至 n 階導數, 並令 $x = x_0$, 就不難得到

$$a_0 = P_n(x_0), a_k = \frac{P_n^{(k)}(x_0)}{k!} \quad (k = 1, 2, \cdots, n)$$

而由 $P_n(x) = f(x)$, 便有

$$a_0 = f(x_0), a_k = \frac{f^{(k)}(x_0)}{k!} \quad (k = 1, 2, \cdots, n)$$

於是有

$$f(x) = P_n(x) = f(x_0) + f'(x_0)(x - x_0) + \frac{f''(x_0)}{2!}(x - x_0)^2 + \cdots + \frac{f^{(n)}(x_0)}{n!}(x - x_0)^n.$$

(2) 若 $f(x)$ 不是多項式,而是一個在 $U(x_0)$ 具有直到 $n+1$ 階導數的一般函數,則只要我們仿照上式構造一個多項式

$$P_n(x) = f(x_0) + f'(x_0)(x - x_0) + \frac{f''(x_0)}{2!}(x - x_0)^2 + \cdots + \frac{f^{(n)}(x_0)}{n!}(x - x_0)^n,$$

並記 $f(x)$ 與 $P_n(x)$ 之誤差為 $R_n(x)$,就得到

$$f(x) = P_n(x) + R_n(x).$$

當 $|R_n(x)|$ 很小且在我們的允許範圍之內時,就可用 $P_n(x)$ 去近似代替 $f(x)$,即有

$$f(x) \approx f(x_0) + f'(x_0)(x - x_0) + \frac{f''(x_0)}{2!}(x - x_0)^2 + \cdots + \frac{f^{(n)}(x_0)}{n!}(x - x_0)^n.$$

現在的問題是:如何確定誤差 $R_n(x)$.

關於這個問題,英國數學家泰勒(Taylor)在1751年發表的《增量方法》一書中所提出的重要命題,給出了這個問題的確切答案.

定理2.6(泰勒中值定理) 若函數 $f(x)$ 在含 x_0 的某個區間 (a, b) 內有直到 $n+1$ 階導數,則對於任意 $x \in (a, b)$,均有

$$f(x) = f(x_0) + f'(x_0)(x - x_0) + \frac{f''(x_0)}{2!}(x - x_0)^2 + \cdots$$
$$+ \frac{f^{(n)}(x_0)}{n!}(x - x_0)^n + R_n(x) \tag{2.14}$$

且 $R_n(x) = \frac{f^{(n+1)}(\xi)}{(n+1)!}(x - x_0)^{n+1}$ (ξ 介於 x_0 與 x 之間). (2.15)

公式(2.14)稱為函數 $f(x)$ 在 $x = x_0$ 處的 n 階泰勒公式或泰勒展開式.

$P_n(x) = f(x_0) + f'(x_0)(x - x_0) + \cdots + \frac{f^{(n)}(x_0)}{n!}(x - x_0)^n$ 稱為 $f(x)$ 在 x_0 處的 n 階泰勒多項式,(2.15)式稱為 $f(x)$ 在 x_0 處的 n 階拉格朗日餘項.

由泰勒中值定理可知,若 $f(x)$ 滿足定理條件,則 $f(x)$ 就可以近似地表示為多項式 $P_n(x)$,而近似表示的誤差 $R_n(x)$ 可由(2.15)式來估計.

在(2.14)式中,令 $n = 0$,則可得拉格朗日公式

$$f(x) = f(x_0) + f'(\xi)(x - x_0) \quad (\xi \text{ 在 } x_0 \text{ 與 } x \text{ 之間})$$

且 $f'(\xi)(x - x_0) = R_0(x)$.

因此,泰勒公式是拉格朗日公式的推廣.

在(2.14)式中,令 $x_0 = 0$,則可得到一個新的公式:

$$f(x) = f(0) + f'(0)x + \cdots + \frac{f^{(n)}(0)}{n!}x^n + R_n(x) \qquad (2.16)$$

且
$$R_n(x) = \frac{f^{(n+1)}(\xi)}{(n+1)!}x^{n+1} \quad (\xi \text{ 在 } 0 \text{ 與 } x \text{ 之間}) \qquad (2.17)$$

或
$$R_n(x) = \frac{f^{(n+1)}(\theta x)}{(n+1)!}x^{n+1} (0 < \theta < 1) \qquad (2.18)$$

(2.16)式稱為麥克勞林(Maclaurin)公式或麥克勞林展開式,而(2.17)式與(2.18)式均稱為拉格朗日餘項.

例 11 寫出 $f(x) = e^x$ 的 n 階麥克勞林展開式.

解 因為 $f(x) = f'(x) = f''(x) = \cdots = f^{(n)}(x) = e^x$,所以
$f(0) = f'(0) = f''(0) = \cdots = f^{(n)}(0) = 1, f^{(n+1)}(\theta x) = e^{\theta x}$ $(0 < \theta < 1)$.
於是,$f(x) = e^x$ 的 n 階麥克勞林展開式為

$$e^x = 1 + x + \frac{x^2}{2!} \cdots + \frac{x^n}{n!} + R_n(x),$$

其中餘項

$$R_n(x) = \frac{e^{\theta x}}{(n+1)!}x^{n+1}(0 < \theta < 1).$$

在 e^x 的麥克勞林展開式中,令 $x = 1$,則當 n 較大時,就有

$$e \approx 1 + 1 + \frac{1}{2!} \cdots + \frac{1}{n!},$$

由(2-18)式知,這時所產生的誤差為

$$|R_n| = \frac{e}{(n+1)!} < \frac{3}{(n+1)!}.$$

當 $n = 10$ 時,可算出 $e \approx 2.718,282$,其誤差不超過 10^{-7}.

例 12 寫出函數 $f(x) = \ln(1 + x)$ 的 $n = 2$ 階麥克勞林展開式.

解 由於 $f(x) = \ln(1 + x)$
$$f'(x) = (1 + x)^{-1}, f'(0) = 1,$$
$$f''(x) = -(1 + x)^{-2}, f''(0) = -1!,$$
$$f^{(3)}(x) = 2!(1 + x)^{-3}, f^{(3)}(\xi) = 2!(1 + \xi)^{-3},$$

所以,$f(x) = \ln(1 + x)$ 的 $n = 2$ 階麥克勞林展開式為

$$\ln(1 + x) = f(0) + \frac{f'(0)}{1!}x + \frac{f''(0)}{2!}x^2 + R_2(x) = x - \frac{1}{2}x^2 + R_2(x)$$

這裡,$R_2(x) = \frac{f'''(\xi)}{3!}x^3 = \frac{x^3}{3(1+\xi)^3}$ (ξ 在 0 與 x 之間).

可見,泰勒中值定理可用來求函數近似值,並且 n 取得越大近似程度越好.

習題 2.3

1. 驗證下列函數在所給區間上是否滿足羅爾定理,如果滿足,試求定理中的 ξ.

   (1) $f(x) = x^3 - x$, $[-1,1]$; (2) $f(x) = 1 - \sqrt[3]{x^2}$, $[-1,1]$.

2. 驗證下列函數在所給區間上是否滿足拉格朗日中值定理,如果滿足,試求出定理中的 ξ.

   (1) $f(x) = 1 + \sqrt[3]{x-1}$, $[2,9]$; (2) $f(x) = \begin{cases} -x+1, & 0 \le x \le 1 \\ x-1, & 1 < x \le 3 \end{cases}$.

3. 驗證柯西中值定理對函數 $f(x) = x^3 + x + 2$ 及 $g(x) = x^2 + 1$ 在區間 $[0,1]$ 上的正確性,並求出相應的 ξ 值.

4. 證明方程 $x^5 + 10x + 3 = 0$ 有且只有一個實根.

5. 證明:當 $x > 1$ 時,有 $e^x > ex$.

6. 證明恆等式: $2\arctan x + \arcsin \dfrac{2x}{1+x^2} = \pi \quad (x \ge 1)$.

7. 設 $a > b > 0, n > 1$,證明:
$$nb^{n-1}(a-b) < a^n - b^n < na^{n-1}(a-b).$$

8. 設 $a > b > 0$,證明:
$$\frac{a-b}{a} < \ln \frac{a}{b} < \frac{a-b}{b}.$$

9. 證明: $|\arctan a - \arctan b| \le |a-b|$.

10. 若方程 $a_0 x^n + a_1 x^{n-1} + \cdots + a_{n-1} x = 0$ 有一個正根 $x = x_0$,證明方程 $na_0 x^{n-1} + a_1(n-1)x^{n-2} + \cdots + a_{n-1} = 0$ 必有一個小於 x_0 的正根.

11. 若函數 $f(x)$ 在 (a,b) 內具有二階導數,且 $f(x_1) = f(x_2) = f(x_3)$,其中 $a < x_1 < x_2 < x_3 < b$. 證明:在 (x_1, x_3) 內至少有一點 ξ,使得 $f''(\xi) = 0$.

12. 設 $f(x), g(x)$ 在 $[a,b]$ 是連續,在 (a,b) 內可導,且 $f(a) = f(b) = 0, g(x) \ne 0$. 試證:至少存在一個 $\xi \in (a,b)$ 使 $f'(\xi)g(\xi) = g'(\xi)f(\xi)$.

13. 證明:若函數 $f(x)$ 在 $(-\infty, +\infty)$ 內滿足關係式 $f'(x) = f(x)$,且 $f(0) = 1$,則 $f(x) = e^x$.

14. 設函數 $y = f(x)$ 在 $x = 0$ 的某鄰域內具有 n 階導數,且 $f(0) = f'(0) = \cdots = f^{(n-1)}(0) = 0$,試用柯西中值定理證明:
$$\frac{f(x)}{x^n} = \frac{f^{(n)}(\theta x)}{n!} \quad (0 < \theta < 1).$$

15. 按 $(x-4)$ 的乘冪展開多項式 $f(x) = x^4 - 5x^3 + x^2 - 3x + 4$.

16. 求下列函數在 $x = 0$ 處的泰勒公式.

    (1) $f(x) = \sin x$; (2) $f(x) = (1+x)^m$.

第4節　洛必達(L'Hospital)法則

在自變量 x 的同一變化趨勢下，若函數 $f(x)$ 和 $g(x)$ 的極限都為零或者都趨於無窮大，則極限 $\lim \dfrac{f(x)}{g(x)}$ 可能存在也可能不存在. 通常我們稱這種形式的極限為不定式，簡稱為 $\dfrac{0}{0}$ 型不定式或者 $\dfrac{\infty}{\infty}$ 型不定式.

前面我們曾計算過兩個無窮小之比以及兩個無窮大之比的不定式的極限. 在那裡，計算不定式的極限往往需要經過適當的變形，轉化成可利用極限運算法則或重要極限的形式進行計算. 這種變形沒有一般方法，需視具體問題而定，屬於特定的方法. 本節將用導數作為工具，給出計算不定式極限的一般方法，即洛必達法則.

1. $\dfrac{0}{0}$ 型不定式

定理 2.7　設函數 $f(x)$ 和 $g(x)$ 滿足條件:

(1) $\lim\limits_{x\to a} f(x) = \lim\limits_{x\to a} g(x) = 0$,

(2) 在點 a 的某空心鄰域內可導，且 $g'(x) \neq 0$,

(3) $\lim\limits_{x\to a} \dfrac{f'(x)}{g'(x)} = A$（或 ∞）.

則有

$$\lim_{x\to a}\frac{f(x)}{g(x)} = \lim_{x\to a}\frac{f'(x)}{g'(x)} = A\ (\text{或}\ \infty).$$

證明　由於極限 $\lim\limits_{x\to a}\dfrac{f(x)}{g(x)}$ 的存在與否，與函數值 $f(a)$ 和 $g(a)$ 無關，故不妨補充定義 $f(a) = g(a) = 0$. 於是，由定理條件可知，函數 $f(x)$ 和 $g(x)$ 在點 a 的某鄰域內連續，設 x 為該鄰域內的一點 $(x \neq a)$，則由定理的條件(2)可知, $f(x)$ 和 $g(x)$ 在以點 a 與點 x 為端點的區間 $[a,x]$（或 $[x,a]$）上滿足柯西定理條件. 於是，在 (a,x)（或 (x,a)）內至少存在一點 ξ，使得

$$\frac{f(x)}{g(x)} = \frac{f(x)-f(a)}{g(x)-g(a)} = \frac{f'(\xi)}{g'(\xi)}.$$

注意到 $x \to a$ 時，必有 $\xi \to a$，將上式兩端取極限，由定理的條件(3)可得

$$\lim_{x\to a}\frac{f(x)}{g(x)} = \lim_{\xi\to a}\frac{f'(\xi)}{g'(\xi)} = \lim_{x\to a}\frac{f'(x)}{g'(x)} = A\ (\text{或}\ \infty).$$

定理得證.

例 1　求 $\lim\limits_{x\to 0}\dfrac{\sin kx}{x}(k \neq 0)$.

解 $\lim\limits_{x\to 0}\dfrac{\sin kx}{x} = \lim\limits_{x\to 0}\dfrac{(\sin kx)'}{(x)'} = \lim\limits_{x\to 0}\dfrac{k\cos kx}{1} = k.$

例 2 求 $\lim\limits_{x\to 1}\dfrac{x^3 - 3x + 2}{x^3 - x^2 - x + 1}.$

解 $\lim\limits_{x\to 1}\dfrac{x^3 - 3x + 2}{x^3 - x^2 - x + 1} = \lim\limits_{x\to 1}\dfrac{3x^2 - 3}{3x^2 - 2x - 1} = \lim\limits_{x\to 1}\dfrac{6x}{6x - 2} = \dfrac{3}{2}.$

注意：上式中，$\lim\limits_{x\to 1}\dfrac{6x}{6x-2}$ 已不是不定式，不能再對它應用洛必達法則.

例 3 求 $\lim\limits_{x\to 0}\dfrac{e^x - e^{-x} - 2x}{x - \sin x}.$

解 $\lim\limits_{x\to 0}\dfrac{e^x - e^{-x} - 2x}{x - \sin x} = \lim\limits_{x\to 0}\dfrac{e^x + e^{-x} - 2}{1 - \cos x} = \lim\limits_{x\to 0}\dfrac{e^x - e^{-x}}{\sin x} = \lim\limits_{x\to 0}\dfrac{e^x + e^{-x}}{\cos x} = 2.$

注意 在應用羅比達法則求解 $\dfrac{0}{0}$ 型不定式極限時，若 $\lim\limits_{x\to a}\dfrac{f'(x)}{g'(x)}$ 仍然為 $\dfrac{0}{0}$ 型不定式，並且導函數 $f'(x)$ 和 $g'(x)$ 滿足定理 2.6 的條件，則可以繼續應用洛必達法則. 即

$$\lim\limits_{x\to a}\dfrac{f(x)}{g(x)} = \lim\limits_{x\to a}\dfrac{f'(x)}{g'(x)} = \lim\limits_{x\to a}\dfrac{f''(x)}{g''(x)}.$$

這也就說明對於某些 $\dfrac{0}{0}$ 型不定式，求極限時可能要多次應用洛比達法則，才能求出它的極限. 若 $\lim\limits_{x\to a}\dfrac{f'(x)}{g'(x)}$ 不存在且不為無窮大，則羅比達法則失效，此時需要尋求其他方法求極限.

推論 2.1 設函數 $f(x)$ 和 $g(x)$ 滿足條件：

（1）$\lim\limits_{x\to\infty}f(x) = \lim\limits_{x\to\infty}g(x) = 0,$

（2）存在正數 M，使得當 $|x| > M$ 時，$f(x)$ 和 $g(x)$ 可導，且 $g'(x) \neq 0$，

（3）$\lim\limits_{x\to\infty}\dfrac{f'(x)}{g'(x)} = A$（或 ∞）.

則有

$$\lim\limits_{x\to\infty}\dfrac{f(x)}{g(x)} = \lim\limits_{x\to\infty}\dfrac{f'(x)}{g'(x)} = A\ (或\ \infty).$$

例 4 求 $\lim\limits_{x\to +\infty}\dfrac{\dfrac{\pi}{2} - \arctan x}{\dfrac{1}{x}}.$

解 $\lim\limits_{x\to +\infty}\dfrac{\dfrac{\pi}{2} - \arctan x}{\dfrac{1}{x}} = \lim\limits_{x\to +\infty}\dfrac{-\dfrac{1}{1+x^2}}{-\dfrac{1}{x^2}} = \lim\limits_{x\to +\infty}\dfrac{x^2}{1+x^2} = 1.$

2. $\dfrac{\infty}{\infty}$ 型不定式

定理 2.8　設函數 $f(x)$ 和 $g(x)$ 滿足條件：

(1) $\lim\limits_{x \to a} f(x) = \lim\limits_{x \to a} g(x) = \infty$，

(2) 在點 a 的某空心鄰域內可導，且 $g'(x) \neq 0$，

(3) $\lim\limits_{x \to a} \dfrac{f'(x)}{g'(x)} = A$（或 ∞）．

則有

$$\lim_{x \to a} \frac{f(x)}{g(x)} = \lim_{x \to a} \frac{f'(x)}{g'(x)} = A\ (\text{或}\ \infty).$$

證明略．

例 5　求 $\lim\limits_{x \to 0^+} \dfrac{\ln\cot x}{\ln x}$．

解　$\lim\limits_{x \to 0^+} \dfrac{\ln\cot x}{\ln x} = \lim\limits_{x \to 0^+} \dfrac{\dfrac{1}{\cot x} \cdot \left(-\dfrac{1}{\sin^2 x}\right)}{\dfrac{1}{x}} = -\lim\limits_{x \to 0^+} \dfrac{x}{\sin x \cos x}$

$= -\lim\limits_{x \to 0^+} \dfrac{x}{\sin x} \cdot \lim\limits_{x \to 0^+} \dfrac{1}{\cos x} = -1.$

例 6　求 $\lim\limits_{x \to +\infty} \dfrac{\ln x}{x^n}\ (n > 0)$．

解　$\lim\limits_{x \to +\infty} \dfrac{\ln x}{x^n} = \lim\limits_{x \to +\infty} \dfrac{\dfrac{1}{x}}{nx^{n-1}} = \lim\limits_{x \to +\infty} \dfrac{1}{nx^n} = 0.$

例 7　求 $\lim\limits_{x \to +\infty} \dfrac{x^n}{e^{\lambda x}}$（$n$ 為正整數，$\lambda > 0$）．

解　反覆應用洛必達法則 n 次，得

$$\lim_{x \to +\infty} \frac{x^n}{e^{\lambda x}} = \lim_{x \to +\infty} \frac{nx^{n-1}}{\lambda e^{\lambda x}} = \lim_{x \to +\infty} \frac{n(n-1)x^{n-2}}{\lambda^2 e^{\lambda x}} = \cdots = \lim_{x \to +\infty} \frac{n!}{\lambda^n e^{\lambda x}} = 0.$$

注意：對數函數 $\ln x$、冪函數 x^n、指數函數 $e^{\lambda x}$（$\lambda > 0$）均為當 $x \to +\infty$ 時的無窮大，但它們增大的速度很不一樣，就其增大的速度而言：對數函數 < 冪函數 < 指數函數．

在求解極限的過程中要注意將洛比達法則與其他求解極限的方法結合起來，這將使求解過程大為簡化．例如能化簡時應盡可能先化簡，可以應用等價無窮小替換或重要極限時，應盡可能應用．

例 8　求 $\lim\limits_{x \to 0} \dfrac{(1 - \cos x^2) \sin x}{2x^5}$.

解　由於 $\lim\limits_{x \to 0} \dfrac{\sin x}{x} = 1$，且

$$\lim_{x \to 0} \frac{1 - \cos x^2}{2x^4} = \lim_{x \to 0} \frac{2x \sin x^2}{8x^3} = \lim_{x \to 0} \frac{\sin x^2}{4x^2} = \frac{1}{4}$$

所以

$$\lim_{x \to 0} \frac{(1 - \cos x^2) \sin x}{2x^5} = \lim_{x \to 0} \frac{(1 - \cos x^2)}{2x^4} \cdot \lim_{x \to 0} \frac{\sin x}{x} = \frac{1}{4} \times 1 = \frac{1}{4}$$

例 9　求 $\lim\limits_{x \to 0} \dfrac{3x - \sin 3x}{(1 - \cos x) \ln(1 + 2x)}$.

解　當 $x \to 0$ 時，$1 - \cos x \sim \dfrac{1}{2}x^2$，$\ln(1 + 2x) \sim 2x$，所以

$$\lim_{x \to 0} \frac{3x - \sin 3x}{(1 - \cos x) \ln(1 + 2x)} = \lim_{x \to 0} \frac{3x - \sin 3x}{x^3} = \lim_{x \to 0} \frac{3 - 3\cos 3x}{3x^2} = \lim_{x \to 0} \frac{3 \sin 3x}{2x} = \frac{9}{2}.$$

3. 其他類型不定式

除了常見的 $\dfrac{0}{0}$ 型、$\dfrac{\infty}{\infty}$ 型不定式外，我們還經常遇到 $0 \cdot \infty$ 型、$\infty - \infty$ 型、0^0 型、1^∞ 型、∞^0 型等形式的不定式，求這些類型不定式的一般解法是將它們轉化為 $\dfrac{0}{0}$ 型或 $\dfrac{\infty}{\infty}$ 型不定式，然後再應用洛必達法則求解.下面通過例題說明如何轉化：

例 10　求 $\lim\limits_{x \to +\infty} x^{-2} e^x$.（$0 \cdot \infty$ 型）

解　$\lim\limits_{x \to +\infty} x^{-2} e^x = \lim\limits_{x \to +\infty} \dfrac{e^x}{x^2} = \lim\limits_{x \to +\infty} \dfrac{e^x}{2x} = \lim\limits_{x \to +\infty} \dfrac{e^x}{2} = +\infty$.

例 11　求 $\lim\limits_{x \to 0^+} x \ln x$.（$0 \cdot \infty$ 型）

解　$\lim\limits_{x \to 0^+} x \ln x = \lim\limits_{x \to 0^+} \dfrac{\ln x}{\dfrac{1}{x}} = \lim\limits_{x \to 0^+} \dfrac{\dfrac{1}{x}}{-\dfrac{1}{x^2}} = -\lim\limits_{x \to 0^+} x = 0.$

例 12　求 $\lim\limits_{x \to \frac{\pi}{2}} (\sec x - \tan x)$.（$\infty - \infty$ 型）

解　$\lim\limits_{x \to \frac{\pi}{2}} (\sec x - \tan x) = \lim\limits_{x \to \frac{\pi}{2}} \left(\dfrac{1}{\cos x} - \dfrac{\sin x}{\cos x}\right) = \lim\limits_{x \to \frac{\pi}{2}} \dfrac{1 - \sin x}{\cos x} = \lim\limits_{x \to \frac{\pi}{2}} \dfrac{-\cos x}{-\sin x} = \dfrac{0}{1} = 0.$

例 13　求 $\lim\limits_{x \to 0} \left(\dfrac{1}{\sin x} - \dfrac{1}{x}\right)$.（$\infty - \infty$ 型）

解　$\lim\limits_{x \to 0} \left(\dfrac{1}{\sin x} - \dfrac{1}{x}\right) = \lim\limits_{x \to 0} \dfrac{x - \sin x}{x \cdot \sin x} = \lim\limits_{x \to 0} \dfrac{x - \sin x}{x^2} = \lim\limits_{x \to 0} \dfrac{1 - \cos x}{2x} = \lim\limits_{x \to 0} \dfrac{\sin x}{2} = 0.$

例14 求 $\lim\limits_{x\to\infty}[(2+x)e^{\frac{1}{x}}-x]$. ($\infty-\infty$ 型)

解 $\lim\limits_{x\to\infty}[(2+x)e^{\frac{1}{x}}-x] = \lim\limits_{x\to\infty}x[(\frac{2}{x}+1)e^{\frac{1}{x}}-1] = \lim\limits_{x\to\infty}\dfrac{(1+\frac{2}{x})e^{\frac{1}{x}}-1}{\frac{1}{x}}.$

直接用洛必達法則,計算量較大.為此作變量替換,令 $t = \dfrac{1}{x}$,則當 $x\to\infty$ 時, $t\to 0$,所以

$$\lim\limits_{x\to\infty}[(2+x)e^{\frac{1}{x}}-x] = \lim\limits_{t\to 0}\dfrac{(1+2t)e^{t}-1}{t} = \lim\limits_{t\to 0}\dfrac{2+(2t+1)}{1}e^{t} = 3.$$

對於 0^0 型、1^∞ 型、∞^0 型,可先化為以 e 為底的指數函數的極限,再利用指數函數的連續性,化為直接求指數的極限,指數的極限為 $0\cdot\infty$ 的形式,再化為 $\dfrac{0}{0}$ 型或 $\dfrac{\infty}{\infty}$ 型的不定式來計算.

例15 求 $\lim\limits_{x\to 0^+}x^x$. ($0^0$ 型)

解 $\lim\limits_{x\to 0^+}x^x = \lim\limits_{x\to 0^+}e^{x\ln x} = e^{\lim\limits_{x\to 0^+}x\ln x} = e^{\lim\limits_{x\to 0^+}\frac{\ln x}{\frac{1}{x}}} = e^{\lim\limits_{x\to 0^+}\frac{\frac{1}{x}}{-\frac{1}{x^2}}} = e^0 = 1.$

例16 求 $\lim\limits_{x\to 0^+}x^{\tan x}$. ($0^0$ 型)

解 將它變形為 $\lim\limits_{x\to 0^+}x^{\tan x} = e^{\lim\limits_{x\to 0^+}\tan x\ln x}$.

由於 $\lim\limits_{x\to 0^+}\tan x\ln x = \lim\limits_{x\to 0^+}\dfrac{\ln x}{\cot x} = \lim\limits_{x\to 0^+}\dfrac{\frac{1}{x}}{\csc^2 x} = \lim\limits_{x\to 0^+}\dfrac{-\sin^2 x}{x}$

$$= \lim\limits_{x\to 0^+}\dfrac{-2\sin x\cos x}{1} = 0.$$

故 $\lim\limits_{x\to 0^+}x^{\tan x} = e^0 = 1.$

例17 求 $\lim\limits_{x\to 1}x^{\frac{1}{1-x}}$. ($1^\infty$ 型)

解 $\lim\limits_{x\to 1}x^{\frac{1}{1-x}} = \lim\limits_{x\to 1}e^{\frac{1}{1-x}\ln x} = e^{\lim\limits_{x\to 1}\frac{\ln x}{1-x}} = e^{\lim\limits_{x\to 1}\frac{\frac{1}{x}}{-1}} = e^{-1}.$

例18 求 $\lim\limits_{x\to 0}\left(\dfrac{\sin x}{x}\right)^{\frac{1}{1-\cos x}}$. ($1^\infty$ 型)

解 $\lim\limits_{x\to 0}(\dfrac{\sin x}{x})^{\frac{1}{1-\cos x}} = \lim\limits_{x\to 0}e^{\frac{1}{1-\cos x}\ln\frac{\sin x}{x}} = e^{\lim\limits_{x\to 0}\frac{\ln\sin x-\ln x}{1-\cos x}}$,由於

$$\lim\limits_{x\to 0}\dfrac{\ln\sin x-\ln x}{1-\cos x} = \lim\limits_{x\to 0}\dfrac{\cot x-\frac{1}{x}}{\sin x} = \lim\limits_{x\to 0}\dfrac{x\cos x-\sin x}{x\sin^2 x} = \lim\limits_{x\to 0}\dfrac{x\cos x-\sin x}{x^3}$$

$$= \lim\limits_{x\to 0}\dfrac{-x\sin x}{3x^2} = -\dfrac{1}{3}.$$

所以 $\lim_{x \to 0} \left(\frac{\sin x}{x}\right)^{\frac{1}{1-\cos x}} = e^{-\frac{1}{3}}$.

例19 求 $\lim_{x \to 0^+} (\cos\sqrt{x})^{\frac{\pi}{x}}$. ($1^\infty$ 型)

解一 利用洛必達法則.

$$\lim_{x \to 0^+} (\cos\sqrt{x})^{\frac{\pi}{x}} = e^{\lim_{x \to 0^+} \frac{\pi}{x} \ln\cos\sqrt{x}} = e^{\pi \lim_{x \to 0^+} \frac{-\sin\sqrt{x}}{\cos\sqrt{x}} \cdot \frac{1}{2\sqrt{x}}} = e^{-\frac{\pi}{2}}.$$

解二 利用兩個重要極限.

$$\lim_{x \to 0^+} (\cos\sqrt{x})^{\frac{\pi}{x}} = \lim_{x \to 0^+} (1 + \cos\sqrt{x} - 1)^{\frac{\pi}{x}} = \lim_{x \to 0^+} (1 + \cos\sqrt{x} - 1)^{\frac{1}{\cos\sqrt{x}-1} \cdot \frac{\cos\sqrt{x}-1}{x} \cdot \pi} = e^{-\frac{\pi}{2}}.$$

例20 求 $\lim_{x \to 0^+} (\cot x)^{\frac{1}{\ln x}}$. ($\infty^0$ 型)

解 $\lim_{x \to 0^+} (\cot x)^{\frac{1}{\ln x}} = \lim_{x \to 0^+} e^{\frac{\ln\cot x}{\ln x}} = e^{\lim_{x \to 0^+} \frac{\ln\cot x}{\ln x}} = e^{\lim_{x \to 0^+} \frac{-\tan x \cdot \csc^2 x}{\frac{1}{x}}} = e^{\lim_{x \to 0^+} \frac{-1}{\cos x} \cdot \frac{x}{\sin x}} = e^{-1}.$

例21 求 $\lim_{x \to +\infty} (e^{3x} - 5x)^{\frac{1}{x}}$. ($\infty^0$ 型)

解 $\lim_{x \to +\infty} (e^{3x} - 5x)^{\frac{1}{x}} = \lim_{x \to +\infty} e^{\frac{1}{x}\ln(e^{3x} - 5x)} = e^{\lim_{x \to +\infty} \frac{1}{x}\ln(e^{3x} - 5x)}$

因為 $\lim_{x \to +\infty} \frac{1}{x}\ln(e^{3x} - 5x) = \lim_{x \to +\infty} \frac{\ln(e^{3x} - 5x)}{x}$ ($\frac{\infty}{\infty}$)

$$= \lim_{x \to +\infty} \frac{\frac{3e^{3x} - 5}{e^{3x} - 5x}}{1} = \lim_{x \to +\infty} \frac{3e^{3x} - 5}{e^{3x} - 5x} \quad (\frac{\infty}{\infty})$$

$$= \lim_{x \to +\infty} \frac{3 \cdot e^{3x} \cdot 3}{e^{3x} \cdot 3 - 5} = \lim_{x \to +\infty} \frac{9}{3 - \frac{5}{e^{3x}}} = 3.$$

所以 $\lim_{x \to +\infty} (e^{3x} - 5x)^{\frac{1}{x}} = e^3$.

用洛必達法則確定不定式的值雖然方便,但不是所有的不定式的值都能由它確定.如果極限 $\lim \frac{f'(x)}{g'(x)}$ 不存在,也不為 ∞,則洛必達法則失效.這時,極限 $\lim \frac{f(x)}{g(x)}$ 是否存在,需要用別的方法判斷或求解.

例22 求 $\lim_{x \to 0} \frac{x^2 \sin\frac{1}{x}}{\sin x}$.

解 所求極限屬於 $\frac{0}{0}$ 型不定式.但分子分母分別求導數後,將化為 $\lim_{x \to 0} \frac{2x\sin\frac{1}{x} - \cos\frac{1}{x}}{\cos x}$,此式振盪無極限,故洛必達法則失效,不能使用.但原極限是存在的,可用下法求得:

$$\lim_{x\to 0}\frac{x^2\sin\frac{1}{x}}{\sin x} = \lim_{x\to 0}\left(\frac{x}{\sin x}\cdot x\sin\frac{1}{x}\right) = \frac{\lim_{x\to 0}x\sin\frac{1}{x}}{\lim_{x\to 0}\frac{\sin x}{x}} = \frac{0}{1} = 0.$$

例 23 求 $\lim\limits_{x\to\infty}\dfrac{x+\sin x}{x+\cos x}$. ($\dfrac{\infty}{\infty}$ 型)

解 由於 $\lim\limits_{x\to\infty}\dfrac{(x+\sin x)'}{(x+\cos x)'} = \lim\limits_{x\to\infty}\dfrac{1+\cos x}{1-\sin x}$ 不存在, 也不為 ∞, 故不能用洛必達法則.

事實上, 當 $x\to\infty$ 時, $\dfrac{1}{x}$ 為無窮小量, $\sin x$ 和 $\cos x$ 都是有界函數. 於是有

$$\lim_{x\to\infty}\frac{x+\sin x}{x+\cos x} = \lim_{x\to\infty}\frac{1+\frac{1}{x}\sin x}{1+\frac{1}{x}\cos x} = 1.$$

習題 2.4

1. 求下列極限.

(1) $\lim\limits_{x\to 0}\dfrac{\sin 5x}{x}$;

(2) $\lim\limits_{x\to 0^+}\dfrac{\ln x - \dfrac{\pi}{2}}{\cot x}$;

(3) $\lim\limits_{x\to 0}(1+\sin x)^{\frac{1}{x}}$;

(4) $\lim\limits_{x\to 0^+}\left(\ln\dfrac{1}{x}\right)^x$;

(5) $\lim\limits_{x\to 0^+}x^{\sin x}$;

(6) $\lim\limits_{x\to 0}\left(\dfrac{1}{x}-\dfrac{1}{e^x-1}\right)$;

(7) $\lim\limits_{x\to 0^+}\dfrac{\ln\tan 7x}{\ln\tan 2x}$;

(8) $\lim\limits_{x\to a}\dfrac{\sqrt[3]{x}-\sqrt[3]{a}}{x-a}$ ($a\neq 0$);

(9) $\lim\limits_{x\to\infty}(e^x+x)^{\frac{1}{x}}$;

(10) $\lim\limits_{x\to\infty}\dfrac{x-\sin x}{x+\sin x}$;

(11) $\lim\limits_{x\to\infty}\left(\dfrac{a_1^{\frac{1}{x}}+a_2^{\frac{1}{x}}+\cdots+a_n^{\frac{1}{x}}}{n}\right)^{nx}$ (其中 $a_1, a_2, \cdots, a_n > 0$);

(12) $\lim\limits_{x\to 0}\left[\dfrac{1}{e}(1+x)^{\frac{1}{x}}\right]^{\frac{1}{x}}$;

(13) $\lim\limits_{x\to 0}\dfrac{x^2\sin\dfrac{1}{x}}{\sin x}$;

(14) $\lim\limits_{x\to 0^+}\left(\dfrac{1}{x}\right)^{\tan x}$;

(15) $\lim\limits_{x\to 0}\dfrac{e^x-e^{-x}}{\sin x}$;

(16) $\lim\limits_{x \to a} \dfrac{\sin x - \sin a}{x - a}$;

(17) $\lim\limits_{x \to \frac{\pi}{2}} \dfrac{\ln \sin x}{(\pi - 2x)^2}$;

(18) $\lim\limits_{x \to +\infty} \dfrac{\ln\left(1 + \dfrac{1}{x}\right)}{\text{arccot} x}$;

(19) $\lim\limits_{x \to 0} \dfrac{\ln(1 + x^2)}{\sec x - \cos x}$;

(20) $\lim\limits_{x \to 0} x \cot 2x$;

(21) $\lim\limits_{x \to 0} x^2 e^{\frac{1}{x^2}}$;

(22) $\lim\limits_{x \to 1} \left(\dfrac{2}{x^2 - 1} - \dfrac{1}{x - 1}\right)$.

2. 設 $\lim\limits_{x \to 0}(x^{-3}\sin 3x + ax^{-2} + b) = 0$，確定 a, b.

3. $x \to +\infty$ 時，$f(x) = \dfrac{\sqrt{1 + x^2}}{x}$ 的極限存在嗎？可否用洛必達法則？

第 5 節　偏導數與全微分

多元函數微分學是以一元函數的微分學為基礎的. 多元函數對某一個自變量求導，求導過程中保持其他自變量不變，即看作常數一樣，這樣求得的導數稱為偏導數. 本節我們以二元函數為例，介紹如何定義二元函數偏導數、偏導數的幾何意義與經濟意義，其方法和結論同樣適用於三元及三元以上的函數情形.

1. 多元函數的全微分、偏導數和連續性之間的關係

多元函數有許多概念及性質是在一元函數的基礎上推廣得到的，但多元函數微分學中幾個重要的概念如全微分、偏導數與連續性之間的相互關係卻比一元函數的情形複雜很多. 這裡我們以二元函數為例，介紹幾個結論.

定理 2.9（可微分的必要條件） 若函數 $z = f(x, y)$ 在點 (x_0, y_0) 處可微，則該函數在點 (x_0, y_0) 處的偏導數存在.

證明 由可微的定義有 $\Delta z = A\Delta x + B\Delta y + o(\rho)$，於是，令 $\Delta y = 0$ 時，有 $\dfrac{\Delta z}{\Delta x} = A + o(|\Delta x|)\dfrac{|\Delta x|}{\Delta x}$，令 $\Delta x \to 0$，由上式即得 $\dfrac{\partial z}{\partial x}\bigg|_{\substack{x = x_0 \\ y = y_0}} = A$.

同理可證　$\dfrac{\partial z}{\partial y}\bigg|_{\substack{x = x_0 \\ y = y_0}} = B$.

定理得證.

函數可微的必要條件給了我們一個求全微分的公式：

$$dz = \dfrac{\partial z}{\partial x}\Delta x + \dfrac{\partial z}{\partial y}\Delta y$$

若令 $z = f(x,y) = x$,則 $dz = dx = \Delta x$,同理有 $dy = \Delta y$,於是上式可記為

$$dz = \frac{\partial z}{\partial x}dx + \frac{\partial z}{\partial y}dy \qquad (2.19)$$

例1 求函數 $z = 4xy^3 + 5x^2y^6$ 的全微分.

解 因為 $\frac{\partial z}{\partial x} = 4y^3 + 10xy^6, \frac{\partial z}{\partial y} = 12xy^2 + 30x^2y^5$,

所以, $dz = (4y^3 + 10xy^6)dx + (12xy^2 + 30x^2y^5)dy$.

例2 計算函數 $z = x^y$ 在點 $(2,1)$ 處的全微分.

解 因為 $f'_x(x,y) = yx^{y-1}, f'_y(x,y) = x^y \ln x$,所以
$$f'_x(2,1) = 1, f'_y(2,1) = 2\ln 2,$$
從而所求全微分 $dz = dx + 2\ln 2 dy$.

對於一般的 n 元函數 $y = f(x_1, x_2, \cdots, x_n)$,可與二元函數類似地定義全微分,並有類似的計算公式:

$$dy = \frac{\partial f}{\partial x_1}dx_1 + \frac{\partial f}{\partial x_2}dx_2 + \cdots + \frac{\partial f}{\partial x_n}dx_n.$$

例3 求函數 $u = x + \sin\frac{y}{2} + e^{yz}$ 的全微分.

解 由 $\frac{\partial u}{\partial x} = 1, \frac{\partial u}{\partial y} = \frac{1}{2}\cos\frac{y}{2} + ze^{yz}, \frac{\partial u}{\partial z} = ye^{yz}$,

故所求全微分 $du = dx + (\frac{1}{2}\cos\frac{y}{2} + ze^{yz})dy + ye^{yz}dz$.

例5 求函數 $u = \sqrt{x^2 + y^2 + z^2}$ 在點 $(1, -1, 1)$ 處的全微分.

解 先求 u 在點 $(1, -1, 1)$ 的三個偏導數

$$\frac{\partial u}{\partial x} = \frac{x}{\sqrt{x^2 + y^2 + z^2}}, \frac{\partial u}{\partial x}\bigg|_{(1,-1,1)} = \frac{1}{\sqrt{3}}$$

$$\frac{\partial u}{\partial y} = \frac{y}{\sqrt{x^2 + y^2 + z^2}}, \frac{\partial u}{\partial y}\bigg|_{(1,-1,1)} = -\frac{1}{\sqrt{3}}$$

$$\frac{\partial u}{\partial z} = \frac{z}{\sqrt{x^2 + y^2 + z^2}}, \frac{\partial u}{\partial z}\bigg|_{(1,-1,1)} = \frac{1}{\sqrt{3}}$$

易知,此函數在 $(x,y,z) \neq (0,0,0)$ 處可微,從而由全微分的定義可得

$$du = \frac{\partial u}{\partial x}dx + \frac{\partial u}{\partial y}dy + \frac{\partial u}{\partial z}dz$$

$$du\big|_{(1,-1,1)} = \frac{1}{\sqrt{3}}(dx - dy + dz)$$

定理2.10 若函數 $z = f(x,y)$ 在點 (x_0, y_0) 處可微分,則該函數在點 (x_0, y_0) 處連續.

證明 因函數 $z = f(x,y)$ 在點 (x_0, y_0) 處可微分,故由定義可知

$$\lim_{\substack{\Delta x \to 0 \\ \Delta y \to 0}} \Delta z = \lim_{\substack{\Delta x \to 0 \\ \Delta y \to 0}} [f(x_0 + \Delta x, y_0 + \Delta y) - f(x_0, y_0)]$$
$$= \lim_{\substack{\Delta x \to 0 \\ \Delta y \to 0}} [A\Delta x + B\Delta y + o(\rho)] = 0,$$

即有
$$\lim_{\substack{\Delta x \to 0 \\ \Delta y \to 0}} f(x_0 + \Delta x, y_0 + \Delta y) = f(x_0, y_0).$$

故 $z = f(x,y)$ 在點 (x_0, y_0) 處連續.

定理2.11 若函數 $z = f(x,y)$ 在點 (x_0, y_0) 的某鄰域內偏導數存在且連續,則該函數在點 (x_0, y_0) 處可微分.

證明略.

例6 討論函數
$$f(x,y) = \begin{cases} \dfrac{x^2 y}{x^2 + y^2}, & (x,y) \neq (0,0) \\ 0, & (x,y) = (0,0) \end{cases}$$

在 $(0,0)$ 處的連續性和偏導數的存在性.

解 （1）按連續定義,有
$$\lim_{(x,y) \to (0,0)} \frac{x^2 y}{x^4 + y^2} = \lim_{\substack{x \to 0 \\ y = kx^2}} \frac{kx^4}{(1+k^2)x^4} = \frac{k}{1+k^2}$$

隨著 k 的取值不同,極限值也會不同,所以函數 $f(x,y)$ 在 $(0,0)$ 處不連續.

（2）按偏導數定義,有
$$f'_x(0,0) = \lim_{x \to 0} \frac{f(x,0) - f(0,0)}{x} = \lim_{x \to 0} \frac{0-0}{x} = 0$$
$$f'_y(0,0) = \lim_{x \to 0} \frac{f(0,y) - f(0,0)}{y} = 0$$

例7 討論函數
$$f(x,y) = \begin{cases} \dfrac{\sqrt{|x|}}{x^2 + y^2} \sin(x^2 + y^2), & x^2 + y^2 \neq 0 \\ 0, & x^2 + y^2 = 0 \end{cases}$$

在 $(0,0)$ 處的偏導數存在性和可微性.

解 根據偏導數定義,有

$$\lim_{x \to 0} \frac{f(x,0) - (0,0)}{x} = \lim_{x \to 0} \frac{\dfrac{\sqrt{|x|}}{x^2} \sin x^2}{x} = \infty, \lim_{y \to 0} \frac{f(0,y) - (0,0)}{y} = \lim_{y \to 0} \frac{0}{y} = 0$$

由此得函數 $f(x,y)$ 在 $(0,0)$ 處關於 x 的偏導數不存在,關於 y 的偏導數為 $f'_y(0,0) = 0$.

根據定理2.9,知函數 $f(x,y)$ 在 $(0,0)$ 處不可微.

例 8　討論函數

$$f(x,y) = \begin{cases} (x^2 + y^2)\sin\dfrac{1}{\sqrt{x^2+y^2}}, & x^2+y^2 \neq 0 \\ 0, & x^2+y^2 = 0 \end{cases}$$

在點$(0,0)$處的連續性,偏導數的存在性,可微性及偏導數的連續性.

解　分三步進行討論:

(1) 討論$f(x,y)$在點$(0,0)$處的連續性.

由於 $\lim\limits_{(x,y)\to(0,0)}(x^2+y^2) = 0$,而$\sin\dfrac{1}{\sqrt{x^2+y^2}}$為有界量,因此

$$\lim_{(x,y)\to(0,0)} f(x,y) = \lim_{(x,y)\to(0,0)}(x^2+y^2)\sin\dfrac{1}{\sqrt{x^2+y^2}} = 0$$

從而函數f在點$(0,0)$處連續.

(2) 計算$f(x,y)$的偏導數,並討論偏導數的連續性.

當$(x,y) \neq (0,0)$時,

$$f'_x(x,y) = 2x\sin\dfrac{1}{\sqrt{x^2+y^2}} - \dfrac{x}{\sqrt{x^2+y^2}}\cos\dfrac{1}{\sqrt{x^2+y^2}}$$

$$f'_y(x,y) = 2y\sin\dfrac{1}{\sqrt{x^2+y^2}} - \dfrac{y}{\sqrt{x^2+y^2}}\cos\dfrac{1}{\sqrt{x^2+y^2}}$$

$$f'_x(0,0) = \lim_{x\to 0}\dfrac{f(x,0)-f(0,0)}{x} = \lim_{x\to 0}\dfrac{x^2\sin\dfrac{1}{|x|}}{x} = 0$$

$$f'_y(0,0) = \lim_{y\to 0}\dfrac{f(0,y)-f(0,0)}{y} = \lim_{y\to 0}\dfrac{y^2\sin\dfrac{1}{|y|}}{y} = 0$$

而

$$\lim_{(x,y)\to(0,0)} f'_x(x,y) = \lim_{(x,y)\to(0,0)}\left(2x\sin\dfrac{1}{\sqrt{x^2+y^2}} - \dfrac{x}{\sqrt{x^2+y^2}}\cos\dfrac{1}{\sqrt{x^2+y^2}}\right)$$

不存在(可考慮$x=y\to 0$),同理$\lim\limits_{(x,y)\to(0,0)} f'_y(x,y)$也不存在.因此函數$f$在點$(0,0)$處偏導數存在,但偏導數在該點不連續.

(3) 討論$f(x,y)$在點$(0,0)$處的可微性.

由於

$$\lim_{(x,y)\to(0,0)}\dfrac{f(x,y)-f(0,0)-f'_x(0,0)x-f'_y(0,0)y}{\sqrt{x^2+y^2}}$$

$$= \lim_{(x,y)\to(0,0)}\sqrt{x^2+y^2}\sin\dfrac{1}{\sqrt{x^2+y^2}} = 0$$

即

$$f(x,y) - f(0,0) - f'_x(0,0)x - f'_y(0,0)y = o\left(\sqrt{x^2+y^2}\right) = o(\rho)$$

$$f(x,y) - f(0,0) = f'_x(0,0)x + f'_y(0,0)y + o(\rho)$$

因此,由微分的定義知函數$f(x,y)$在點$(0,0)$處可微.

由以上定理及例題討論結果可知,多元函數連續、偏導數存在與可微分之間有如下關係(見圖2.9):

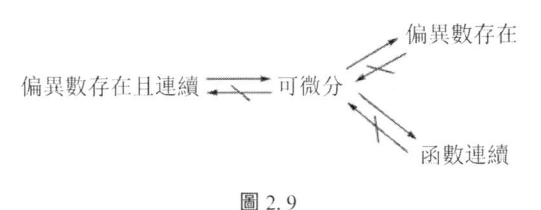

圖2.9

2. 全微分的形式不變性

設函數$z = f(u,v)$具有連續偏導數,則有全微分

$$dz = \frac{\partial z}{\partial u}du + \frac{\partial z}{\partial v}dv.$$

如果$u = u(x,y)$,$v = v(x,y)$,且這兩個函數也具有連續偏導數,則複合函數$z = f[u(x,y),v(x,y)]$的全微分為

$$dz = \frac{\partial z}{\partial x}dx + \frac{\partial z}{\partial y}dy.$$

其中

$$\frac{\partial z}{\partial x} = \frac{\partial z}{\partial u}\frac{\partial u}{\partial x} + \frac{\partial z}{\partial v}\frac{\partial v}{\partial x}$$

$$\frac{\partial z}{\partial y} = \frac{\partial z}{\partial u}\frac{\partial u}{\partial y} + \frac{\partial z}{\partial v}\frac{\partial v}{\partial y}$$

將$\frac{\partial z}{\partial x}$及$\frac{\partial z}{\partial y}$代入上式,得

$$\begin{aligned}dz &= \frac{\partial z}{\partial x}dx + \frac{\partial z}{\partial y}dy = \left(\frac{\partial z}{\partial u}\cdot\frac{\partial u}{\partial x} + \frac{\partial z}{\partial v}\cdot\frac{\partial v}{\partial x}\right)dx + \left(\frac{\partial z}{\partial u}\cdot\frac{\partial u}{\partial y} + \frac{\partial z}{\partial v}\cdot\frac{\partial v}{\partial y}\right)dy \\ &= \frac{\partial z}{\partial u}\left(\frac{\partial u}{\partial x}dx + \frac{\partial u}{\partial y}dy\right) + \frac{\partial z}{\partial v}\left(\frac{\partial v}{\partial x}dx + \frac{\partial v}{\partial y}dy\right) \\ &= \frac{\partial z}{\partial u}du + \frac{\partial z}{\partial v}dv.\end{aligned}$$

由此可見,無論u、v是函數$z=f(u,v)$的中間變量還是自變量,函數$z=f(u,v)$的全微分dz的形式是一樣的.這個性質叫做全微分形式不變性.

利用全微分的形式不變性,結合全微分的計算公式,可以很方便求複合函數的偏導數.

例 9 設 $u = f(x, y, z) = e^{x^2+y^2+z^2}, z = x^2 \sin y$,用全微分的形式不變性求 $\dfrac{\partial u}{\partial x}$ 和 $\dfrac{\partial u}{\partial y}$.

解 $du = e^{x^2+y^2+z^2} d(x^2 + y^2 + z^2)$
$= e^{x^2+y^2+z^2}(2xdx + 2ydy + 2zdz)$
$= e^{x^2+y^2+z^2}[2xdx + 2ydy + 2zd(x^2 \sin y)]$
$= e^{x^2+y^2+z^2}[2xdx + 2ydy + 2z(2x\sin y dx + x^2 \cos y dy)]$
$= e^{x^2+y^2+z^2}[2x(1 + 2z\sin y)dx + 2(y + x^2 z\cos y)dy]$,

所以,$\dfrac{\partial u}{\partial x} = 2xe^{x^2+y^2+z^2}(1 + 2z\sin y), \dfrac{\partial u}{\partial y} = 2(y + x^2 z\cos y)e^{x^2+y^2+z^2}$.

例 10 利用全微分的形式不變性求函數 $u = \dfrac{x}{x^2 + y^2 + z^2}$ 的偏導數.

解 $du = \dfrac{(x^2 + y^2 + z^2)dx - xd(x^2 + y^2 + z^2)}{(x^2 + y^2 + z^2)^2}$
$= \dfrac{(x^2 + y^2 + z^2)dx - x(2xdx + 2ydy + 2zdz)}{(x^2 + y^2 + z^2)^2}$
$= \dfrac{(y^2 + z^2 - x^2)dx - 2xydy - 2xzdz}{(x^2 + y^2 + z^2)^2}$,

所以,$\dfrac{\partial u}{\partial x} = \dfrac{y^2 + z^2 - x^2}{(x^2 + y^2 + z^2)^2}, \dfrac{\partial u}{\partial y} = \dfrac{-2xy}{(x^2 + y^2 + z^2)^2}, \dfrac{\partial u}{\partial z} = \dfrac{-2xz}{(x^2 + y^2 + z^2)^2}$.

例 11 求函數 $z = \arctan \dfrac{x + y}{1 - xy}$ 的全微分.

解 設 $u = x + y, v = 1 - xy$,則 $z = \arctan \dfrac{u}{v}$,於是

$dz = \dfrac{\partial z}{\partial u}du + \dfrac{\partial z}{\partial v}dv = \dfrac{1}{1 + \left(\dfrac{u}{v}\right)^2} \cdot \dfrac{1}{v}du + \dfrac{1}{1 + \left(\dfrac{u}{v}\right)^2}\left(-\dfrac{u}{v^2}\right)dv$

$= \dfrac{1}{u^2 + v^2} \cdot (vdu - udv)$.

由 $u = x + y, v = 1 - xy, du = dx + dy, dv = -(ydx + xdy)$ 代入上式,得

$dz = \dfrac{1}{(x + y)^2 + (1 - xy)^2}[(1 - xy)(dx + dy) + (x + y)(ydx + xdy)]$

$= \dfrac{dx}{1 + x^2} + \dfrac{dy}{1 + y^2}$.

3. 隱函數的微分法

設方程 $F(x, y) = 0$ 確定函數 $y = f(x)$,且函數 $F(x, y)$ 存在連續偏導數,則利用全微分的形式不變性,在方程 $F(x, y) = 0$ 兩邊求微分,把 x 和 y 看作是相互獨立的變量,得到一個關於 dx 和 dy 的方程,形如:

$$Adx + Bdy = 0$$

從這個方程中把 dy 用 dx 表示出來(或者說解出 dy)，根據微分的計算公式知道，dx 前面的乘積因子就是函數 $y = f(x)$ 的導數 $\dfrac{dy}{dx}$。

例 12 求由方程 $xy - e^x + e^y = 0$ 所確定的隱函數 y 的導數 $\dfrac{dy}{dx}$ 和 $\left.\dfrac{dy}{dx}\right|_{x=0}$.

解 對方程 $xy - e^x + e^y = 0$ 兩邊分別求全微分，把 x 和 y 看作是相互獨立的變量，得

$$d(xy - e^x + e^y) = 0$$
$$ydx + xdy - e^x dx + e^y dy = 0$$

從上式解出 $dy = \dfrac{e^x - y}{x + e^y} dx$，所以 $\dfrac{dy}{dx} = \dfrac{e^x - y}{x + e^y}$.

由原方程知 $x = 0$ 時，$y = 0$，所以 $\left.\dfrac{dy}{dx}\right|_{x=0} = \left.\dfrac{e^x - y}{x + e^y}\right| = 1$.

設方程 $F(x, y, z) = 0$ 確定函數 $z = f(x, y)$，且函數 $F(x, y, z)$ 存在連續偏導數，則利用全微分的形式不變性，對方程 $F(x, y, z) = 0$ 兩邊求微分，把 x、y、z 看作是相互獨立的變量，得到一個關於 dx、dy、dz 的方程，形如：

$$Adx + Bdy + Cdz = 0$$

從這個方程中把 dz 用 dx 和 dy 表示出來(或者說解出 dz)，根據全微分的計算公式知道，dx 前面的乘積因子就是函數 $z = f(x, y)$ 對 x 的偏導數 $\dfrac{\partial z}{\partial x}$，$dy$ 前面的乘積因子就是函數 $z = f(x, y)$ 對 y 的偏導數 $\dfrac{\partial z}{\partial y}$。

例 13 求由方程 $\dfrac{x}{z} = \ln\dfrac{z}{y}$ 所確定的隱函數 $z = f(x, y)$ 的偏導數 $\dfrac{\partial z}{\partial x}, \dfrac{\partial z}{\partial y}$.

解 由 $d\left(\dfrac{x}{z}\right) = d\left(\ln\dfrac{z}{y}\right) = d(\ln z - \ln y)$ 得

$$\dfrac{zdx - xdz}{z^2} = \dfrac{1}{z}dz - \dfrac{1}{y}dy,$$

$$\dfrac{z + x}{z^2}dz = \dfrac{1}{z}dx + \dfrac{1}{y}dy,$$

$$dz = \dfrac{z}{z + x}dx + \dfrac{z^2}{y(z + x)}dy,$$

所以，$\dfrac{\partial z}{\partial x} = \dfrac{z}{x + z}, \dfrac{\partial z}{\partial y} = \dfrac{z^2}{y(x + z)}$.

例 14 求由方程 $z^3 - 3xyz = a^3$ (a 是常數) 所確定的隱函數 $z = f(x, y)$ 的偏導數 $\dfrac{\partial z}{\partial x}$ 和 $\dfrac{\partial z}{\partial y}$.

解 由 $d(z^3 - 3xyz) = d(a^3)$ 得
$$3z^2 dz - 3(yzdx + xzdy + xydz) = 0,$$
$$(z^2 - xy)dz = yzdx + xzdy,$$
$$dz = \frac{yz}{z^2 - xy}dx + \frac{xz}{z^2 - xy}dy,$$

所以，$\dfrac{\partial z}{\partial x} = \dfrac{yz}{z^2 - xy}, \dfrac{\partial z}{\partial y} = \dfrac{xz}{z^2 - xy}.$

例 15 設 $z = f(x + y + z, xyz)$，求 $\dfrac{\partial z}{\partial x}, \dfrac{\partial z}{\partial y}.$

解 令 $u = x + y + z, v = xyz$，則由 $dz = d[f(x + y + z, xyz)] = d[f(u, v)]$ 得
$$dz = f'_u(u,v)du + f'_v(u,v)dv,$$
$$dz = f'_u(u,v) \cdot (dx + dy + dz) + f'_v(u,v) \cdot (yzdx + xzdy + xydz),$$
$$(1 - f'_u - xyf'_v)dz = (f'_u + yzf'_v)dx + (f'_u + xzf'_v)dy,$$

由上式解得
$$dz = \frac{f'_u + yzf'_v}{1 - f'_u - xyf'_v}dx + \frac{f'_u + xzf'_v}{1 - f'_u - xyf'_v}dy,$$

所以，$\dfrac{\partial z}{\partial x} = \dfrac{f'_u + yzf'_v}{1 - f'_u - xyf'_v}, \dfrac{\partial z}{\partial y} = \dfrac{f'_u + xzf'_v}{1 - f'_u - xyf'_v}.$

4. 全微分的應用

(1) 近似計算

如果函數 $z = f(x, y)$ 在點 (x_0, y_0) 處可微分，則有
$$\Delta z = f(x_0 + \Delta x, y_0 + \Delta y) - f(x_0, y_0) = f'_x(x_0, y_0)\Delta x + f'_y(x_0, y_0)\Delta y + o(\rho).$$
所以，當自變量改變量的絕對值 $|\Delta x|$ 和 $|\Delta y|$ 充分小時，有
$$f(x_0 + \Delta x, y_0 + \Delta y) - f(x_0, y_0) \approx f'_x(x_0, y_0)\Delta x + f'_y(x_0, y_0)\Delta y \quad (2.20)$$
或
$$f(x_0 + \Delta x, y_0 + \Delta y) \approx f(x_0, y_0) + f'_x(x_0, y_0)\Delta x + f'_y(x_0, y_0)\Delta y \quad (2.21)$$

例 16 計算 $(1.04)^{2.02}$ 的近似值.

解 設函數 $f(x, y) = x^y, x = 1, y = 2, \Delta x = 0.04, \Delta y = 0.02.$
因為 $f(1, 2) = 1, f'_x(x, y) = yx^{y-1}, f'_y(x, y) = x^y \ln x, f'_x(1, 2) = 2, f'_y(1, 2) = 0,$
由二元函數全微分近似計算公式 (2.21)，得
$$(1.04)^{2.02} = (1 + 0.04)^{2+0.02} \approx 1 + 2 \times 0.04 + 0 \times 0.02 = 1.08.$$

*(2) 二元函數的線性化

二元函數可能是很複雜的，有時我們需要用較為簡單的函數代替它們，使其在特定的應用問題中給出所需的精度從而在處理上不至於出現很大的困難. 從幾何上看，就是在局部範圍內用一小塊平面代替曲面.

如果函數 $z = f(x, y)$ 在點 (x_0, y_0) 處可微分，記 $\Delta x = x - x_0, \Delta y = y - y_0$，則當自變

量改變量的絕對值 $|\Delta x|$ 和 $|\Delta y|$ 充分小時，公式(2.21) 可以表示為

$$f(x,y) \approx f(x_0,y_0) + f'_x(x_0,y_0)(x-x_0) + f'_y(x_0,y_0)(y-y_0)$$

記 $L(x,y) = f(x_0,y_0) + f'_x(x_0,y_0)(x-x_0) + f'_y(x_0,y_0)(y-y_0)$，稱 $L(x,y)$ 是函數 $z = f(x,y)$ 在點 (x_0,y_0) 線性化．

例 17 求函數 $f(x,y) = x^2 - xy + \frac{1}{2}y^2 + 6$ 在點 $(3,2)$ 處的線性化．

解 首先求 f，f'_x 和 f'_y 在點 $(3,2)$ 處的值：

$$f(3,2) = 3^2 - 3 \cdot 2 + \frac{1}{2} \cdot 2^2 + 6 = 11,$$

$$f'_x(3,2) = \frac{\partial}{\partial x}\left(x^2 - xy + \frac{1}{2}y^2 + 6\right)\bigg|_{(3,2)} = (2x - y)\bigg|_{(3,2)} = 4,$$

$$f'_y(3,2) = \frac{\partial}{\partial y}\left(x^2 - xy + \frac{1}{2}y^2 + 6\right)\bigg|_{(3,2)} = (-x + y)\bigg|_{(3,2)} = -1,$$

於是，$f(x,y)$ 在點 $(3,2)$ 處的線性化為

$$L(x,y) = f(x_0,y_0) + f'_x(x_0,y_0)(x-x_0) + f'_y(x_0,y_0)(y-y_0)$$
$$= 11 + 4(x-3) - (y-2) = 4x - y + 1.$$

5. 高階偏導數

設函數 $z = f(x,y)$ 在區域 D 內具有偏導數

$$\frac{\partial z}{\partial x} = f'_x(x,y), \frac{\partial z}{\partial y} = f'_y(x,y),$$

那麼在 D 內 $f'_x(x,y)$、$f'_y(x,y)$ 都是 x,y 的函數．如果這兩個函數的偏導數也存在，則稱它們是函數 $z = f(x,y)$ 的二階偏導數．按照對變量求導次序的不同有下列四個二階偏導數：

$$\frac{\partial}{\partial x}\left(\frac{\partial z}{\partial x}\right) = \frac{\partial^2 z}{\partial x^2} = f''_{xx}(x,y), \frac{\partial}{\partial y}\left(\frac{\partial z}{\partial x}\right) = \frac{\partial^2 z}{\partial x \partial y} = f''_{xy}(x,y),$$

$$\frac{\partial}{\partial x}\left(\frac{\partial z}{\partial y}\right) = \frac{\partial^2 z}{\partial y \partial x} = f''_{yx}(x,y), \frac{\partial}{\partial y}\left(\frac{\partial z}{\partial y}\right) = \frac{\partial^2 z}{\partial y^2} = f''_{yy}(x,y).$$

其中 $\frac{\partial^2 z}{\partial x \partial y}$，$\frac{\partial^2 z}{\partial y \partial x}$ 稱為二階混合偏導數，$\frac{\partial^2 z}{\partial x^2}$，$\frac{\partial^2 z}{\partial y^2}$ 稱為二階純偏導數．同樣可以定義三階、四階以及 n 階偏導數：

$$\frac{\partial}{\partial x}\left(\frac{\partial^{n-1} z}{\partial x^{n-1}}\right) = \frac{\partial^n z}{\partial x^n}, \frac{\partial}{\partial y}\left(\frac{\partial^{n-1} z}{\partial x^{n-1}}\right) = \frac{\partial^n z}{\partial x^{n-1} \partial y}, \frac{\partial}{\partial y}\left(\frac{\partial^{n-1} z}{\partial y^{n-1}}\right) = \frac{\partial^n z}{\partial y^n}, \cdots$$

二階及二階以上的偏導數統稱為高階偏導數．

例 18 設 $z = 4x^3 + 3x^2 y - 3xy^2 - x + y$，求 $\frac{\partial^2 z}{\partial x^2}, \frac{\partial^2 z}{\partial y \partial x}, \frac{\partial^2 z}{\partial x \partial y}, \frac{\partial^2 z}{\partial y^2}$．

解 $\frac{\partial z}{\partial x} = 12x^2 + 6xy - 3y^2 - 1, \quad \frac{\partial z}{\partial y} = 3x^2 - 6xy + 1,$

$$\frac{\partial^2 z}{\partial x^2} = 24x + 6y, \qquad \frac{\partial^2 z}{\partial y^2} = -6x,$$

$$\frac{\partial^2 z}{\partial x \partial y} = 6x - 6y, \qquad \frac{\partial^2 z}{\partial y \partial x} = 6x - 6y.$$

例 19 求 $z = x\ln(x+y)$ 的二階偏導數.

解 $\dfrac{\partial z}{\partial x} = \ln(x+y) + \dfrac{x}{x+y}, \dfrac{\partial z}{\partial y} = \dfrac{x}{x+y},$

$$\frac{\partial^2 z}{\partial x^2} = \frac{1}{x+y} + \frac{x+y-x}{(x+y)^2} = \frac{x+2y}{(x+y)^2},$$

$$\frac{\partial^2 z}{\partial x \partial y} = \frac{1}{x+y} + \frac{-x}{(x+y)^2} = \frac{y}{(x+y)^2},$$

$$\frac{\partial^2 z}{\partial y^2} = \frac{-x}{(x+y)^2},$$

$$\frac{\partial^2 z}{\partial y \partial x} = \frac{(x+y)-x}{(x+y)^2} = \frac{y}{(x+y)^2}.$$

例 20 設 $f(x,y) = \begin{cases} xy\dfrac{x^2-y^2}{x^2+y^2}, & (x,y) \neq (0,0) \\ 0, & (x,y) = (0,0) \end{cases}$,試求 $f''_{xy}(0,0)$ 及 $f''_{yx}(0,0)$.

解 因 $f'_x(0,0) = \lim\limits_{x \to 0}\dfrac{f(x,0)-f(0,0)}{x} = \lim\limits_{x \to 0}\dfrac{0-0}{x} = 0.$

當 $y \neq 0$ 時,$f'_x(0,y) = \lim\limits_{x \to 0}\dfrac{f(x,y)-f(0,y)}{x} = \lim\limits_{x \to 0}\dfrac{y(x^2-y^2)}{x^2+y^2} = -y,$

所以 $f''_{xy}(0,0) = \lim\limits_{y \to 0}\dfrac{f'_x(0,y)-f'_x(0,0)}{y} = \lim\limits_{y \to 0}\dfrac{-y-0}{y} = -1,$

同理有 $f'_y(0,0) = \lim\limits_{y \to 0}\dfrac{f(0,y)-f(0,0)}{y} = 0.$

當 $x \neq 0$ 時,$f'_y(x,0) = \lim\limits_{y \to 0}\dfrac{f(x,y)-f(x,0)}{y} = \lim\limits_{y \to 0}\dfrac{x(x^2-y^2)}{x^2+y^2} = x,$

所以 $f''_{yx}(0,0) = \lim\limits_{x \to 0}\dfrac{f'_y(x,0)-f'_y(0,0)}{x} = \lim\limits_{x \to 0}\dfrac{x-0}{x} = 1.$

可見,二個混合偏導數不一定相等.什麼情況下,混合偏導數相等呢? 我們有以下結論:

定理 2.12 如果函數 $z = f(x,y)$ 的兩個二階混合偏導數 $\dfrac{\partial^2 z}{\partial x \partial y}$ 和 $\dfrac{\partial^2 z}{\partial y \partial x}$ 在區域 D 內連續,那麼在該區域內這兩個二階混合偏導數必相等.

這就是說,二階混合偏導數在連續的條件下與求導次序無關.

對於二元以上的函數,我們也可以類似地定義高階偏導數.而且高階混合偏導數在其連續的條件下也與求導次序無關.

例 21 驗證函數 $u(x,y) = \ln\sqrt{x^2 + y^2}$ 滿足方程

$$\frac{\partial^2 u}{\partial x^2} + \frac{\partial^2 u}{\partial y^2} = 0.$$

證明 因為 $\ln\sqrt{x^2 + y^2} = \frac{1}{2}\ln(x^2 + y^2)$,

所以 $\dfrac{\partial u}{\partial x} = \dfrac{x}{x^2 + y^2}, \dfrac{\partial u}{\partial y} = \dfrac{y}{x^2 + y^2},$

$$\frac{\partial^2 u}{\partial x^2} = \frac{(x^2 + y^2) - x \cdot 2x}{(x^2 + y^2)^2} = \frac{y^2 - x^2}{(x^2 + y^2)^2},$$

$$\frac{\partial^2 u}{\partial y^2} = \frac{(x^2 + y^2) - y \cdot 2y}{(x^2 + y^2)^2} = \frac{x^2 - y^2}{(x^2 + y^2)^2},$$

$$\frac{\partial^2 u}{\partial x^2} + \frac{\partial^2 u}{\partial y^2} = \frac{y^2 - x^2}{(x^2 + y^2)^2} + \frac{x^2 - y^2}{(x^2 + y^2)^2} = 0.$$

例 22 證明函數 $u = \dfrac{1}{r}$ 滿足拉普拉斯方程

$$\frac{\partial^2 u}{\partial x^2} + \frac{\partial^2 u}{\partial y^2} + \frac{\partial^2 u}{\partial z^2} = 0,$$

其中 $r = \sqrt{x^2 + y^2 + z^2}$.

證明 $\dfrac{\partial u}{\partial x} = -\dfrac{1}{r^2}\dfrac{\partial r}{\partial x} = -\dfrac{1}{r^2} \cdot \dfrac{x}{r} = -\dfrac{x}{r^3},$

$$\frac{\partial^2 u}{\partial x^2} = -\frac{1}{r^3} + \frac{3x}{r^4} \cdot \frac{\partial r}{\partial x} = -\frac{1}{r^3} + \frac{3x^2}{r^5}.$$

由函數關於自變量的對稱性,得

$$\frac{\partial^2 u}{\partial y^2} = -\frac{1}{r^3} + \frac{3y^2}{r^5}, \frac{\partial^2 u}{\partial z^2} = -\frac{1}{r^3} + \frac{3z^2}{r^5}.$$

$$\frac{\partial^2 u}{\partial x^2} + \frac{\partial^2 u}{\partial y^2} + \frac{\partial^2 u}{\partial z^2} = -\frac{3}{r^3} + \frac{3(x^2 + y^2 + z^2)}{r^5} = -\frac{3}{r^3} + \frac{3r^2}{r^5} = 0.$$

例 23 設方程 $x + y + z = e^z$ 確定了隱函數 $z = z(x,y)$,求 $\dfrac{\partial^2 z}{\partial x^2}, \dfrac{\partial^2 z}{\partial x \partial y}, \dfrac{\partial^2 z}{\partial y^2}$.

解 由 $d(x + y + z) = d(e^z)$ 得

$$dx + dy + dz = e^z dz,$$

$$dz = \frac{1}{e^z - 1}dx + \frac{1}{e^z - 1}dy,$$

所以,$\dfrac{\partial z}{\partial x} = \dfrac{1}{e^z - 1}, \dfrac{\partial z}{\partial y} = \dfrac{1}{e^z - 1},$

$$\frac{\partial^2 z}{\partial x^2} = \frac{\partial}{\partial x}\left(\frac{\partial z}{\partial x}\right) = -\frac{1}{(e^z - 1)^2} \cdot e^z \frac{\partial z}{\partial x} = -\frac{e^z}{(e^z - 1)^2} \cdot \frac{1}{e^z - 1} = -\frac{e^z}{(e^z - 1)^3},$$

$$\frac{\partial^2 z}{\partial x \partial y} = \frac{\partial}{\partial y}\left(\frac{\partial z}{\partial x}\right) = = -\frac{1}{(e^z-1)^2} \cdot e^z \frac{\partial z}{\partial y} = -\frac{e^z}{(e^z-1)^2} \cdot \frac{1}{e^z-1} = -\frac{e^z}{(e^z-1)^3},$$

$$\frac{\partial^2 z}{\partial y^2} = \frac{\partial}{\partial y}\left(\frac{\partial z}{\partial y}\right) = -\frac{1}{(e^z-1)^2} \cdot e^z \frac{\partial z}{\partial y} = -\frac{e^z}{(e^z-1)^2} \cdot \frac{1}{e^z-1} = -\frac{e^z}{(e^z-1)^3}.$$

習題 2.5

1. 求下列函數的二階導數.

(1) $z = \arctan \frac{y}{x}$;   (2) $z = y^x$;

(3) $z = x^4 + y^4 - 4x^2 y^2$;   (4) $z = x\ln(x+y)$.

2. 設 $f(x,y,z) = xy^2 + yz^2 + x^2 z$, 求 $f''_{xx}(0,1,0)$, $f''_{xz}(1,0,2)$, $f''_{yz}(0,-1,0)$ 和 $f'''_{zzx}(2,0,1)$.

3. 設 $z = x\ln(xy)$, 求 $\dfrac{\partial^3 z}{\partial x^2 \partial y}$ 與 $\dfrac{\partial^3 z}{\partial x \partial y^2}$.

4. 設 $z = \dfrac{1}{y} f(xy) + xf\left(\dfrac{y}{x}\right)$, f 具有連續的二階導數, 求 z''_{xy}.

5. 設 $z = \sin(xy) + \varphi\left(x, \dfrac{x}{y}\right)$, $\varphi(u,v)$ 有二階偏導數, 求 z''_{xy}.

6. 設 f 具有二階連續偏導數, 求下列函數的二階偏導數.

(1) $z = f(xy, y)$;   (2) $z = f\left(x, \dfrac{x}{y}\right)$;

(3) $z = f(xy^2, x^2 y)$;   (4) $z = f(\sin x, \cos y, e^{x+y})$.

7. 設下列方程所確定的函數為 $y = f(x)$, 求 $\dfrac{dy}{dx}$.

(1) $xy - \ln y = 0$;   (2) $\sin y + e^x - xy^2 = 0$;

(3) $xy + \ln x + \ln y = 0$;   (4) $\ln \sqrt{x^2 + y^2} = \arctan \dfrac{y}{x}$.

8. 設 $x + 2y + z - 2\sqrt{xyz} = 0$, 求 $\dfrac{\partial z}{\partial x}, \dfrac{\partial z}{\partial y}, \dfrac{\partial x}{\partial y}, dz$.

9. 設 $e^z - xyz = 0$, 求 $\dfrac{\partial z}{\partial x}, \dfrac{\partial z}{\partial y}, \dfrac{\partial x}{\partial y}, dz$.

10. 設下列方程所確定的函數為 $z = f(x,y)$, 求 $\dfrac{\partial^2 z}{\partial x^2}, \dfrac{\partial^2 z}{\partial x \partial y}, \dfrac{\partial^2 z}{\partial y^2}$.

(1) $\dfrac{z}{x} = \ln \dfrac{y}{z}$;   (2) $e^z - xyz = 0$;   (3) $z^3 - 3xyz = a^3$.

11. 設 $x = x(y,z), y = y(x,z), z = z(x,y)$ 都是由方程 $F(x,y,z) = 0$ 確定的具有連

續偏導數的函數.證明:$\dfrac{\partial x}{\partial y} \cdot \dfrac{\partial y}{\partial z} \cdot \dfrac{\partial z}{\partial x} = -1$.

12. 設 $\Phi(u,v)$ 具有連續偏導數,證明由方程 $\Phi(cx - az, cy - bz) = 0$ 所確定的函數 $z = f(x,y)$ 滿足 $a\dfrac{\partial z}{\partial x} + b\dfrac{\partial z}{\partial y} = c$.

13. 計算 $\sqrt{(1.02)^3 + (1.97)^3}$ 的近似值.

14. 計算 $(1.97)^{1.05}$ 的近似值($\ln 2 \approx 0.693$).

15. 已知邊長為 $x = 6\text{m}, y = 8\text{m}$ 的矩形,如果 x 邊增加 5cm 而 y 邊減少 10cm,問這個矩形的對角線的近似變化怎樣?

16. 求下列函數在給定點的線性化 $L(x,y)$.

（1）$f(x,y) = x^2 + y^2 + 1$,在 $A(0,0), B(1,1)$;

（2）$f(x,y) = x^3 y^4$,在 $A(0,0), B(1,1)$.

17. 某出版公司的某種產品有生產函數 $p(x,y) = 1{,}800 x^{0.621} y^{0.379}$,其中 p 是由 x 個人力單位和 y 個資本單位所生產的產品的數量.

（1）求由 2,500 個人力單位和 1,700 個資本單位生產的產品數量；

（2）求邊際生產力；

（3）說明在(2)中求出的邊際生產力的意義；

（4）計算在 $x = 2{,}500$ 和 $y = 1{,}700$ 時的邊際生產力.

18. 某體育用品公司的某種產品有生產函數 $p(x,y) = 2{,}400 x^{0.4} y^{0.6}$,其中 p 是由 x 個人力單位和 y 個資本單位所生產的產品的數量.

（1）求由 32 個人力單位和 1,024 個資本單位生產的產品數量；

（2）求邊際生產力；

（3）說明在(2)中求出的邊際生產力的意義；

（4）計算在 $x = 32$ 和 $y = 1{,}024$ 時的邊際生產力.

19. 已知某商品的需求量 Q 是該商品的價格 p_1、另一相關商品價格 p_2 及消費者收入 y 的函數,且 $Q = \dfrac{1}{200} p_1^{-\frac{3}{8}} p_2^{-\frac{2}{5}} y^{\frac{5}{2}}$.試求需求量 Q 分別關於自身價格 p_1、相關價格 p_2 及消費者收入 y 的彈性,並闡述它們的經濟意義.

第 2 章補充習題

1. 請選擇下列各題中的正確選項.

（1）設 $f(x)$ 在 $x = a$ 的某個鄰域有定義,則 $f(x)$ 在 $x = a$ 處可導的一個充分條件是（　　）.

(A) $\lim\limits_{h \to \infty} h\left[f\left(a + \dfrac{1}{h}\right) - f(a) \right]$ 存在

(B) $\lim\limits_{h\to 0}\dfrac{f(a+2h)-f(a+h)}{h}$ 存在

(C) $\lim\limits_{h\to 0}\dfrac{f(a+h)-f(a-h)}{2h}$ 存在

(D) $\lim\limits_{h\to 0}\dfrac{f(a)-f(a-h)}{h}$ 存在

(2) 函數 $f(x)=(x^2-x-2)|x^3-x|$ 有(　　) 個不可導的點.

(A) 3　　　　　　　　　　(B) 2
(C) 1　　　　　　　　　　(D) 0

(3) 已知 $f(x)$ 在 $x=0$ 的某個鄰域內連續,且 $f(0)=0$, $\lim\limits_{x\to 0}\dfrac{f(x)}{1-\cos x}=2$,則在點 $x=0$ 處 $f(x)$ (　　).

(A) 不可導　　　　　　　　(B) 可導,且 $f'(0)\neq 0$
(C) 取得極大值　　　　　　(D) 取得極小值.

(4) 設 $f(x)$ 在 $[a,b]$ 上連續,則下列結論中正確的是(　　).

(A) 如果 x_0 是 $f(x)$ 的極值點,則 $f'(x_0)=0$

(B) 如果 $(x_0,f(x_0))$ 是曲線 $f(x)$ 的拐點,則 $f''(x_0)=0$

(C) 如果 x_0 是 $f(x)$ 的極值點,則 $(x_0,f(x_0))$ 一定不是曲線 $f(x)$ 的拐點

(D) 如果 $f(x)$ 在 $[a,b]$ 上可導,且 $f'(a)f'(b)<0$,則至少存在 $x_0\in(a,b)$ 使 $f'(x_0)=0$.

(5) 設 $f(x)$ 的導數在 $x=a$ 處連續,又 $\lim\limits_{x\to a}\dfrac{f'(x)}{x-a}=-1$,則(　　).

(A) $x=a$ 是 $f(x)$ 的極大值點

(B) $x=a$ 是 $f(x)$ 的極小值點

(C) $(a,f(a))$ 是曲線 $y=y(x)$ 的拐點

(D) $x=a$ 不是 $f(x)$ 的極值點,$(a,f(a))$ 也不是曲線 $y=y(x)$ 的拐點

(6) 設在 $[0,1]$ 上,$f''(x)>0$,則(　　) 成立.

(A) $f'(1)>f'(0)>f(1)-f(0)$　　(B) $f'(1)>f(1)-f(0)>f'(0)$
(C) $f(1)-f(0)>f'(1)>f'(0)$　　(D) $f'(1)>f(0)-f(1)>f'(0)$

2. 設 $f(x)$ 在 $x=0$ 處可導,且 $f(0)=0$,求 $\lim\limits_{x\to 0}\dfrac{f[\ln(1+x^2)]}{1-\cos x}$.

3. 求曲線 $y=\dfrac{x+9}{x+5}$ 過原點的切線方程.

4. 設 $f(x)=\begin{cases}(1+x)^{\frac{1}{x}}-e, & x\neq 0 \\ 0, & x=0\end{cases}$,求 $f'(x)$.

5. 已知 $y=f\left(\dfrac{2x-1}{2x+1}\right)$,$f'(x)=\ln\left(x+\sqrt{8+x^2}\right)$,求 $\left.\dfrac{dy}{dx}\right|_{x=0}$.

6. 求下列方程所確定的隱函數一階或二階導數.

(1) $\sin(x^2+y^2)+e^x-xy^2=0$,求$\dfrac{dy}{dx}$； (2) $e^y+xy=e$,求$y''(0)$.

7. 設函數 $y=f(x)$ 由方程 $\sqrt{x^2+y^2}=e^{\arctan\frac{y}{x}}$ 確定,求 y''.

8. 設函數 $f(x)$ 在閉區間 $[0,2a]$ $(a>0)$ 上連續,且 $f(0)=f(2a)\neq f(a)$,證明在開區間 $(0,a)$ 內至少存在一點 ξ,使得 $f(\xi)=f(\xi+a)$.

9. 設 $f(x)$ 在閉區間 $[a,b]$ 上具有二階導數,且 $f(a)=f(b)=0$, $f'(a)\cdot f'(b)>0$,證明存在 $\xi,\eta\in(a,b)$,使得 $f(\xi)=0$ 及 $f''(\eta)=0$.

10. 證明方程 $xe^x=2$ 在區間 $(0,1)$ 內有且僅有一個實根.

11. 設 $x\in(0,+\infty)$,證明：$\ln x+\dfrac{1}{x}-\dfrac{1}{2}(x-1)^2+\dfrac{2}{3}(x-1)^3\geqslant 1$.

12. 用洛必達法則求下列極限.

(1) $\lim\limits_{x\to 0}\dfrac{e^x-e^{-x}}{\sin x}$； (2) $\lim\limits_{x\to\frac{\pi}{2}}\dfrac{\ln\sin x}{(\pi-2x)^2}$；

(3) $\lim\limits_{x\to\infty}\dfrac{\ln\left(1+\dfrac{1}{x}\right)}{\arctan x}$； (4) $\lim\limits_{x\to 0}\dfrac{e^x-\sin x-1}{1-\sqrt{1-x^2}}$；

(5) $\lim\limits_{x\to 0^+}\left(\dfrac{1}{x}\right)^{\tan x}$； (6) $\lim\limits_{x\to 0}\dfrac{\sqrt{1+\tan x}-\sqrt{1+\sin x}}{x\ln(1+x)-x^2}$.

13. 已知 $z=e^{\arctan\frac{y}{x}}$,求 $\dfrac{\partial^2 z}{\partial x\partial y}$.

14. 設函數 $z=z(x,y)$ 由方程 $F\left(\dfrac{y}{x},\dfrac{z}{x}\right)=0$ 確定,其中 F 為可微函數,且 $f_z'\neq 0$,求 $x\dfrac{\partial z}{\partial x}+y\dfrac{\partial z}{\partial y}$.

15. 設函數 $z=z(x,y)$ 由方程 $z^3-\sin x\cos y+e^z=x^2y^2$ 確定,求 dz.

16. 設 $z=f(xz,z-y)$,求 dz.

17. 設函數 f 可微且 $f'(0)=\dfrac{1}{2}$, $z=f(4x^2-y^2)$,求 $dz\big|_{(1,2)}$.

18. 設 $z=f(x,y)=e^{xy}\sin\pi y+(x-1)\arctan\sqrt{\dfrac{x}{y}}$,求 $f_x'(1,1)$ 及 $f_y'(1,1)$.

19. 設函數 $z=f(x,y)$ 在點 $(1,1)$ 處可微,並且 $f(1,1)=1$, $\dfrac{\partial f}{\partial x}\bigg|_{(1,1)}=2$, $\dfrac{\partial f}{\partial y}\bigg|_{(1,1)}=3$, $\varphi(x)=f(x,f(x,x))$,則 $\dfrac{d}{dx}\varphi^3(x)\bigg|_{x=1}$.

20. 由方程 $xyz+\sqrt{x^2+y^2+z^2}=\sqrt{2}$ 確定函數 $z=z(x,y)$,求 $dz\big|_{(1,0,-1)}$.

第 3 章　積分方法與廣義積分

微積分基本定理說明,定積分 $\int_a^b f(x)dx$ 可以轉換為被積函數的一個原函數在積分區間上的函數值之差來計算,只要我們能夠求出函數 $f(x)$ 的一個原函數,根據牛頓－萊布尼茲公式,就能求出 $\int_a^b f(x)dx$. 利用基本積分公式和性質,所計算的積分是非常有限的.因此,有必要進一步來研究積分的求法.

第 1 節　換元積分法

將複合函數求導法則反過來應用於求不定積分,就得到了換元積分法.換元積分法的基本思想是對被積函數進行適當的變量代換,即換元,使換元後的積分能夠用積分公式和性質直接求出來.換元法通常分成兩類,下面先講第一類換元積分法.

1. 第一類換元積分法

設 $f(u)$ 具有原函數 $F(u)$,即
$$F'(u) = f(u), \int f(u)du = F(u) + C$$
如果 u 是另一變量 x 的函數 $u = g(x)$,且設 $g(x)$ 可微,則有
$$\int f[g(x)]g'(x)dx = \int f(u)du = F(u) + C = F(g(x)) + C$$

運用第一類換元積分法的關鍵在於將被積函數拆分成兩部分,將其中的一部分與 dx 結合湊成微分,所以也稱為湊微分法.

比如要求 $\int h(x)dx$,而又不能用基本積分公式直接求出,嘗試將函數 $h(x)$ 轉化為 $h(x) = f[g(x)]g'(x)$ 的形式,則有
$$\int h(x)dx = \int f[g(x)]g'(x)dx = \left[\int f(u)du\right]_{u=g(x)}$$
這樣,函數 $h(x)$ 的積分就轉化為函數 $f(u)$ 的積分.如果 $f(u)$ 的原函數容易求得,那麼也就求出了 $h(x)$ 的原函數.

例 1　求 $\int (2x+1)^{10}dx$.

解 因為 $dx = \dfrac{1}{2}d(2x+1)$，所以

$$\int (2x+1)^{10} dx = \dfrac{1}{2}\int (2x+1)^{10}(2x+1)'dx$$

$$= \dfrac{1}{2}\int (2x+1)^{10} d(2x+1)$$

$$\xlongequal{2x+1=u} \dfrac{1}{2}\int u^{10} du = \dfrac{1}{2}\cdot \dfrac{u^{11}}{11} + C$$

$$\xlongequal{u=2x+1} \dfrac{1}{22}(2x+1)^{11} + C.$$

例2 求 $\int \dfrac{1}{3+2x} dx$.

解 $\int \dfrac{1}{3+2x} dx = \dfrac{1}{2}\int \dfrac{1}{3+2x}\cdot (3+2x)' dx$

$$= \dfrac{1}{2}\int \dfrac{1}{3+2x} d(3+2x)$$

$$\xlongequal{3+2x=u} \dfrac{1}{2}\int \dfrac{1}{u} du = \dfrac{1}{2}\ln|u| + C$$

$$\xlongequal{u=3+2x} \dfrac{1}{2}\ln|3+2x| + C.$$

注意：一般地，有 $\int f(ax+b) dx \xlongequal{ax+b=u} \dfrac{1}{a}\int f(u) du$.

例3 求 $\int xe^{x^2} dx$.

解 $\int xe^{x^2} dx = \dfrac{1}{2}\int e^{x^2}(x^2)' dx = \dfrac{1}{2}\int e^{x^2} d(x^2)$

$$\xlongequal{x^2=u} \dfrac{1}{2}\int e^u du = \dfrac{1}{2}e^u + C$$

$$\xlongequal{u=x^2} \dfrac{1}{2}e^{x^2} + C.$$

注意：一般地，有 $\int xf(x^2) dx \xlongequal{x^2=u} \dfrac{1}{2}\int f(u) du$.

例4 求 $\int x\sqrt{1-x^2} dx$.

解 $\int x\sqrt{1-x^2} dx = \int (1-x^2)^{\frac{1}{2}} \left[-\dfrac{1}{2}(1-x^2)\right]' dx$

$$= -\dfrac{1}{2}\int (1-x^2)^{\frac{1}{2}} d(1-x^2)$$

$$= -\dfrac{1}{3}(1-x^2)^{\frac{3}{2}} + C.$$

注意：對變量代換比較熟練後，可省去書寫中間變量的換元和回代過程。

例 5 求 $\int \dfrac{1}{x(1+2\ln x)}dx$.

解 $\int \dfrac{1}{x(1+2\ln x)}dx = \int \dfrac{1}{1+2\ln x}d(\ln x) = \dfrac{1}{2}\int \dfrac{1}{1+2\ln x}d(1+2\ln x)$

$$= \dfrac{1}{2}\ln|1+2\ln x| + C.$$

注意：一般地，有 $\int f(\ln x)\dfrac{1}{x}dx = \int f(\ln x)d(\ln x)$.

例 6 求 $\int \dfrac{\tan\sqrt{x}}{\sqrt{x}}dx$.

解 $\int \dfrac{\tan\sqrt{x}}{\sqrt{x}}dx = 2\int \tan\sqrt{x}\,d(\sqrt{x}) = 2\int \dfrac{\sin\sqrt{x}}{\cos\sqrt{x}}d(\sqrt{x})$

$$= -2\int \dfrac{1}{\cos\sqrt{x}}d(\cos\sqrt{x}) = -2\ln|\cos\sqrt{x}| + C.$$

注意：一般地，有 $\int f(\sqrt{x})\dfrac{1}{\sqrt{x}}dx = 2\int f(\sqrt{x})d(\sqrt{x})$.

例 7 求 $\int \dfrac{1}{a^2+x^2}dx\ (a \neq 0)$.

解 $\int \dfrac{1}{a^2+x^2}dx = \int \dfrac{1}{a^2}\cdot\dfrac{1}{1+\left(\dfrac{x}{a}\right)^2}dx = \dfrac{1}{a}\int \dfrac{1}{1+\left(\dfrac{x}{a}\right)^2}d\left(\dfrac{x}{a}\right) = \dfrac{1}{a}\arctan\dfrac{x}{a} + C.$

例 8 求 $\int \dfrac{1}{x^2-8x+25}dx$.

解 $\int \dfrac{1}{x^2-8x+25}dx = \int \dfrac{1}{(x-4)^2+9}dx = \dfrac{1}{3^2}\int \dfrac{1}{\left(\dfrac{x-4}{3}\right)^2+1}dx$

$$= \dfrac{1}{3}\int \dfrac{1}{\left(\dfrac{x-4}{3}\right)^2+1}d\left(\dfrac{x-4}{3}\right) = \dfrac{1}{3}\arctan\dfrac{x-4}{3} + C.$$

例 9 求 $\int \dfrac{1}{1+e^x}dx$.

解 $\int \dfrac{1}{1+e^x}dx = \int \dfrac{1+e^x-e^x}{1+e^x}dx = \int\left(1-\dfrac{e^x}{1+e^x}\right)dx$

$$= \int dx - \int \dfrac{e^x}{1+e^x}dx = \int dx - \int \dfrac{1}{1+e^x}d(1+e^x)$$

$$= x - \ln(1+e^x) + C.$$

注意：一般地，有 $\int f(e^x) e^x dx = \int f(e^x) d(e^x)$.

例 10　求 $\int \dfrac{\sin \dfrac{1}{x}}{x^2} dx$.

解　$\int \dfrac{\sin \dfrac{1}{x}}{x^2} dx = \int \sin\left(\dfrac{1}{x}\right) \cdot \left(-\dfrac{1}{x}\right)' dx = -\int \sin\left(\dfrac{1}{x}\right) \cdot d\left(\dfrac{1}{x}\right) = \cos\left(\dfrac{1}{x}\right) + C$.

注意：一般地，有 $\int f\left(\dfrac{1}{x}\right) \dfrac{1}{x^2} dx = -\int f\left(\dfrac{1}{x}\right) d\left(\dfrac{1}{x}\right)$.

例 11　求 $\int \sin 2x dx$.

解法一　$\int \sin 2x dx = \dfrac{1}{2} \int \sin 2x d(2x) = -\dfrac{1}{2} \cos 2x + C$;

解法二　$\int \sin 2x dx = 2\int \sin x \cos x dx = 2\int \sin x d(\sin x) = \sin^2 x + C$;

解法三　$\int \sin 2x dx = 2\int \sin x \cos x dx = -2\int \cos x d(\cos x) = -\cos^2 x + C$.

注意：一般地，有 $f(\sin x) \cos x dx = f(\sin x) d(\sin x)$；
$\qquad f(\cos x) \sin x dx = -f(\cos x) d(\cos x)$.

例 12　求下列不定積分：

(1) $\int \csc x dx$;　　(2) $\int \sec x dx$.

解　(1) $\int \csc x dx = \int \dfrac{dx}{\sin x} = \int \dfrac{dx}{2\sin \dfrac{x}{2} \cos \dfrac{x}{2}} = \int \dfrac{1}{\tan \dfrac{x}{2} \cos^2 \dfrac{x}{2}} d\left(\dfrac{x}{2}\right)$

$\qquad = \int \dfrac{1}{\tan \dfrac{x}{2}} d\left(\tan \dfrac{x}{2}\right) = \ln\left|\tan \dfrac{x}{2}\right| + C$

因為 $\tan \dfrac{x}{2} = \dfrac{\sin \dfrac{x}{2}}{\cos \dfrac{x}{2}} = \dfrac{2\sin^2 \dfrac{x}{2}}{\sin x} = \dfrac{1 - \cos x}{\sin x} = \csc x - \cot x$,

所以 $\int \csc x dx = \ln|\csc x - \cot x| + C$.

(2) $\int \sec x dx = \int \dfrac{dx}{\cos x} = \int \dfrac{d(x + \pi/2)}{\sin(x + \pi/2)} = \ln|\csc(x + \pi/2) - \cot(x + \pi/2)| + C$

$\qquad = \ln|\sec x + \tan x| + C$.

例 13　求 $\int \sqrt{\dfrac{\ln(x + \sqrt{1 + x^2})}{1 + x^2}} dx$.

解 因為

$$[\ln(1+\sqrt{1+x^2})]' = \frac{1}{x+\sqrt{1+x^2}}\left(1+\frac{x}{\sqrt{1+x^2}}\right) = \frac{1}{\sqrt{1+x^2}},$$

所以

$$\int\sqrt{\frac{\ln(x+\sqrt{1+x^2})}{1+x^2}}dx = \int\sqrt{\ln(x+\sqrt{1+x^2})}\,d[\ln(x+\sqrt{1+x^2})]$$

$$= \frac{2}{3}[\ln(x+\sqrt{1+x^2})]^{\frac{3}{2}} + C.$$

將湊微分法用於求定積分,只要沒有引入中間變量,則其過程與不定積分一樣,只是定積分計算過程中,沒有積分常數 C.

例 14 求 $\int_0^\pi \sin^3 x\,dx$.

解
$$\int_0^\pi \sin^3 x\,dx = \int_0^\pi \sin^2 x \sin x\,dx = -\int_0^\pi (1-\cos^2 x)\,d(\cos x)$$

$$= -\int_0^\pi d(\cos x) + \int_0^\pi \cos^2 x\,d(\cos x)$$

$$= \left[-\cos x + \frac{1}{3}\cos^3 x\right]_0^\pi$$

$$= \left[-\cos\pi + \frac{1}{3}\cos^3\pi\right] - \left[-\cos 0 + \frac{1}{3}\cos^3 0\right]$$

$$= \frac{4}{3}.$$

例 15 求 $\int_0^{\frac{\pi}{3}} \sin^2 x \cos^5 x\,dx$.

解
$$\int_0^{\frac{\pi}{3}} \sin^2 x \cos^5 x\,dx = \int_0^{\frac{\pi}{3}} \sin^2 x \cos^4 x\,d(\sin x) = \int_0^{\frac{\pi}{3}} \sin^2 x \cdot (1-\sin^2 x)^2\,d(\sin x)$$

$$= \left[\frac{1}{3}\sin^3 x - \frac{2}{5}\sin^5 x + \frac{1}{7}\sin^7 x\right]_0^{\frac{\pi}{3}}$$

$$= \frac{1}{3}\cdot\left(\frac{\sqrt{3}}{2}\right)^3 - \frac{2}{5}\cdot\left(\frac{\sqrt{3}}{2}\right)^5 + \frac{1}{7}\cdot\left(\frac{\sqrt{3}}{2}\right)^7$$

$$= \frac{191\sqrt{3}}{4,480}.$$

注意:當被積函數是三角函數乘積時,拆開奇次項去湊微分.

例 16 求 $\int_0^\pi \cos^2 x\,dx$.

解
$$\int_0^\pi \cos^2 x\,dx = \int_0^\pi \frac{1+\cos 2x}{2}dx = \int_0^\pi \left(\frac{1}{2} + \frac{\cos 2x}{2}\right)dx$$

$$= \left[\frac{x}{2} + \frac{\sin 2x}{4}\right]_0^\pi$$

$$= \frac{\pi}{2} + \frac{\sin 2\pi}{4} = \frac{\pi}{2}.$$

例 17 求 $\int_0^\pi \cos^4 x \, dx$.

解 因為 $\cos^4 x = (\cos^2 x)^2 = \left(\frac{1 + \cos 2x}{2}\right)^2 = \frac{1}{4}(1 + 2\cos 2x + \cos^2 2x)$

$$= \frac{1}{4}\left(1 + 2\cos 2x + \frac{1 + \cos 4x}{2}\right) = \frac{1}{8}(3 + 4\cos 2x + \cos 4x),$$

所以 $\int_0^\pi \cos^4 x \, dx = \frac{1}{8}\int_0^\pi (3 + 4\cos 2x + \cos 4x) \, dx$

$$= \left[\frac{3}{8}x + \frac{1}{4}\sin 2x + \frac{1}{32}\sin 4x\right]_0^\pi$$

$$= \frac{3\pi}{8}.$$

例 18 求 $\int_2^3 \frac{1}{x^2 - 1} dx$.

解 由於 $\frac{1}{x^2 - 1} = \frac{1}{2}\left(\frac{1}{x - 1} - \frac{1}{x + 1}\right)$，所以

$$\int_2^3 \frac{1}{x^2 - 1} dx = \frac{1}{2}\int_2^3 \left(\frac{1}{x - 1} - \frac{1}{x + 1}\right) dx = \frac{1}{2}\int_2^3 \frac{1}{x - 1} dx - \frac{1}{2}\int_2^3 \frac{1}{x + 1} dx$$

$$= \frac{1}{2}\int_2^3 \frac{1}{x - 1} d(x - 1) - \frac{1}{2}\int_2^3 \frac{1}{x + 1} d(x + 1)$$

$$= \frac{1}{2}\left[\ln|x - 1| - \ln|x + 1|\right]_2^3$$

$$= \frac{1}{2}[\ln 2 - \ln 4] - \frac{1}{2}[\ln 1 - \ln 3]$$

$$= \frac{1}{2}[\ln 3 - \ln 2].$$

例 19 求 $\int_1^2 \frac{1}{\sqrt{2x + 3} + \sqrt{2x - 1}} dx$.

解

$$\int_1^2 \frac{1}{\sqrt{2x + 3} + \sqrt{2x - 1}} dx = \int_1^2 \frac{\sqrt{2x + 3} - \sqrt{2x - 1}}{(\sqrt{2x + 3} + \sqrt{2x - 1})(\sqrt{2x + 3} - \sqrt{2x - 1})} dx$$

$$= \frac{1}{4}\int_1^2 \sqrt{2x + 3} \, dx - \frac{1}{4}\int_1^2 \sqrt{2x - 1} \, dx$$

$$= \frac{1}{8}\int_1^2 \sqrt{2x + 3} \, d(2x + 3) - \frac{1}{8}\int_1^2 \sqrt{2x - 1} \, d(2x - 1)$$

$$= \frac{1}{12}\left[\left(\sqrt{2x+3}\right)^3 - \left(\sqrt{2x-1}\right)^3\right]_1^2$$

$$= \frac{1}{12}\left[\left(\sqrt{7}\right)^3 - \left(\sqrt{3}\right)^3\right] - \frac{1}{12}\left[\left(\sqrt{5}\right)^3 - \left(\sqrt{1}\right)^3\right]$$

$$= \frac{1}{12}\left[7\sqrt{7} - 5\sqrt{5} - 3\sqrt{3} + 1\right].$$

注意：利用平方差公式進行根式有理化是化簡積分計算的常用手段之一.

例20 求定積分 $\int_0^{\frac{\pi}{4}} \sec^6 x\, dx$.

解 $\int_0^{\frac{\pi}{4}} \sec^6 x\, dx = \int_0^{\frac{\pi}{4}} (\sec^2 x)^2 \sec^2 x\, dx = \int_0^{\frac{\pi}{4}} (1 + \tan^2 x)^2 d(\tan x)$

$$= \int_0^{\frac{\pi}{4}} (1 + 2\tan^2 x + \tan^4 x) d(\tan x)$$

$$= \left[\tan x + \frac{2}{3}\tan^3 x + \frac{1}{5}\tan^5 x\right]_0^{\frac{\pi}{4}}$$

$$= 1 + \frac{2}{3} + \frac{1}{5} = \frac{28}{15}.$$

例21 求定積分 $\int_0^{\frac{\pi}{3}} \tan^5 x \sec^3 x\, dx$.

解 $\int_0^{\frac{\pi}{3}} \tan^5 x \sec^3 x\, dx = \int_0^{\frac{\pi}{3}} \tan^4 x \sec^2 x \sec x \tan x\, dx$

$$= \int_0^{\frac{\pi}{3}} (\sec^2 x - 1)^2 \sec^2 x\, d(\sec x)$$

$$= \int_0^{\frac{\pi}{3}} (\sec^6 x - 2\sec^4 x + \sec^2 x) d(\sec x)$$

$$= \left[\frac{1}{7}\sec^7 x - \frac{2}{5}\sec^5 x + \frac{1}{3}\sec^3 x\right]_0^{\frac{\pi}{3}}$$

$$= \left[\frac{1}{7} \times 2^7 - \frac{2}{5} \times 2^5 + \frac{1}{3} \times 2^3\right] - \left[\frac{1}{7} - \frac{2}{5} + \frac{1}{3}\right]$$

$$= \frac{848}{105}.$$

例22 求 $\int_0^{\frac{\pi}{2}} \cos 3x \cos 2x\, dx$.

解 因為 $\cos A \cos B = \frac{1}{2}[\cos(A-B) + \cos(A+B)]$；

所以 $\cos 3x \cos 2x = \frac{1}{2}(\cos x + \cos 5x)$；

$$\int_0^{\frac{\pi}{2}} \cos 3x \cos 2x\, dx = \frac{1}{2}\int_0^{\frac{\pi}{2}} (\cos x + \cos 5x) dx = \left[\frac{1}{2}\sin x + \frac{1}{10}\sin 5x\right]_0^{\frac{\pi}{2}} = \frac{1}{2} - \frac{1}{10} = \frac{2}{5}.$$

常用的湊微分公式如表 3.1 所示.

表 3.1

積分類型	換元公式
(1) $\int f(ax+b)dx = \dfrac{1}{a}\int f(ax+b)d(ax+b)\ (a\neq 0)$	$u = ax+b$
(2) $\int f(\ln x)\cdot \dfrac{1}{x}dx = \int f(\ln x)d(\ln x)$	$u = \ln x$
(3) $\int f(e^x)\cdot e^x dx = \int f(e^x)de^x$	$u = e^x$
(4) $\int f(a^x)\cdot a^x dx = \dfrac{1}{\ln a}\int f(a^x)da^x$	$u = a^x$
(5) $\int f(\sin x)\cdot \cos x dx = \int f(\sin x)d\sin x$	$u = \sin x$
(6) $\int f(\cos x)\cdot \sin x dx = -\int f(\cos x)d\cos x$	$u = \cos x$
(7) $\int f(\tan x)\sec^2 x dx = \int f(\tan x)d\tan x$	$u = \tan x$
(8) $\int f(\cot x)\csc^2 x dx = -\int f(\cot x)d\cot x$	$u = \cot x$
(9) $\int f(\arctan x)\dfrac{1}{1+x^2}dx = \int f(\arctan x)d(\arctan x)$	$u = \arctan x$
(10) $\int f(\arcsin x)\dfrac{1}{\sqrt{1-x^2}}dx = -\int f(\arcsin x)d(\arcsin x)$	$u = \arcsin x$

2. 第二類換元積分法

對形如 $\int \sqrt{a^2-x^2}dx$ 的不定積分,用第一類換元積分法計算很困難,為此,我們需要進一步尋求新的積分方法.

第二類換元積分法就是適當地選擇變量代換 $x = g(t)$,將積分 $\int f(x)dx$ 轉化為積分 $\int f[g(t)]g'(t)dt$,即

$$\int f(x)dx \xlongequal{x=g(t)} \int f[g(t)]g'(t)dt.$$

上式的成立是需要一定條件的. 首先,等式右邊的不定積分要存在,且容易求出來;其次, $\int f[g(t)]g'(t)dt$ 求出后必須用 $x = g(t)$ 的反函數 $t = g^{-1}(x)$ 代回去,故要求 $x = g(t)$ 的反函數存在而且是單值可導的,下面例題中都假定函數 $x = g(t)$ 在 t 的某一個區間上是單調的、可導的,並且 $g'(t)\neq 0$.

例23 求 $\int \sqrt{a^2 - x^2}\,dx\ (a > 0)$.

解 求這個積分的困難在於有根式 $\sqrt{a^2 - x^2}$，一般是通過適當的變換來消去根式. 這裡可以利用三角公式

$$\sin^2 t + \cos^2 t = 1$$

來化去根式.

設 $x = a\sin t$, 則 $dx = a\cos t\,dt$, $t \in \left(-\dfrac{\pi}{2}, \dfrac{\pi}{2}\right)$, $\sqrt{a^2 - x^2} = \sqrt{a^2 - a^2\sin^2 t} = a\cos t$

於是 $\int \sqrt{a^2 - x^2}\,dx = \int a\cos t \cdot a\cos t\,dt = a^2\int \cos^2 t\,dt = a^2\int \dfrac{1 + \cos 2t}{2}\,dt$

$$= \dfrac{a^2}{2}\left[t + \dfrac{1}{2}\sin 2t\right] + C$$

$$= \dfrac{a^2}{2}[t + \sin t \cdot \cos t] + C$$

$$= \dfrac{a^2}{2}[t + \sin t \cdot \sqrt{1 - \sin^2 t}] + C$$

$$= \dfrac{a^2}{2}\left[\dfrac{x}{a} \cdot \sqrt{1 - \left(\dfrac{x}{a}\right)^2} + \arcsin\dfrac{x}{a}\right] + C,\ (見圖 3.1)$$

$$= \dfrac{x}{2} \cdot \sqrt{a^2 - x^2} + \dfrac{a^2}{2}\arcsin\dfrac{x}{a} + C.$$

圖 3.1　　　　　圖 3.2

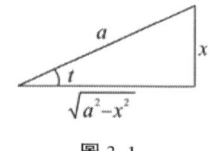

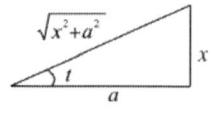

例24 求 $\int \dfrac{1}{\sqrt{x^2 + a^2}}\,dx\ (a > 0)$.

解 可以利用三角公式

$$1 + \tan^2 t = \sec^2 t$$

來化去根式.

令 $x = a\tan t$, 則 $dx = a\sec^2 t\,dt$, $t \in \left(-\dfrac{\pi}{2}, \dfrac{\pi}{2}\right)$, 所以

$$\int \dfrac{1}{\sqrt{x^2 + a^2}}\,dx = \int \dfrac{1}{a\sec t} \cdot a\sec^2 t\,dt = \int \sec t\,dt = \ln|\sec t + \tan t| + C$$

$$= \ln\left|\dfrac{x}{a} + \dfrac{\sqrt{x^2 + a^2}}{a}\right| + C \quad (見圖 3.2)$$

$$= \ln\left|x + \sqrt{x^2 + a^2}\right| + C.$$

例 25 求 $\int 2e^x \sqrt{1-e^{2x}}\,dx$.

解 設 $e^x = \sin t$,則 $e^x dx = \cos t\,dt$,所以

$$\int 2e^x \sqrt{1-e^{2x}}\,dx = 2\int \cos^2 t\,dt = \int (1+\cos 2t)\,dt = t + \frac{1}{2}\sin 2t + C$$

$$= t + \cos t \cdot \sin t + C$$

$$= \arcsin e^x + e^x \sqrt{1-e^{2x}} + C. \quad (\text{見圖 3.3})$$

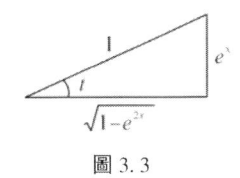

圖 3.3 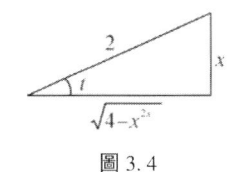   圖 3.4

例 26 求 $\int x^3 \sqrt{4-x^2}\,dx$.

解 令 $x = 2\sin t$,則 $dx = 2\cos t\,dt$, $t \in \left(-\dfrac{\pi}{2}, \dfrac{\pi}{2}\right)$.

$$\int x^3 \sqrt{4-x^2}\,dx = \int (2\sin t)^3 \sqrt{4-4\sin^2 t} \cdot 2\cos t\,dt = \int 32\sin^3 t \cos^2 t\,dt$$

$$= 32\int \sin t(1-\cos^2 t)\cos^2 t\,dt = -32\int (\cos^2 t - \cos^4 t)\,d(\cos t)$$

$$= -32\left(\frac{1}{3}\cos^3 t - \frac{1}{5}\cos^5 t\right) + C$$

$$= -\frac{4}{3}(\sqrt{4-x^2})^3 + \frac{1}{5}(\sqrt{4-x^2})^5 + C. \quad (\text{見圖 3.4})$$

例 27 求 $\int \dfrac{1}{\sqrt{x^2-a^2}}\,dx\,(a>0)$.

解 令 $x = a\sec t$,則 $dx = a\sec t \cdot \tan t\,dt$, $t \in \left(0, \dfrac{\pi}{2}\right)$.

$$\int \frac{1}{\sqrt{x^2-a^2}}\,dx = \int \frac{a\sec t \cdot \tan t}{a\tan t}\,dt = \int \sec t\,dt = \ln|\sec t + \tan t| + C$$

$$= \ln\left|\frac{x}{a} + \frac{\sqrt{x^2-a^2}}{a}\right| + C$$

$$= \ln\left|x + \sqrt{x^2+a^2}\right| + C. \quad (\text{見圖 3.5})$$

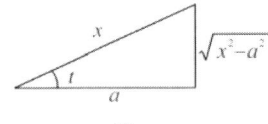

圖 3.5

注意：以上例中所使用的方法均為三角代換，通過三角代換去掉根式，其一般規律如下：

當被積函數中含有

(1) $\sqrt{a^2 - x^2}$，可令 $x = a\sin t$；

(2) $\sqrt{a^2 + x^2}$，可令 $x = a\tan t$；

(3) $\sqrt{x^2 - a^2}$，可令 $x = a\sec t$.

例 28 求 $\int \dfrac{1}{x(x^7 + 2)} dx$.

解 令 $x = \dfrac{1}{t}$，則 $dx = -\dfrac{1}{t^2} dt$,

$$\int \frac{1}{x(x^7 + 2)} dx = \int \frac{t}{\left(\dfrac{1}{t}\right)^7 + 2} \cdot \left(-\frac{1}{t^2}\right) dt = -\int \frac{t^6}{1 + 2t^7} dt$$

$$= -\frac{1}{14} \ln|1 + 2t^7| + C$$

$$= -\frac{1}{14} \ln|2 + x^7| + \frac{1}{2} \ln|x| + C.$$

例 29 求 $\int \dfrac{1}{x^4 \sqrt{x^2 + 1}} dx$.

解 令 $x = \dfrac{1}{t}$，則 $dx = -\dfrac{1}{t^2} dt$,

$$\int \frac{1}{x^4 \sqrt{x^2 + 1}} dx = \int \frac{1}{\left(\dfrac{1}{t}\right)^4 \sqrt{\left(\dfrac{1}{t^2}\right) + 1}} \left(-\frac{1}{t^2}\right) dt = -\int \frac{t^3}{\sqrt{1 + t^2}} dt$$

$$= -\frac{1}{2} \int \frac{t^2}{\sqrt{1 + t^2}} d(t^2)$$

$$\xlongequal{u = t^2} -\frac{1}{2} \int \frac{u}{\sqrt{1 + u}} du = \frac{1}{2} \int \frac{1 - 1 - u}{\sqrt{1 + u}} du$$

$$= \frac{1}{2} \int \left(\frac{1}{\sqrt{1 + u}} - \sqrt{1 + u}\right) d(1 + u)$$

$$= \sqrt{1 + u} - \frac{1}{2} \cdot \frac{1}{1 + \dfrac{1}{2}} (1 + u)^{1 + \frac{1}{2}} + C$$

$$\xlongequal{u = t^2} \sqrt{1 + t^2} - \frac{1}{3} (1 + t^2)^{\frac{3}{2}} + C$$

$$\xlongequal{t = \frac{1}{x}} \frac{\sqrt{1 + x^2}}{x} - \frac{1}{3} \cdot \frac{(\sqrt{1 + x^2})^3}{x^3} + C.$$

例30 求 $\int \dfrac{x^5}{\sqrt{1+x^2}}dx$.

解法一 令 $x = \tan t$,則 $dx = \sec^2 t dt$,

$$\int \dfrac{x^5}{\sqrt{1+x^2}}dx = \int \dfrac{\tan^5 t \sec^2 t}{\sec t}dt = \int \tan^5 t \sec t dt = \int \tan^4 t d(\sec t)$$

$$= \int (\sec^2 t - 1)^2 d(\sec t) = \int (\sec^4 t - 2\sec^2 t + 1) d(\sec t)$$

$$= \dfrac{1}{5}\sec^5 t - \dfrac{2}{3}\sec^3 t + \sec t + C$$

$$= \dfrac{1}{5}\sec^5 t - \dfrac{2}{3}\sec^3 t + \sec t + C$$

$$= \dfrac{1}{5}(\sqrt{1+x^2})^5 - \dfrac{2}{3}(\sqrt{1+x^2})^3 + \sqrt{1+x^2} + C.$$

解法二 令 $t = \sqrt{1+x^2}$,則 $x^2 = t^2 - 1, x dx = t dt$,

$$\int \dfrac{x^5}{\sqrt{1+x^2}}dx = \int \dfrac{(t^2-1)^2}{t} t dt = \int (t^4 - 2t^2 + 1) dt = \dfrac{1}{5}t^5 - \dfrac{2}{3}t^3 + t + C$$

$$= \dfrac{1}{15}(8 - 4x^2 + 3x^4)\sqrt{1+x^2} + C.$$

例31 求 $\int \dfrac{1}{\sqrt{1+e^x}}dx$.

解 令 $t = \sqrt{1+e^x}$,則 $e^x = t^2 - 1, x = \ln(t^2 - 1), dx = \dfrac{2t dt}{t^2 - 1}$,

$$\int \dfrac{1}{\sqrt{1+e^x}}dx = \int \dfrac{2}{t^2 - 1}dt = \int \left(\dfrac{1}{t-1} - \dfrac{1}{t+1}\right)dt$$

$$= \ln\left|\dfrac{t-1}{t+1}\right| + C = 2\ln(\sqrt{1+e^x} - 1) - x + C.$$

第二類換元 積分法也可以用於求定積分,但有兩點值得注意:①用 $x = g(t)$ 把原變量 x 換成新 變量 t 時,積分限也要換成相應於新變量 t 的積一個 分限;② 求出 $f[g(t)]g'(t)$ 的原函數 $\Phi(t)$ 后,不必像計算不定積分那樣再把, 而 $\Phi(t)$ 變換成原來變量 x 的函數 只要把新變量 t 的上、下限分別代入 $\Phi(t)$ 中然後 相減就行了.

例32 求 $\int_0^a \sqrt{a^2 - x^2} dx (a > 0)$.

解 令 $x = a\sin t$,則 $dx = a\cos t dt, \sqrt{a^2 - x^2} = a\sqrt{1 - \sin^2 t} = a\cos t$,

$$\int_0^a \sqrt{a^2 - x^2} dx = a^2 \int_0^{\frac{\pi}{2}} \cos^2 t dt = a^2 \int_0^{\frac{\pi}{2}} \dfrac{1 + \cos 2t}{2} dt = \dfrac{a^2}{2}\int_0^{\frac{\pi}{2}}(1 + \cos 2t) dt$$

$$= \dfrac{a^2}{2}\left(t + \dfrac{1}{2}\sin 2t\right)\bigg|_0^{\frac{\pi}{2}} = \dfrac{\pi a^2}{4}.$$

例 33 求 $\int_0^4 \dfrac{x+2}{\sqrt{2x+1}}dx$.

解 令 $t = \sqrt{2x+1}$，則 $x = \dfrac{t^2-1}{2}$，$dx = tdt$，當 $x=0$ 時，$t=1$，當 $x=4$ 時，$t=3$，從而

$$\int_0^4 \frac{x+2}{\sqrt{2x+1}}dx = \int_1^3 \frac{\dfrac{t^2-1}{2}+2}{t}tdt = \frac{1}{2}\int_1^3 (t^2+3)dt$$

$$= \frac{1}{2}\left(\frac{1}{3}t^3+3t\right)\bigg|_1^3 = \frac{1}{2}\left[\left(\frac{27}{3}+9\right)-\left(\frac{1}{3}+3\right)\right] = \frac{22}{3}.$$

例 34 當 $f(x)$ 在 $[-a,a]$ 上連續，則

(1) 若 $f(x)$ 為偶函數，有 $\int_{-a}^{a} f(x)dx = 2\int_0^a f(x)dx$；

(2) 若 $f(x)$ 為奇函數，有 $\int_{-a}^{a} f(x)dx = 0$.

證明 $\int_{-a}^{a} f(x)dx = \int_{-a}^{0} f(x)dx + \int_0^a f(x)dx$，

在上式右端第一項中令 $x = -t$，則

$$\int_{-a}^{0} f(x)dx = -\int_a^0 f(-t)dt = \int_0^a f(-t)dt = \int_0^a f(-x)dx,$$

(1) 若 $f(x)$ 為偶函數，即 $f(-x) = f(x)$，

$$\int_{-a}^{a} f(x)dx = \int_{-a}^{0} f(x)dx + \int_0^a f(x)dx = 2\int_0^a f(x)dx;$$

(2) 若 $f(x)$ 為奇函數，即 $f(-x) = -f(x)$，

$$\int_{-a}^{a} f(x)dx = \int_{-a}^{0} f(x)dx + \int_0^a f(x)dx = 0.$$

例 35 計算定積分 $\int_{-1}^{1} (|x|+\sin x)x^2 dx$.

解 因為積分區間對稱於原點，且 $|x|x^2$ 為偶函數，$\sin x \cdot x^2$ 為奇函數，所以

$$\int_{-1}^{1} (|x|+\sin x)x^2 dx = \int_{-1}^{1} |x|x^2 dx = 2\int_0^1 x^3 dx = 2 \cdot \frac{x^4}{4}\bigg|_0^1 = \frac{1}{2}.$$

習題 3.1

1. 填空.

(1) $dx = ($ $\quad$ $)d(3x)$； $\qquad$ (2) $dx = ($ $\quad$ $)d(1-7x)$；

(3) $xdx = ($ $\quad$ $)d(x^2)$； $\qquad$ (4) $xdx = ($ $\quad$ $)d(1+2x^2)$；

(5) $\dfrac{1}{x}dx = ($ $\quad$ $)d(2\ln x)$； $\qquad$ (6) $e^{-\frac{1}{3}x}dx = ($ $\quad$ $)d\left(e^{-\frac{1}{3}x} - \dfrac{1}{3}\right)$；

(7) $\sin 2x\,dx = ($ $)d(\cos 2x)$;   (8) $\cos(1-3x)\,dx = ($ $)d\sin(1-3x)$;

(9) $\dfrac{1}{1+4x^2}dx = ($ $)d\arctan 2x$;   (10) $\dfrac{1}{\sqrt{1+x}}dx = ($ $)d\sqrt{1+x}$.

2. 求下列不定積分.

(1) $\displaystyle\int \dfrac{1}{\sqrt{2-5x}}dx$;

(2) $\displaystyle\int \cos(5x+1)\,dx$;

(3) $\displaystyle\int \dfrac{\tan(2x+1)}{\cos^2(2x+1)}dx$;

(4) $\displaystyle\int \dfrac{1}{x^2+9}dx$;

(5) $\displaystyle\int \dfrac{1}{9-4x^2}dx$;

(6) $\displaystyle\int e^{2x}(1-9^x)\,dx$;

(7) $\displaystyle\int \dfrac{2x-5}{x^2-5x+2}dx$;

(8) $\displaystyle\int \dfrac{1}{\sqrt{x}(1+x)}dx$;

(9) $\displaystyle\int \dfrac{e^x}{3e^x+2}dx$;

(10) $\displaystyle\int \dfrac{1}{e^x+e^{-x}}dx$;

(11) $\displaystyle\int \dfrac{\sin x}{\sqrt{1+2\cos x}}dx$;

(12) $\displaystyle\int \dfrac{(1+\ln x)^2}{x}dx$;

(13) $\displaystyle\int \dfrac{1}{x\ln x}dx$;

(14) $\displaystyle\int \dfrac{x}{\sqrt{2-3x^2}}dx$;

(15) $\displaystyle\int \dfrac{1}{x^2}\cos\dfrac{1}{x}dx$;

(16) $\displaystyle\int x^2 e^{-x^3}dx$;

(17) $\displaystyle\int \tan^3 x\sec x\,dx$;

(18) $\displaystyle\int \dfrac{\arctan x}{1+x^2}dx$;

(19) $\displaystyle\int \dfrac{1}{\sin x\cos x}dx$;

(20) $\displaystyle\int \dfrac{1}{1+\cos x}dx$;

(21) $\displaystyle\int \dfrac{\arctan\sqrt{x}}{\sqrt{x}(1+x)}dx$;

(22) $\displaystyle\int \dfrac{1}{x^2-2x+5}dx$;

(23) $\displaystyle\int \sin^3 x\,dx$;

(24) $\displaystyle\int \dfrac{1}{1+e^x}dx$;

(25) $\displaystyle\int \sin 2x\cos 3x\,dx$;

(26) $\displaystyle\int \cos x\cos\dfrac{x}{2}dx$;

(27) $\displaystyle\int \sin 5x\sin 7x\,dx$;

(28) $\displaystyle\int \dfrac{10^{2\arccos x}}{\sqrt{1-x^2}}dx$;

(29) $\displaystyle\int \dfrac{1}{1+\sqrt{x}}dx$;

(30) $\displaystyle\int \dfrac{x}{\sqrt{3-x}}dx$;

(31) $\displaystyle\int \dfrac{1}{\sqrt{x}+\sqrt[3]{x}}dx$;

(32) $\displaystyle\int \dfrac{1}{\sqrt{1+e^x}}dx$;

$(33) \int \dfrac{x^2}{\sqrt{a^2-x^2}}dx;$ $\qquad$ $(34) \int \dfrac{\sqrt{x^2-4}}{x}dx;$

$(35) \int \dfrac{dx}{\sqrt{(x^2+1)^3}};$ $\qquad$ $(36) \int \dfrac{dx}{x\sqrt{x^2-9}};$

$(37) \int \dfrac{dx}{\sqrt{1+e^{2x}}};$ $\qquad$ $(38) \int \dfrac{x^2 dx}{\sqrt{2-x}};$

$(39) \int \dfrac{1+2\sqrt{x}}{\sqrt{x}(x+\sqrt{x})}dx;$ $\qquad$ $(40) \int \dfrac{1}{x^2\sqrt{x^2+1}}dx;$

$(41) \int \dfrac{dx}{1+\sqrt{1-x^2}};$ $\qquad$ $(42) \int \dfrac{dx}{x+\sqrt{1-x^2}}.$

3. 求下列定積分.

$(1) \int_{0}^{\sqrt{3}a} \dfrac{dx}{a^2+x^2};$ $\qquad$ $(2) \int_{0}^{1} \dfrac{dx}{\sqrt{4-x^2}};$

$(3) \int_{0}^{\pi} (1-\sin^3 x)dx;$ $\qquad$ $(4) \int_{\frac{1}{\sqrt{2}}}^{1} \dfrac{\sqrt{1-x^2}}{x^2}dx;$

$(5) \int_{0}^{\sqrt{2}a} \dfrac{xdx}{\sqrt{3a^2-x^2}};$ $\qquad$ $(6) \int_{0}^{1} te^{-\frac{t^2}{2}}dt;$

$(7) \int_{1}^{e^2} \dfrac{dx}{x\sqrt{1+\ln x}};$ $\qquad$ $(8) \int_{-\frac{\pi}{2}}^{\frac{\pi}{2}} \cos x\cos 2x\,dx;$

$(9) \int_{-\frac{\pi}{2}}^{\frac{\pi}{2}} \sqrt{\cos x-\cos^3 x}\,dx;$ $\qquad$ $(10) \int_{0}^{\pi} \sqrt{1+\cos 2x}\,dx;$

$(11) \int_{\frac{\pi}{3}}^{\pi} \sin(x+\dfrac{\pi}{3})dx;$ $\qquad$ $(12) \int_{-2}^{1} \dfrac{dx}{(11+5x)^3};$

$(13) \int_{0}^{\frac{\pi}{2}} \sin\varphi\cos^3\varphi\,d\varphi;$ $\qquad$ $(14) \int_{\frac{\pi}{6}}^{\frac{\pi}{2}} \cos^2 u\,du;$

$(15) \int_{0}^{\sqrt{2}} \sqrt{2-x^2}\,dx;$ $\qquad$ $(16) \int_{-\sqrt{2}}^{\sqrt{2}} \sqrt{8-2y^2}\,dy;$

$(17) \int_{0}^{a} x^2\sqrt{a^2-x^2}\,dx;$ $\qquad$ $(18) \int_{1}^{\sqrt{3}} \dfrac{dx}{x^2\sqrt{1+x^2}};$

$(19) \int_{-1}^{1} \dfrac{xdx}{\sqrt{5-4x}};$ $\qquad$ $(20) \int_{1}^{4} \dfrac{dx}{1+\sqrt{x}};$

$(21) \int_{\frac{3}{4}}^{1} \dfrac{dx}{\sqrt{1-x}-1}.$

4. 利用函數的奇偶性計算下列定積分.

$(1) \int_{-\pi}^{\pi} \sin x\,dx;$ $\qquad$ $(2) \int_{-\frac{\pi}{2}}^{\frac{\pi}{2}} \sin^4 x\,dx;$

(3) $\int_{-\frac{1}{2}}^{\frac{1}{2}} \frac{(\arcsin x)^2}{\sqrt{1-x^2}} dx$;   (4) $\int_{-3}^{3} \frac{x^3 \tan^2 x}{x^4 + 2x^2 + 1} dx$.

第 2 節　分部積分法

換元積分法可以求出大量的積分,但對形如 $\int \ln x dx$、$\int \arcsin x dx$ 等類型的積分,卻不適用.本節介紹計算這類積分的一個有效方法——分部積分法.分部積分法主要用於解決兩類不同函數乘積的積分.

1. 用分部積分法求不定積分

設函數 $u = u(x)$ 及 $v = v(x)$ 均可導,則由兩個函數乘積的導數公式
$$(uv)' = u'v + uv'$$
可得
$$uv' = (uv)' - u'v$$
對這個等式兩邊同時求不定積分,得
$$\int uv' dx = uv - \int u'v dx$$
由於 $v'dx = dv, u'dx = du$,上述等式也可寫成:
$$\int u dv = uv - \int v du$$
上式稱為不定積分的分部積分公式.

例 1　求 $\int x \cos x dx$.

解一　令 $u = \cos x, x dx = d\left(\frac{x^2}{2}\right) = dv$,則有
$$\int x \cos x dx = \int \cos x d\left(\frac{x^2}{2}\right) = \frac{x^2}{2} \cos x - \int \frac{x^2}{2} d(\cos x)$$
$$= \frac{x^2}{2} \cos x + \int \frac{x^2}{2} \sin x dx.$$
顯然,這裡 u, dv 選擇不當,積分更不易求出.

解二　令 $u = x, \cos x dx = d(\sin x) = dv$,
$$\int x \cos x dx = \int x d(\sin x) = x \sin x - \int \sin x dx = x \sin x + \cos x + C.$$

由此可見,如果 u 和 dv 選取不當,就求不出結果,所以應用分部積分法時,恰當選取 u 和 dv 是一個關鍵.一般要求 $\int v du$ 要比 $\int u dv$ 容易積出.

關於 u 和 dv 的選取,一般有以下規律:被積函數是不同類型的函數的乘積形式,

① 若其中含有指數函數或正(餘)弦函數,則將指數函數或正(餘)弦函數放入微分號 $d(\ )$ 內,湊成 dv;② 若恰好為指數函數與正(餘)弦函數的乘積,則 u, dv 可隨意選取,但在兩次分部積分中,必須選用同類型的 u;③ 若被積函數中指數函數與正(餘)弦函數都沒有,則將冪函數 x^α 放入微分號 $d(\ )$ 內,湊成 dv.

例 2 求 $\int x^2 e^x dx$.

解 $u = x^2, e^x dx = de^x = dv$,

$$\int x^2 e^x dx = \int x^2 de^x = x^2 e^x - 2\int xe^x dx = x^2 e^x - 2\int x de^x$$
$$= x^2 e^x - 2(xe^x - \int e^x dx) = x^2 e^x - 2(xe^x - e^x) + C.$$

例 3 求 $\int x \arctan x dx$.

解 令 $u = \arctan x, x dx = d\left(\dfrac{x^2}{2}\right) = dv$,

$$\int x\arctan x dx = \int \arctan x d\left(\dfrac{x^2}{2}\right) = \dfrac{x^2}{2}\arctan x - \int \dfrac{x^2}{2} d(\arctan x)$$
$$= \dfrac{x^2}{2}\arctan x - \int \dfrac{x^2}{2} \cdot \dfrac{1}{1+x^2} dx = \dfrac{x^2}{2}\arctan x - \int \dfrac{1}{2} \cdot \left(1 - \dfrac{1}{1+x^2}\right) dx$$
$$= \dfrac{x^2}{2}\arctan x - \dfrac{1}{2}(x - \arctan x) + C.$$

例 4 求 $\int x^3 \ln x dx$.

解 令 $u = \ln x, x^3 dx = d\left(\dfrac{x^4}{4}\right) = dv$,

$$\int x^3 \ln x dx = \int \ln x d\left(\dfrac{x^4}{4}\right) = \dfrac{1}{4} x^4 \ln x - \dfrac{1}{4}\int x^3 dx = \dfrac{1}{4} x^4 \ln x - \dfrac{1}{16} x^4 + C.$$

例 5 求 $\int e^x \sin x dx$.

解 $\int e^x \sin x dx = \int \sin x de^x = e^x \sin x - \int e^x d(\sin x) = e^x \sin x - \int e^x \cos x dx$

$$= e^x \sin x - \int \cos x de^x = e^x \sin x - (e^x \cos x - \int e^x d\cos x)$$
$$= e^x(\sin x - \cos x) - \int e^x \sin x dx$$

所以 $\quad e^x \sin x dx = \dfrac{e^x}{2}(\sin x - \cos x) + C.$

例 6 求 $\int \sin(\ln x) dx$.

解 $\int \sin(\ln x) dx = x\sin(\ln x) - \int x d[\sin(\ln x)]$

$$= x\sin(\ln x) - \int x\cos(\ln x) \cdot \frac{1}{x} dx$$

$$= x\sin(\ln x) - x\cos(\ln x) + \int x d[\cos(\ln x)]$$

$$= x[\sin(\ln x) - \cos(\ln x)] - \int \sin(\ln x) dx$$

所以 $\int \sin(\ln x) dx = \frac{x}{2}[\sin(\ln x) - \cos(\ln x)] + C.$

靈活應用分部積分法,可以解決許多不定積分的計算問題.下面再舉一些例子冊,請讀者悉心體會其解題方法.

例7 求 $\int \sec^3 x dx.$

解 $\int \sec^3 x dx = \int \sec x d\tan x = \sec x \tan x - \int \sec x \tan^2 x dx$

$$= \sec x \tan x - \int \sec x (\sec^2 x - 1) dx$$

$$= \sec x \tan x - \int \sec^3 x dx + \int \sec x dx$$

$$= \sec x \tan x + \ln|\sec x + \tan x| - \int \sec^3 x dx$$

由於上式右端的含有所求的積分 $\int \sec^3 x dx$,可解得

$$\int \sec^3 x dx = \frac{1}{2}(\sec x \tan x + \ln|\sec x + \tan x|) + C.$$

例8 求 $\int \frac{\arcsin\sqrt{x}}{\sqrt{1-x}} dx.$

解 $\int \frac{\arcsin\sqrt{x}}{\sqrt{1-x}} dx = -2\int \arcsin\sqrt{x} d(\sqrt{1-x})$

$$= -2\sqrt{1-x}\arcsin\sqrt{x} + 2\int \sqrt{1-x} d(\arcsin\sqrt{x})$$

$$= -2\sqrt{1-x}\arcsin\sqrt{x} + \int \frac{\sqrt{1-x}}{\sqrt{x}\sqrt{1-x}} dx$$

$$= -2\sqrt{1-x}\arcsin\sqrt{x} + 2\sqrt{x} + C.$$

例9 求 $\int \frac{x\arctan x}{\sqrt{1+x^2}} dx.$

解 $\int \frac{x\arctan x}{\sqrt{1+x^2}} dx = \int \arctan x d(\sqrt{1+x^2})$ （因為 $(\sqrt{1+x^2})' = \frac{x}{\sqrt{1+x^2}}$）

$$= \sqrt{1+x^2}\arctan x - \int \sqrt{1+x^2} d(\arctan x)$$

$$= \sqrt{1+x^2}\arctan x - \int \sqrt{1+x^2} \cdot \frac{1}{1+x^2}dx$$

$$= \sqrt{1+x^2}\arctan x - \int \frac{1}{\sqrt{1+x^2}}dx,$$

$$\int \frac{1}{\sqrt{1+x^2}}dx \xrightarrow{x=\tan t} \int \frac{1}{\sqrt{1+\tan^2 t}}\sec^2 t\,dt = \int \sec t\,dt$$

$$= \ln(\sec t + \tan t) + C = \ln(x + \sqrt{1+x^2}) + C,$$

所以 $\int \frac{x\arctan x}{\sqrt{1+x^2}}dx = \sqrt{1+x^2}\arctan x - \ln(x+\sqrt{1+x^2}) + C.$

例 10 求 $\int e^{\sqrt{x}}dx.$

解 令 $t = \sqrt{x}$,則 $x = t^2, dx = 2t\,dt$,於是

$$\int e^{\sqrt{x}}dx = 2\int e^t t\,dt = 2\int t\,de^t = 2te^t - 2\int e^t dt$$

$$= 2te^t - 2e^t + C = 2e^t(t-1) + C = 2e^{\sqrt{x}}(\sqrt{x}-1) + C.$$

例 11 求 $\int \ln(1+\sqrt{x})dx.$

解 令 $t = \sqrt{x}$,則 $x = t^2$,於是

$$\int \ln(1+\sqrt{x})dx = \int \ln(1+t)d(t^2)$$

$$= t^2\ln(1+t) - \int t^2 d(\ln(1+t))$$

$$= t^2\ln(1+t) - \int \frac{t^2}{1+t}dt$$

$$= t^2\ln(1+t) - \int (t-1)dt - \int \frac{dt}{1+t}$$

$$= t^2\ln(1+t) - \frac{t^2}{2} + t - \ln(1+t) + C$$

$$= (x-1)\ln(1+\sqrt{x}) + \sqrt{x} - \frac{x}{2} + C.$$

例 12 求 $I_n = \int \frac{dx}{(x^2+a^2)^n}$,其中 n 為正整數.

解 用分部積分法,當 $n > 1$ 時有

$$\int \frac{dx}{(x^2+a^2)^{n-1}} = \frac{x}{(x^2+a^2)^{n-1}} + 2(n-1)\int \frac{x^2}{(x^2+a^2)^n}dx$$

$$= \frac{x}{(x^2+a^2)^{n-1}} + 2(n-1)\int \left[\frac{1}{(x^2+a^2)^{n-1}} - \frac{a^2}{(x^2+a^2)^n}\right]dx,$$

即 $I_{n-1} = \frac{x}{(x^2+a^2)^{n-1}} + 2(n-1)(I_{n-1} - a^2 I_n),$

於是 $I_n = \dfrac{1}{2a^2(n-1)}\left[\dfrac{x}{(x^2+a^2)^{n-1}} + (2n-3)I_{n-1}\right]$

以此作遞推公式,並由 $I_1 = \dfrac{1}{a}\arctan\dfrac{x}{a} + C$,即可得 I_n.

例 13 已知 $f(x)$ 的一個原函數是 e^{-x^2},求 $\int xf'(x)dx$.

解 $\int xf'(x)dx = \int x df(x) = xf(x) - \int f(x)dx$,

根據題意 $\int f(x)dx = e^{-x^2} + C$,再注意到 $\left(\int f(x)dx\right)' = f(x)$,

兩邊同時對 x 求導,得 $f(x) = -2xe^{-x^2}$,所以

$$\int xf'(x)dx = xf(x) - \int f(x)dx = -2x^2 e^{-x^2} - e^{-x^2} + C.$$

2. 用分部積分法求定積分

將不定積分的分部積分公式用於定積分,便得到如下的定積分的分部積分公式

$$\int_a^b u dv = [uv]_a^b - \int_a^b v du$$

計算時選取 u 和 dv 的方法與不定積分一樣.

例 14 求 $\int_0^{\frac{1}{2}} \arcsin x dx$.

解 令 $u = \arcsin x, dv = dx$,則 $du = \dfrac{dx}{\sqrt{1-x^2}}, v = x$,

$$\int_0^{\frac{1}{2}} \arcsin x dx = [x\arcsin x]_0^{\frac{1}{2}} - \int_0^{\frac{1}{2}} \dfrac{x dx}{\sqrt{1-x^2}}$$

$$= \dfrac{1}{2} \cdot \dfrac{\pi}{6} + \dfrac{1}{2}\int_0^{\frac{1}{2}} \dfrac{1}{\sqrt{1-x^2}} d(1-x^2)$$

$$= \dfrac{\pi}{12} + \left[\sqrt{1-x^2}\right]_0^{\frac{1}{2}} = \dfrac{\pi}{12} + \dfrac{\sqrt{3}}{2} - 1.$$

例 15 求 $\int_0^{\frac{\pi}{4}} \dfrac{x dx}{1+\cos 2x}$.

解 因為 $1 + \cos 2x = 2\cos^2 x$,所以

$$\int_0^{\frac{\pi}{4}} \dfrac{x dx}{1+\cos 2x} = \int_0^{\frac{\pi}{4}} \dfrac{x dx}{2\cos^2 x} = \int_0^{\frac{\pi}{4}} \dfrac{x}{2} d(\tan x) = \dfrac{1}{2}[x\tan x]_0^{\frac{\pi}{4}} - \dfrac{1}{2}\int_0^{\frac{\pi}{4}} \tan x dx$$

$$= \dfrac{\pi}{8} - \dfrac{1}{2}[\ln\sec x]_0^{\frac{\pi}{4}} = \dfrac{\pi}{8} - \dfrac{\ln 2}{4}.$$

例 16 求 $\int_0^{\frac{\pi}{2}} x^2 \sin x dx$.

解
$$\int_0^{\frac{\pi}{2}} x^2 \sin x dx = \int_0^{\frac{\pi}{2}} x^2 d(-\cos x) = x^2(-\cos x)\Big|_0^{\frac{\pi}{2}} + \int_0^{\frac{\pi}{2}} \cos x d(x^2) = 2\int_0^{\frac{\pi}{2}} x\cos x dx$$
$$= 2\int_0^{\frac{\pi}{2}} x d(\sin x) = 2x\sin x \Big|_0^{\frac{\pi}{2}} - 2\int_0^{\frac{\pi}{2}} \sin x dx = \pi + 2\cos x \Big|_0^{\frac{\pi}{2}} = \pi - 2.$$

例 17 求 $\int_{\frac{1}{2}}^1 e^{-\sqrt{2x-1}} dx$.

解 令 $t = \sqrt{2x-1}$, 則 $tdt = dx$, 當 $x = \frac{1}{2}$ 時, $t = 0$; 當 $x = 1$ 時, $t = 1$; 於是
$$\int_{\frac{1}{2}}^1 e^{-\sqrt{2x-1}} dx = \int_0^1 te^{-t} dt = -te^{-t}\Big|_0^1 + \int_0^1 e^{-t} dt = -\frac{1}{e} - (e^{-t})\Big|_0^1 = 1 - \frac{2}{e}.$$

例 18 求 $\int_{e^{-2}}^{e^2} \frac{|\ln x|}{\sqrt{x}} dx$.

解 因為在 $[e^{-2}, 1]$ 上 $\ln x \leq 0$, 在 $[1, e^2]$ 上 $\ln x \geq 0$, 所以應分兩個區間進行積分, 於是
$$\int_{e^{-2}}^{e^2} \frac{|\ln x|}{\sqrt{x}} dx = \int_{e^{-2}}^1 \frac{-\ln x}{\sqrt{x}} dx + \int_1^{e^2} \frac{\ln x}{\sqrt{x}} dx = -\int_{e^{-2}}^1 \ln x d(2\sqrt{x}) + \int_1^{e^2} \ln x d(2\sqrt{x})$$
$$= (-2\sqrt{x}\ln x)\Big|_{e^{-2}}^1 + \int_{e^{-2}}^1 \frac{2}{\sqrt{x}} dx + (2\sqrt{x}\ln x)\Big|_1^{e^2} - \int_1^{e^2} \frac{2}{\sqrt{x}} dx$$
$$= \frac{-4}{e} + 4\sqrt{x}\Big|_{e^{-2}}^1 + 4e - 4\sqrt{x}\Big|_1^{e^2} = 8(1 - e^{-1}).$$

例 19 已知 $\int_x^{2\ln 2} \frac{dt}{\sqrt{e^t - 1}} = \frac{\pi}{6}$, 求 x.

解 令 $\sqrt{e^t - 1} = u$, 則
$$\int_x^{2\ln 2} \frac{dt}{\sqrt{e^t - 1}} = \int_{\sqrt{e^x - 1}}^{\sqrt{3}} \frac{2u}{(u^2 + 1)u} du = 2\arctan u \Big|_{\sqrt{e^x - 1}}^{\sqrt{3}} = \frac{2\pi}{3} - 2\arctan\sqrt{e^x - 1} = \frac{\pi}{6},$$
故 $\arctan\sqrt{e^x - 1} = \frac{\pi}{4}$, 所以 $x = \ln 2$.

例 20 導出 $I_n = \int_0^{\frac{\pi}{2}} \sin^n x dx$ (n 為非負整數) 的遞推公式.

解 易見 $I_0 = \int_0^{\frac{\pi}{2}} dx = \frac{\pi}{2}$, $I_1 = \int_0^{\frac{\pi}{2}} \sin x dx = 1$, 當 $n \geq 2$ 時
$$I_n = \int_0^{\frac{\pi}{2}} \sin^n x dx = -\int_0^{\frac{\pi}{2}} \sin^{n-1} x d\cos x$$
$$= \left[-\sin^{n-1} x \cos x\right]_0^{\frac{\pi}{2}} + (n-1)\int_0^{\frac{\pi}{2}} \sin^{n-2} x \cos^2 x dx$$

$$= (n-1)\int_0^{\frac{\pi}{2}} \sin^{n-2}x(1-\sin^2 x)dx$$

$$= (n-1)\int_0^{\frac{\pi}{2}} \sin^{n-2}xdx - (n-1)\int_0^{\frac{\pi}{2}} \sin^n xdx$$

$$= (n-1)I_{n-2} - (n-1)I_n$$

從而得到遞推公式 $I_n = \dfrac{n-1}{n}I_{n-2}$.

反覆用此公式直到下標為 0 或 1,得

$$I_n = \begin{cases} \dfrac{2m-1}{2m} \cdot \dfrac{2m-3}{2m-2} \cdots \dfrac{5}{6} \cdot \dfrac{3}{4} \cdot \dfrac{1}{2} \cdot \dfrac{\pi}{2}, & n = 2m \\ \dfrac{2m}{2m+1} \cdot \dfrac{2m-2}{2m-1} \cdots \dfrac{6}{7} \cdot \dfrac{4}{5} \cdot \dfrac{2}{3}, & n = 2m+1 \end{cases}$$,其中 m 為自然數.

習題 3.2

1. 求下列不定積分.

(1) $\int x\ln x dx$;

(2) $\int \ln(1+x^2)dx$;

(3) $\int \ln^2 x dx$;

(4) $\int \arctan\sqrt{x}\, dx$;

(5) $\int x^2 \sin x dx$;

(6) $\int x^3 \cos x^2 dx$;

(7) $\int xe^{-2x}dx$;

(8) $\int e^{\sqrt[3]{x}}dx$;

(9) $\int e^x \sin 2x dx$;

(10) $\int e^{-x}\cos x dx$;

(11) $\int \dfrac{\arcsin x}{\sqrt{1+x}}dx$;

(12) $\int \ln(x+\sqrt{1+x^2})dx$;

(13) $\int x^2 \cos^2 \dfrac{x}{2}dx$;

(14) $\int x(1+x^2)e^x dx$.

2. 已知 $f'(e^x) = 1 + x$,求 $f(x)$.

3. 已知 $f(x)$ 的一個原函數是 $x\ln x$,求 $\int x f''(x)dx$.

4. 計算下列定積分.

(1) $\int_0^1 xe^{-x}dx$;

(2) $\int_1^e x\ln x dx$;

(3) $\int_1^4 \dfrac{\ln x}{\sqrt{x}}dx$;

(4) $\int_0^1 x\arctan x dx$;

(5) $\int_0^{\frac{\pi}{2}} e^{2x}\cos x dx$; (6) $\int_0^{\pi}(x\sin x)^2 dx$;

(7) $\int_{\frac{1}{e}}^{e}|\ln x|dx$; (8) $\int_0^1 (x-1)3^x dx$;

(9) $\int_0^{\frac{2\pi}{\omega}} t\sin\omega t dt$ (ω 為常數); (10) $\int_{\frac{\pi}{4}}^{\frac{\pi}{3}} \frac{x}{\sin^2 x}dx$.

5. $I_m = \int_0^{\pi} x\sin^m x dx$,其中 m 為正整數.

第 3 節　　有理函數的積分

所謂有理函數,是指由兩個多項式相除而得到的函數,其一般形式為

$$f(x) = \frac{P_m(x)}{Q_n(x)} = \frac{a_0 x^m + a_1 x^{m-1} + \cdots + a_{m-1}x + a_m}{b_0 x^n + b_1 x^{n-1} + \cdots + b_{n-1}x + b_n} \quad (3.1)$$

其中 m,n 為非負整數;$a_0,a_1,\cdots,a_{m-1},a_m$ 和 $b_0,b_1,\cdots,b_{n-1},b_n$ 為常數,且 $a_0 \neq 0$,$b_0 \neq 0$.

在 (3.1) 式中,總假定分子與分母沒有公因子.若 $m \geq n$,則稱 (3.1) 式為假分式;若 $m < n$,則稱 (3.1) 式為真分式.一個假分式總可用多項式除法化為一個多項式與一個真分式之和.由於多項式的不定積分可用直接積分法求出,故求有理函數積分的關鍵在於如何求真分式的積分.因此,本節只討論真分式的積分求解問題.

1. 真分式的分解

根據代數學理論,任一真分式總可分解為若個部分分式之和.所謂部分分式是指如下四種類型的「最簡真分式」:

(1) $\dfrac{A}{x-a}$

(2) $\dfrac{A}{(x-a)^n}$,$n = 2,3,\cdots$

(3) $\dfrac{Ax+B}{x^2+px+q}$,$p^2 - 4q < 0$

(4) $\dfrac{Ax+B}{(x^2+px+q)^n}$,$p^2 - 4q < 0$,$n = 2,3,\cdots$

那麼,如何將一個真分式分解為部分分式之和呢?這裡不作一般性討論,只通過舉例說明如何將真分式分解為部分分式之和的一種常用方法——待定系數法.

例1　分解有理式 $\dfrac{x+3}{x^2-5x+6}$.

解　因為 $\dfrac{x+3}{x^2-5x+6} = \dfrac{x+3}{(x-2)(x-3)}$,所以設

$$\dfrac{x+3}{x^2-5x+6} = \dfrac{A}{x-2} + \dfrac{B}{x-3} \qquad (3.2)$$

要確定(3.2)式中的待定常數 A 和 B,一般有兩種方法.

方法一:將(3.2)式等號右端的分式通分,可得

$$x+3 = A(x-3) + B(x-2) = (A+B)x - (3A+2B),$$

要使上式成立,同次冪的系數必須相等,比較同次冪的系數得:

$$\begin{cases} A+B = 1 \\ -(3A+2B) = 3 \end{cases}$$

解方程組得 $\begin{cases} A = -5 \\ B = 6 \end{cases}$,故

$$\dfrac{x+3}{x^2-5x+6} = \dfrac{-5}{x-2} + \dfrac{6}{x-3}$$

方法二:在(3.2)式兩邊乘 $(x-2)$,然后令 $x=2$,得

$$A = \dfrac{2+3}{2-3} = -5$$

在(3.2)式兩邊乘 $(x-3)$,然后令 $x=3$,得

$$B = \dfrac{3+3}{3-2} = 6$$

所以

$$\dfrac{x+3}{x^2-5x+6} = \dfrac{-5}{x-2} + \dfrac{6}{x-3}$$

以下例題中,根據情形選用某一種方法來確定待定常數.

例2　分解有理式 $\dfrac{4}{x^4+2x^2}$.

解　設 $\dfrac{4}{x^4+2x^2} = \dfrac{4}{x^2(x^2+2)} = 4\left[\dfrac{A}{x} + \dfrac{B}{x^2} + \dfrac{Cx+D}{x^2+2}\right]$

兩邊同乘以 x^2 得:

$$\dfrac{4}{x^2+2} = 4\left[Ax + B + \dfrac{Cx+D}{x^2+2} \cdot x^2\right]$$

令 $x=0$,得 $B = \dfrac{1}{2}$,再將上式兩邊求導,得

$$-\dfrac{8x}{(x^2+2)^2} = 4\left[A + 2x \cdot \dfrac{Cx+D}{x^2+2} + x^2\left(\dfrac{Cx+D}{x^2+2}\right)'\right]$$

令 $x = 0$,得 $A = 0$.

同理,兩邊同乘以 $x^2 + 2$,令 $x = \sqrt{2}i$,得 $C = 0, D = -\dfrac{1}{2}$,所以

$$\frac{4}{x^4 + 2x^2} = \frac{4}{x^2(x^2 + 2)} = 4\left[\frac{1}{2x^2} - \frac{1}{2(x^2 + 2)}\right] = \frac{2}{x^2} - \frac{2}{x^2 + 2}.$$

例 3 分解有理式 $\dfrac{1}{x(x-1)^2}$.

解 設 $\dfrac{1}{x(x-1)^2} = \dfrac{A}{x} + \dfrac{B}{(x-1)^2} + \dfrac{C}{x-1}$,右端通分可得

$$1 = A(x-1)^2 + Bx + Cx(x-1),$$

代入特殊值來確定係數 A, B, C;取 $x = 0$,得 $A = 1$;取 $x = 1$,得 $B = 1$;取 $x = 2$,並將 A, B 值代入,得 $C = -1$.所以

$$\frac{1}{x(x-1)^2} = \frac{1}{x} + \frac{1}{(x-1)^2} - \frac{1}{x-1}.$$

例 4 分解有理式 $\dfrac{1}{(1+2x)(1+x^2)}$.

解 設 $\dfrac{1}{(1+2x)(1+x^2)} = \dfrac{A}{1+2x} + \dfrac{Bx + C}{1+x^2}$,可得

$$1 = A(1+x^2) + (Bx+C)(1+2x),$$

整理得 $1 = (A + 2B)x^2 + (B + 2C)x + C + A$,即

$$\begin{cases} A + 2B = 0 \\ B + 2C = 0 \\ A + C = 1 \end{cases}$$

解得 $A = \dfrac{4}{5}, B = -\dfrac{2}{5}, C = \dfrac{1}{5}$,所以

$$\frac{1}{(1+2x)(1+x^2)} = \frac{\frac{4}{5}}{1+2x} + \frac{-\frac{2}{5}x + \frac{1}{5}}{1+x^2}.$$

例 5 分解有理式 $\dfrac{x^2 + 2x - 1}{(x-1)(x^2 - x + 1)}$.

解 設 $\dfrac{x^2 + 2x - 1}{(x-1)(x^2 - x + 1)} = \dfrac{A}{x-1} + \dfrac{Bx + C}{x^2 - x + 1}$,

去分母,得 $x^2 + 2x - 1 = A(x^2 - x + 1) + (Bx + C)(x-1)$,

令 $x = 1$,得 $A = 2$;

令 $x = 0$,得 $-1 = A - C$,所以 $C = 3$;

令 $x = 2$,得 $7 = 3A + 2B + C$,所以 $B = -1$.

因此 $\dfrac{x^2 + 2x - 1}{(x-1)(x^2 - x + 1)} = \dfrac{2}{x-1} - \dfrac{x-3}{x^2 - x + 1}$.

一般來說,給定真分式

$$\frac{P_m(x)}{Q_n(x)} = \frac{a_0 x^m + a_1 x^{m-1} + \cdots + a_{m-1} x + a_m}{b_0 x^n + b_1 x^{n-1} + \cdots + b_{n-1} x + b_n},$$

$Q_n(x)$ 為一 n 次多項式,根據代數基本定理,n 次多項式一定有 n 個零點(或說方程 $Q_n(x) = 0$ 有 n 個根),零點可以是實的,也可以是復的,對實系數多項式而言,如果有復零點,則復零點必成對出現且相互共軛,所以 $Q_n(x)$ 總可以分解成形如 $(x-a)^k$ 或 $(ax+b)^k$ 以及 $(x^2+px+q)^l$ 的因式的乘積,k,l 分別為相應零點的重數.

對每一個形如 $(ax+b)^k$ 的因式,分解後具有以下的形式

$$\frac{A_1}{ax+b} + \frac{A_2}{(ax+b)^2} + \cdots + \frac{A_k}{(ax+b)^k}$$

對每一個形如 $(x^2+px+q)^l$ 的因式,分解後具有以下的形式

$$\frac{B_1 x + C_1}{x^2 + px + q} + \frac{B_2 x + C_2}{(x^2 + px + q)^2} + \cdots + \frac{B_l x + C_l}{(x^2 + px + q)^l}$$

因此,求有理函數積分的問題歸結為求幾類最簡真分式的積分.

2. 部分分式的積分

四種類型的「最簡真分式」中,類型(1)和(2)的最簡真分式的積分是容易求出的:

(1) $\int \dfrac{A}{x-a} dx = A\ln|x-a| + C$

(2) $\int \dfrac{A}{(x-a)^n} dx = \dfrac{A}{1-n}(x-a)^{1-n} + C, n = 2, 3, \cdots$

難求的是類型(3)和(4)的部分分式的積分.

(3) 當 $p^2 - 4q < 0$ 時,

$$\frac{Ax+B}{x^2+px+q} = \frac{\frac{A}{2}(2x+p)}{x^2+px+q} + \frac{B - \frac{Ap}{2}}{x^2+px+q}$$

$$= \frac{A}{2} \cdot \frac{2x+p}{x^2+px+q} + \frac{B - \dfrac{Ap}{2}}{\left(x+\dfrac{p}{2}\right)^2 + \dfrac{4q-p^2}{4}}$$

$$= \frac{A}{2} \cdot \frac{(x^2+px+q)'}{x^2+px+q} + \frac{\dfrac{4\left(B - \dfrac{Ap}{2}\right)}{4q-p^2}}{\left(\dfrac{2x+p}{\sqrt{4q-p^2}}\right)^2 + 1}$$

$$= \frac{A}{2} \cdot \frac{(x^2 + px + q)'}{x^2 + px + q} + \frac{\dfrac{2B - Ap}{\sqrt{4q - p^2}}}{\left(\dfrac{2x + p}{\sqrt{4q - p^2}}\right)^2 + 1} \cdot \frac{2}{\sqrt{4q - p^2}}.$$

所以，當 $p^2 - 4q < 0$ 時，

$$\int \frac{Ax + B}{x^2 + px + q} dx = \frac{A}{2} \int \frac{(x^2 + px + q)'}{x^2 + px + q} dx + \int \frac{\dfrac{2B - Ap}{\sqrt{4q - p^2}}}{\left(\dfrac{2x + p}{\sqrt{4q - p^2}}\right)^2 + 1} \cdot \frac{2}{\sqrt{4q - p^2}} dx$$

$$= \frac{A}{2} \ln(x^2 + px + q) + \frac{2B - Ap}{\sqrt{4q - p^2}} \int \frac{1}{\left(\dfrac{2x + p}{\sqrt{4q - p^2}}\right)^2 + 1} d\left(\frac{2x + p}{\sqrt{4q - p^2}}\right)$$

$$= \frac{A}{2} \ln(x^2 + px + q) + \frac{2B - Ap}{\sqrt{4q - p^2}} \arctan \frac{2x + p}{\sqrt{4q - p^2}} + C$$

(4) $\dfrac{Ax + B}{(x^2 + px + q)^n}$, $n = 2, 3, \cdots$. 當 $p^2 - 4q < 0$ 時，與類型(3)有些相似，

$$\int \frac{Ax + B}{(x^2 + px + q)^n} dx = \frac{A}{2} \int \frac{(x^2 + px + q)'}{(x^2 + px + q)^n} dx + \int \frac{\dfrac{2^{2n-1}\left(B - \dfrac{Ap}{2}\right)}{(\sqrt{4q - p^2})^{2n-1}}}{\left[\left(\dfrac{2x + p}{\sqrt{4q - p^2}}\right)^2 + 1\right]^n} \cdot \frac{2}{\sqrt{4q - p^2}} dx,$$

上式中的第二個積分，通常利用換元法和分部積分法，可以得到一個遞推公式.但過程相當繁瑣，此處略去。

下面舉例說明求解方法。

例 6 求不定積分 $\int \dfrac{x + 3}{x^2 - 5x + 6} dx$.

解 由例 1 有

$$\int \frac{x + 3}{x^2 - 5x + 6} dx = \int \frac{-5}{x - 2} dx + \int \frac{6}{x - 3} dx = -5\ln|x - 2| + 6\ln|x - 3| + C.$$

例 7 求不定積分 $\int \dfrac{4}{x^4 + 2x^2} dx$.

解 由例 2 有

$$\int \frac{4}{x^4 + 2x^2} dx = \int \left(\frac{2}{x^2} - \frac{2}{x^2 + 2}\right) dx = -\frac{2}{x} - \int \frac{\sqrt{2}}{\left(\dfrac{x}{\sqrt{2}}\right)^2 + 1} d\left(\frac{x}{\sqrt{2}}\right)$$

$$= -\frac{2}{x} - \sqrt{2} \arctan \frac{x}{\sqrt{2}} + C.$$

例8　求定積分 $\int_2^3 \dfrac{1}{x(x-1)^2}dx$.

解　由例3有

$$\int_2^3 \dfrac{1}{x(x-1)^2}dx = \int_2^3 \dfrac{1}{x}dx + \int_2^3 \dfrac{1}{(x-1)^2}dx - \int_2^3 \dfrac{1}{x-1}dx$$

$$= [\ln|x|]_2^3 - \left[\dfrac{1}{x-1}\right]_2^3 - [\ln|x-1|]_2^3$$

$$= \ln 3 - 2\ln 2 + \dfrac{1}{2}.$$

例9　求定積分 $\int_0^1 \dfrac{1}{(1+2x)(1+x^2)}dx$.

解　由例4有

$$\int_0^1 \dfrac{1}{(1+2x)(1+x^2)}dx = \int_0^1 \dfrac{\frac{4}{5}}{1+2x}dx + \int_0^1 \dfrac{-\frac{2}{5}x+\frac{1}{5}}{1+x^2}dx$$

$$= \dfrac{2}{5}\int_0^1 \dfrac{1}{1+2x}d(2x+1) - \dfrac{1}{5}\int_0^1 \dfrac{2x}{1+x^2}dx + \dfrac{1}{5}\int_0^1 \dfrac{1}{1+x^2}dx$$

$$= \dfrac{2}{5}[\ln|2x+1|]_0^1 - \dfrac{1}{5}[\ln(1+x^2)]_0^1 + \dfrac{1}{5}[\arctan x]_0^1$$

$$= \dfrac{2}{5}\ln 3 - \dfrac{1}{5}\ln 2 + \dfrac{\pi}{20}.$$

例10　求定積分 $\int_2^4 \dfrac{x^2+2x-1}{(x-1)(x^2-x+1)}dx$.

解　由例5有

$$\int_2^4 \dfrac{x^2+2x-1}{(x-1)(x^2-x+1)}dx = \int_2^4 \dfrac{2}{x-1}dx - \int_2^4 \dfrac{x-3}{x^2-x+1}dx$$

$$= 2[\ln|x-1|]_2^4 - \dfrac{1}{2}\int_2^4 \dfrac{2x-1}{x^2-x+1}dx + \dfrac{5}{2}\int_2^4 \dfrac{1}{x^2-x+1}dx$$

$$= 2\ln 3 - \dfrac{1}{2}[\ln(x^2-x+1)]_2^4 + \dfrac{5}{2}\int_2^4 \dfrac{1}{\left(x-\dfrac{1}{2}\right)^2+\dfrac{3}{4}}dx$$

$$= 2\ln 3 - \dfrac{1}{2}\ln 13 + \dfrac{1}{2}\ln 3 + \dfrac{5}{2}\int_2^4 \dfrac{\dfrac{2}{\sqrt{3}}}{\left(\dfrac{2x-1}{\sqrt{3}}\right)^2+1}d\left(\dfrac{2x-1}{\sqrt{3}}\right)$$

$$= \dfrac{5}{2}\ln 3 - \dfrac{1}{2}\ln 13 + \dfrac{5}{\sqrt{3}}\left[\arctan \dfrac{2x-1}{\sqrt{3}}\right]_2^4$$

$$= \dfrac{5}{2}\ln 3 - \dfrac{1}{2}\ln 13 + \dfrac{5}{\sqrt{3}}\arctan \dfrac{7}{\sqrt{3}} - \dfrac{5\pi}{3\sqrt{3}}.$$

綜上所述,求有理函數積分的一般步驟是:

(1) 將有理函數分解為多項式與真分式之和;

(2) 將真分式分解為部分分式之和;

(3) 求多項式與部分分式的不定積分.

理論上可嚴格證明,四類最簡真分式的不定積分都是可以積出來的.因而,有理函數的積分總是可以積出來的;換言之,有理函數的原函數一定是初等函數.

3. 三角有理函數的積分

由基本三角函數及實數,經有限次四則運算所得到的式子,稱為三角有理函數,如

$$\sin^2 x, \quad \frac{1}{1+\cos x}, \quad \frac{1}{\sin x}$$

$$\frac{1+\sin x}{\tan x(1+\cos x)}, \quad \frac{3\cos x}{\operatorname{ctan} x - 5\sin x}, \quad \frac{\sin 3x}{\cos 5x}$$

等都是三角有理函數;而

$$\frac{\sin x \cos x}{\sqrt{\sin^2 x + 2\cos^2 x}}$$

不是三角有理函數.因其餘四個基本三角函數都可以用 $\sin x, \cos x$ 來表示,所以三角有理函數可以記成 $R(\sin x, \cos x)$,這裡

$$R(\sin x, \cos x) = \frac{P(\sin x, \cos x)}{Q(\sin x, \cos x)}$$

是關於 $\sin x, \cos x$ 的有理函數,其中 $P(\sin x, \cos x)$、$Q(\sin x, \cos x)$ 是關於 $\sin x, \cos x$ 的多項式,即 $P(\sin x, \cos x)$、$Q(\sin x, \cos x)$ 都是有限項的和,每一項則是 $c \, (\sin x)^i (\cos x)^j$ 的形式,c 為實數,i, j 為非負整數.

三角有理函數的積分 $\int R(\sin x, \cos x) \, dx$ 一定可以積出來.

實際上,若令 $\tan \frac{x}{2} = t$ 或 $x = 2\arctan t$,則有

$$\sin x = 2\sin \frac{x}{2} \cos \frac{x}{2} = \frac{2\tan \frac{x}{2}}{1+\tan^2 \frac{x}{2}} = \frac{2t}{1+t^2},$$

$$\cos x = \cos^2 \frac{x}{2} - \sin^2 \frac{x}{2} = \frac{1-\tan^2 \frac{x}{2}}{1+\tan^2 \frac{x}{2}} = \frac{1-t^2}{1+t^2},$$

$$dx = \frac{2}{1+t^2} dt$$

所以
$$\int R(\sin x,\cos x)\,dx = \int R\left(\frac{2t}{1+t^2},\frac{1-t^2}{1+t^2}\right)\cdot\frac{2}{1+t^2}dt$$

上式是一個關於 t 的有理函數的積分. 這裡用到的變換也稱為「萬能變換」, 萬能意指對所有三角有理函數求積分時都能用; 但要注意, 並不是指對所有三角有理函數, 採用這個變換求積分最方便. 具體求三角有理函數積分時, 要靈活選用適當的方法.

例 11 求積分 $\int\dfrac{dx}{1+2\cos x}$.

解 令 $\tan\dfrac{x}{2}=t$, 則有

$$\int\frac{dx}{1+2\cos x}=\int\frac{1}{1+\dfrac{2(1-t^2)}{1+t^2}}\cdot\frac{2}{1+t^2}dt=\int\frac{2}{3-t^2}dt$$

$$=\frac{1}{\sqrt{3}}\ln\left|\frac{\sqrt{3}+t}{\sqrt{3}-t}\right|+C=\frac{1}{\sqrt{3}}\ln\left|\frac{\sqrt{3}+\tan\dfrac{x}{2}}{\sqrt{3}-\tan\dfrac{x}{2}}\right|+C.$$

習題 3.3

求下列不定積分.

(1) $\int\dfrac{x}{x^2-3x+2}dx$;

(2) $\int\dfrac{2x+1}{(x-1)^2}dx$;

(3) $\int\dfrac{x}{(x+1)^2(x+4)^2}dx$;

(4) $\int\dfrac{x^4}{x^3+1}dx$;

(5) $\int\dfrac{x^3+1}{x^2-1}dx$;

(6) $\int\dfrac{dx}{(1+x^2)(1+2x)}$;

(7) $\int\dfrac{dx}{x-\sqrt[3]{3x+2}}$;

(8) $\int\dfrac{\sin x}{1+\sin x}dx$;

(9) $\int\dfrac{dx}{2\cos x+3}$;

(10) $\int\dfrac{dx}{5+4\sin 2x}$.

第 4 節　　廣義積分與 Γ 函數

我們前面討論的定積分 $\int_a^b f(x)dx$ 中,積分區間 $[a,b]$ 有限且被積函數 $f(x)$ 有界. 當積分區間無限或被積函數無界時,前面的定積分知識就不能夠處理,因此需要推廣定積分的概念,即考慮無限區間上的積分和無界函數的積分.積分區間無限的積分稱為無窮積分,被積函數無界的積分稱為瑕積分,它們統稱為廣義積分.

1. 無窮積分

形如 $\int_a^{+\infty} f(x)dx$、$\int_{-\infty}^b f(x)dx$、$\int_{-\infty}^{+\infty} f(x)dx$ 的積分,稱為無窮積分.

定義 3.1　　設函數 $f(x)$ 在區間 $[a, +\infty)$ 上連續,若對任意的 $b>a$,極限 $\lim\limits_{b\to+\infty} \int_a^b f(x)dx$ 存在,則稱無窮積分 $\int_a^{+\infty} f(x)dx$ 收斂,並稱此極限值為該無窮積分的積分值,記為

$$\int_a^{+\infty} f(x)dx = \lim_{b\to+\infty} \int_a^b f(x)dx$$

如果極限 $\lim\limits_{b\to+\infty} \int_a^b f(x)dx$ 不存在,則稱無窮積分 $\int_a^{+\infty} f(x)dx$ 發散.

類似地,可以定義

$$\int_{-\infty}^b f(x)dx = \lim_{a\to-\infty} \int_a^b f(x)dx$$

$$\int_{-\infty}^{+\infty} f(x)dx = \int_{-\infty}^c f(x)dx + \int_c^{+\infty} f(x)dx$$

且無窮積分 $\int_{-\infty}^{+\infty} f(x)dx$ 收斂的充要條件是對任意常數 c,無窮積分 $\int_{-\infty}^c f(x)dx$ 和 $\int_c^{+\infty} f(x)dx$ 同時收斂.

例 1　　計算無窮積分 $\int_0^{+\infty} e^{-x}dx$.

解　　對任意的 $b>0$,有 $\int_0^b e^{-x}dx = -e^{-x}\Big|_0^b = 1-e^{-b}$,

而 $\lim\limits_{b\to+\infty} \int_0^b e^{-x}dx = \lim\limits_{b\to+\infty}(1-e^{-b}) = 1-0 = 1$,

因此　　$\int_0^{+\infty} e^{-x}dx = \lim\limits_{b\to+\infty} \int_0^b e^{-x}dx = 1$

或 $\int_0^{+\infty} e^{-x}dx = -e^{-x}\Big|_0^{+\infty} = \lim\limits_{x\to+\infty}(-e^{-x})-(-1) = 0-(-1) = 1.$

例2 判斷無窮積分 $\int_0^{+\infty} \sin x \, dx$ 的斂散性.

解 對任意 $b > 0$, $\int_0^b \sin x \, dx = -\cos x \big|_0^b = -\cos b + (\cos 0) = 1 - \cos b$,

因為 $\lim\limits_{b \to +\infty}(1 - \cos b)$ 不存在,故無窮積分 $\int_0^{+\infty} \sin x \, dx$ 發散.

例3 計算無窮積分 $\int_{-\infty}^{+\infty} \dfrac{dx}{1 + x^2}$.

解
$$\int_{-\infty}^{+\infty} \frac{dx}{1+x^2} = \int_{-\infty}^0 \frac{dx}{1+x^2} + \int_0^{+\infty} \frac{dx}{1+x^2} = \lim_{a \to -\infty} \int_a^0 \frac{dx}{1+x^2} + \lim_{b \to +\infty} \int_0^b \frac{dx}{1+x^2}$$
$$= \lim_{a \to -\infty} [\arctan x]\big|_a^0 + \lim_{b \to +\infty} [\arctan x]\big|_0^b$$
$$= \lim_{a \to -\infty} \arctan a + \lim_{b \to +\infty} \arctan b$$
$$= -\left(-\frac{\pi}{2}\right) + \frac{\pi}{2} = \pi.$$

例4 計算無窮積分 $\int_{\frac{2}{\pi}}^{+\infty} \dfrac{1}{x^2} \sin \dfrac{1}{x} dx$.

解
$$\int_{\frac{2}{\pi}}^{+\infty} \frac{1}{x^2} \sin \frac{1}{x} dx = -\int_{\frac{2}{\pi}}^{+\infty} \sin \frac{1}{x} d\left(\frac{1}{x}\right) = -\lim_{b \to +\infty} \int_{\frac{2}{\pi}}^b \sin \frac{1}{x} d\left(\frac{1}{x}\right)$$
$$= -\lim_{b \to +\infty} \left[\cos \frac{1}{x}\right]_{\frac{2}{\pi}}^b = \lim_{b \to +\infty} \left[\cos \frac{1}{b} - \cos \frac{\pi}{2}\right] = 1.$$

例5 計算無窮積分 $\int_0^{+\infty} t e^{-pt} dt$ (p 是常數, 且 $p > 0$ 時收斂).

解
$$\int_0^{+\infty} t e^{-pt} dt = -\frac{1}{p} \int_0^{+\infty} t \, de^{-pt} = -\frac{1}{p} t e^{-pt} \bigg|_0^{+\infty} + \frac{1}{p} \int_0^{+\infty} e^{-pt} dt$$
$$= -\frac{1}{p} t e^{-pt} \bigg|_0^{+\infty} - \frac{1}{p^2} e^{-pt} \bigg|_0^{+\infty} = -\frac{1}{p} \lim_{t \to +\infty} t e^{-pt} + 0 - \frac{1}{p^2}(0 - 1) = \frac{1}{p^2}.$$

例6 討論無窮積分 $\int_1^{+\infty} \dfrac{1}{x^p} dx$ 的斂散性.

解 (1) $p = 1$, $\int_1^{+\infty} \dfrac{1}{x^p} dx = \int_1^{+\infty} \dfrac{1}{x} dx = \ln x \big|_1^{+\infty} = +\infty$;

(2) $p \neq 1$, $\int_1^{+\infty} \dfrac{1}{x^p} dx = \dfrac{x^{1-p}}{1-p} \bigg|_1^{+\infty} = \begin{cases} +\infty, & p < 1 \\ \dfrac{1}{p-1}, & p > 1 \end{cases}$

因此,當 $p > 1$ 時,無窮積分 $\int_1^{+\infty} \dfrac{1}{x^p} dx$ 收斂,其值為 $\dfrac{1}{p-1}$;當 $p \leq 1$ 時,無窮積分 $\int_1^{+\infty} \dfrac{1}{x^p} dx$ 發散.

2. 瑕積分

若函數 $f(x)$ 在有限區間 $[a,b]$ 上某點（或者有限個點）處無界，則稱積分 $\int_a^b f(x)dx$ 為瑕積分，並稱 $f(x)$ 的無界點為瑕點。

定義3.2 設 $f(x)$ 在區間 $(a,b]$ 上連續，且 $\lim\limits_{x\to a^+}f(x)=\infty$，若對於任意給定的 $\varepsilon>0$，極限 $\lim\limits_{\varepsilon\to 0^+}\int_{a+\varepsilon}^b f(x)dx$ 存在，則稱瑕積分 $\int_a^b f(x)dx$ 收斂，記為

$$\int_a^b f(x)dx = \lim_{\varepsilon\to 0^+}\int_{a+\varepsilon}^b f(x)dx$$

如果極限 $\lim\limits_{\varepsilon\to 0^+}\int_{a+\varepsilon}^b f(x)dx$ 不存在，則稱瑕積分 $\int_a^b f(x)dx$ 發散。

由定義 3.2 知：

(1) 若 $x=a$ 為瑕點，$f(x)$ 在區間 $[a+\varepsilon, b]$ 上可積且 $\varepsilon>0$，則瑕積分

$$\int_a^b f(x)dx = \lim_{\varepsilon\to 0^+}\int_{a+\varepsilon}^b f(x)dx$$

(2) 若 $x=b$ 為瑕點，$f(x)$ 在區間 $[a, b-\mu]$ 上可積且 $\mu>0$，則瑕積分

$$\int_a^b f(x)dx = \lim_{\mu\to 0^+}\int_a^{b-\mu} f(x)dx$$

(3) 若瑕積分 $\int_a^b f(x)dx$ 的瑕點為 (a,b) 內的某一點 c，則瑕積分

$$\int_a^b f(x)dx = \int_a^c f(x)dx + \int_c^b f(x)dx$$

且瑕積分 $\int_a^b f(x)dx$ 收斂的充要條件是 $\int_a^c f(x)dx$ 和 $\int_c^b f(x)dx$ 同時收斂。

例 7 計算下列瑕積分。

(1) $\int_0^1 \ln x \, dx$ \qquad (2) $\int_{-1}^1 \frac{1}{x^2}dx$

解 (1) 因為 $x=0$ 為瑕點，所以

$$\int_0^1 \ln x \, dx = \lim_{\varepsilon\to 0^+}\int_{0+\varepsilon}^1 \ln x \, dx = \lim_{\varepsilon\to 0^+}[x\ln x - x]_\varepsilon^1 = \lim_{\varepsilon\to 0^+}(-1-\varepsilon\ln\varepsilon+\varepsilon)$$

$$= -1 - \lim_{\varepsilon\to 0^+}(\frac{\ln\varepsilon}{\frac{1}{\varepsilon}}) = -1 - \lim_{\varepsilon\to 0^+}(\frac{\frac{1}{\varepsilon}}{-\frac{1}{\varepsilon^2}}) = -1 + \lim_{\varepsilon\to 0^+}\varepsilon = -1.$$

所以，瑕積分 $\int_0^1 \ln x \, dx$ 收斂於 -1。

(2) 因為 $x=0$ 為瑕點，所以

$$\int_{-1}^1 \frac{1}{x^2}dx = \int_{-1}^0 \frac{1}{x^2}dx + \int_0^1 \frac{1}{x^2}dx = \lim_{\mu\to 0^+}\int_{-1}^{0-\mu} \frac{1}{x^2}dx + \lim_{\varepsilon\to 0^+}\int_{0+\varepsilon}^1 \frac{1}{x^2}dx$$

$$= \lim_{\mu \to 0^+} \left[-\frac{1}{x}\right]_{-1}^{-\mu} + \lim_{\varepsilon \to 0^+} \left[-\frac{1}{x}\right]_{\varepsilon}^{1} = \lim_{\mu \to 0^+}\left(\frac{1}{\mu} - 1\right) + \lim_{\varepsilon \to 0^+}\left(\frac{1}{\varepsilon} - 1\right) = +\infty.$$

所以,瑕積分 $\int_{-1}^{1} \frac{1}{x^2}dx$ 發散.

例 8 討論瑕積分 $\int_{0}^{1} \frac{1}{x^p}dx$ 的斂散性.

解 因為 $x = 0$ 為瑕點,所以

$$\int_{0}^{1} \frac{1}{x^p}dx = \lim_{\varepsilon \to 0^+}\int_{0+\varepsilon}^{1} \frac{1}{x^p}dx = \lim_{\varepsilon \to 0^+}\left[\frac{1}{1-p}x^{1-p}\right]_{\varepsilon}^{1} = \lim_{\varepsilon \to 0^+}\frac{1-\varepsilon^{1-p}}{1-p} = \begin{cases} \frac{1}{1-p}, & p < 1 \\ 不存在, & p = 1 \\ +\infty, & p > 1 \end{cases}.$$

因此,當 $p < 1$ 時,瑕積分 $\int_{0}^{1} \frac{1}{x^p}dx$ 收斂;當 $p \geq 1$ 時,瑕積分 $\int_{0}^{1} \frac{1}{x^p}dx$ 發散.

3. 特殊函數

下面介紹兩個特殊的廣義積分,其結果在理論上和應用上都有重要的意義.

(1) Γ 函數

定義 3.3 積分 $\int_{0}^{+\infty} x^{s-1}e^{-x}dx$ $(s > 0)$ 是參變量 s 的函數,稱為 Γ 函數.

可以證明這個積分是收斂的.

Γ 函數有一個重要性質

$$\Gamma(s+1) = s\Gamma(s) \quad (s > 0)$$

這是因為

$$\Gamma(s+1) = \int_{0}^{+\infty} x^s e^{-x}dx = -x^s e^{-x}\Big|_{0}^{+\infty} + s\int_{0}^{+\infty} x^{s-1}e^{-x}dx$$
$$= s\int_{0}^{+\infty} x^{s-1}e^{-x}dx = s\Gamma(s).$$

這是一個遞推公式.利用此公式,計算 Γ 函數的任意一個函數值都可化為求 Γ 函數在 $[0,1]$ 上的函數值.

例如 $\Gamma(3.2) = \Gamma(2.2+1) = 2.2 \times \Gamma(2.2) = 2.2 \times \Gamma(1.2+1)$
$$= 2.2 \times 1.2 \times \Gamma(1.2) = 2.2 \times 1.2 \times \Gamma(0.2+1)$$
$$= 2.2 \times 1.2 \times 0.2 \times \Gamma(0.2)$$

特別地,當 s 為正整數時可得

$$\Gamma(n+1) = n!$$

這是因為

$$\Gamma(n+1) = n \cdot \Gamma(n) = n \cdot (n-1) \cdot \Gamma(n-1) = \cdots = n!\,\Gamma(1),$$

而 $\Gamma(1) = \int_{0}^{+\infty} e^{-x}dx = 1$,所以

$$\Gamma(n+1) = n!.$$

例9 計算下列各值.

(1) $\dfrac{\Gamma(6)}{2\Gamma(3)}$; (2) $\dfrac{\Gamma\left(\dfrac{5}{2}\right)}{\Gamma\left(\dfrac{1}{2}\right)}$.

解 (1) $\dfrac{\Gamma(6)}{2\Gamma(3)} = \dfrac{5!}{2 \times 2!} = \dfrac{120}{4} = 30$;

(2) $\dfrac{\Gamma\left(\dfrac{5}{2}\right)}{\Gamma\left(\dfrac{1}{2}\right)} = \dfrac{\dfrac{3}{2}\Gamma\left(\dfrac{3}{2}\right)}{\Gamma\left(\dfrac{1}{2}\right)} = \dfrac{\dfrac{3}{2} \times \dfrac{1}{2}\Gamma\left(\dfrac{1}{2}\right)}{\Gamma\left(\dfrac{1}{2}\right)} = \dfrac{3}{4}$.

例10 計算下列積分.

(1) $\int_0^{+\infty} x^3 e^{-x} dx$; (2) $\int_0^{+\infty} x^{s-1} e^{-\lambda x} dx$.

解 (1) $\int_0^{+\infty} x^3 e^{-x} dx = \Gamma(4) = 3! = 6$;

(2) 令 $\lambda x = y$, 則 $\lambda dx = dy$, 於是

$$\int_0^{+\infty} x^{s-1} e^{-\lambda x} dx = \dfrac{1}{\lambda}\int_0^{+\infty} \left(\dfrac{y}{\lambda}\right)^{s-1} e^{-y} dy = \dfrac{1}{\lambda^s}\int_0^{+\infty} y^{s-1} e^{-y} dy = \dfrac{\Gamma(s)}{\lambda^s}.$$

(2) β 函數

定義 3.4 積分 $\int_0^1 x^{p-1}(1-x)^{q-1} dx$, 當 $p > 0$ 且 $q > 0$ 時收斂, 其值為參數 p 和 q 的函數, 稱為 β 函數, 記為 $\beta(p,q)$.

β 函數有以下性質:

性質1 $\beta(p,q) = \beta(q,p)$.

證明 令 $u = 1 - x$, 則有

$$\beta(p,q) = \int_0^1 x^{p-1}(1-x)^{q-1} dx$$
$$= -\int_1^0 (1-u)^{p-1} u^{q-1} du$$
$$= \int_0^1 u^{q-1}(1-u)^{p-1} du$$
$$= \beta(q,p)$$

性質2 $\beta(p+1, q+1) = \dfrac{q}{p+q+1}\beta(p+1, q)$.

證明

$$\beta(p+1, q+1) = \int_0^1 x^p (1-x)^q dx = \dfrac{1}{p+1}\int_0^1 (1-x)^q dx^{p+1}$$

$$= \frac{1}{p+1}x^{p+1}(1-x)^q\Big|_0^1 - \frac{1}{p+1}\int_0^1 x^{p+1}d(1-x)^q$$

$$= \frac{q}{p+1}\int_0^1 x^{p+1}(1-x)^{q-1}dx$$

$$= \frac{q}{p+1}\int_0^1 x^p[1-(1-x)](1-x)^{q-1}dx$$

$$= \frac{q}{p+1}\left[\int_0^1 x^p(1-x)^{q-1}dx - \int_0^1 x^p(1-x)^q dx\right]$$

$$= \frac{q}{p+1}[\beta(p+1,q) - \beta(p+1,q+1)]$$

移項即得

$$\beta(p+1,q+1) = \frac{q}{p+q+1}\beta(p+1,q)$$

由性質 1 與性質 2，容易得到

$$\beta(p+1,q+1) = \frac{pq}{(p+q+1)(p+q)}\beta(p,q)$$

性質 3 $\beta(p,q) = \frac{\Gamma(p)\Gamma(q)}{\Gamma(p+q)}$.

證明略.

例 11 計算廣義積分 $\int_0^1 \frac{1}{\sqrt{1-\sqrt{x}}}dx$.

解 令 $u = \sqrt{x}$，則 $x = u^2, dx = 2udu$，於是

$$\int_0^1 \frac{1}{\sqrt{1-\sqrt{x}}}dx = \int_0^1 \frac{2u}{\sqrt{1-u}}du = 2\int_0^1 u(1-u)^{-\frac{1}{2}}du$$

$$= 2\beta\left(2,\frac{1}{2}\right) = 2 \cdot \frac{\Gamma(2)\Gamma\left(\frac{1}{2}\right)}{\Gamma\left(\frac{5}{2}\right)}$$

$$= 2 \cdot \frac{1 \cdot \Gamma\left(\frac{1}{2}\right)}{\frac{3}{2} \cdot \frac{1}{2} \cdot \Gamma\left(\frac{1}{2}\right)} = \frac{8}{3}.$$

習題 3.4

1. 用定義判斷下列廣義積分的斂散性.如果收斂,試計算其值.

(1) $\int_0^{+\infty} \frac{1}{x^4}dx$;

(2) $\int_{-\infty}^{+\infty} \frac{dx}{x^2 + 2x + 2}$;

(3) $\int_0^{+\infty} e^{ax}dx$;

(4) $\int_0^{+\infty} (1 + x)^a dx$;

(5) $\int_0^{+\infty} \frac{x^2}{x^4 + x^2 + 1}dx$;

(6) $\int_1^{+\infty} \frac{dx}{x\sqrt[3]{x^2 + 1}}$;

(7) $\int_1^{+\infty} \sin\frac{1}{x^2}dx$;

(8) $\int_0^{+\infty} \frac{dx}{1 + x|\sin x|}$;

(9) $\int_1^{+\infty} \frac{x\arctan x}{1 + x^3}dx$;

(10) $\int_1^2 \frac{dx}{\ln^3 x}$;

(11) $\int_1^2 \frac{x}{\sqrt{x - 1}}dx$;

(12) $\int_1^e \frac{dx}{x\sqrt{1 - \ln^2 x}}$;

(13) $\int_0^2 \frac{dx}{(1 - x)^2}$;

(14) $\int_a^{2a} (x - a)^a dx \ (a > 0)$;

(15) $\int_0^1 \frac{x^4}{\sqrt{1 - x^4}}dx$;

(16) $\int_1^2 \frac{dx}{\sqrt[3]{x^2 - 3x + 2}}$.

2. 當 k 為何值時,無窮積分 $\int_2^{+\infty} \frac{dx}{x\ln^k x}$ 收斂? k 為何值時,該無窮積分發散? k 為何值時,該無窮積分取得最小值?

3. 已知 $\int_0^{+\infty} \frac{\sin x}{x}dx = \frac{\pi}{2}$,求證:

(1) $\int_0^{+\infty} \frac{\sin x\cos x}{x}dx = \frac{\pi}{4}$;

(2) $\int_0^{+\infty} \frac{\sin^2 x}{x^2}dx = \frac{\pi}{2}$.

4. 用 Γ 函數表示下列積分,並指出這些積分的收斂範圍:

(1) $\int_0^{+\infty} e^{-x^n}dx(n > 0)$;

(2) $\int_0^1 \left(\ln\frac{1}{x}\right)^p dx$;

(3) $\int_0^{+\infty} x^m e^{-x^n}dx(n \neq 0)$.

5. 證明 $\Gamma\left(\frac{2k + 1}{2}\right) = \frac{1 \cdot 3 \cdot 5 \cdots (2k - 1)\sqrt{\pi}}{2^k}$,其中 k 為自然數.

6. 驗證等式

$$\int_0^1 x^{p-1}(1 - x^m)^{q-1}dx = \frac{1}{m}\beta\left(\frac{p}{m}, q\right) \quad (m > 0)$$

並求 $\int_0^1 \frac{1}{\sqrt{1 - x^{\frac{1}{3}}}}dx$ 的值.

第 3 章補充習題

1. 設 $\int xf(x)\,dx = \arcsin x + C$，求 $\int \dfrac{dx}{f(x)}$.

2. 設 $f(x)$ 為連續函數，且 $f(x) = x + 2\int_0^1 f(t)\,dt$，求 $f(x)$.

3. 設 $f(x) = \begin{cases} 1 + x^2, & x \leq 0 \\ e^{-x}, & x > 0 \end{cases}$，求 $\int_1^3 f(x-2)\,dx$.

4. 求 $\lim\limits_{n\to\infty} \sin\dfrac{\pi}{n} \sum\limits_{k=1}^{n} \cos^2 \dfrac{k\pi}{n}$.

5. 設 $f(x) = \begin{cases} \sin 2x, & x \leq 0 \\ \ln(2x+1), & x > 0 \end{cases}$，求 $f(x)$ 的原函數.

6. 設 $f(x) = \max\{1, x^2\}$ 的一個原函數 $F(x)$ 在 $(-\infty, +\infty)$ 上滿足 $F(0) = 1$，求 $F(x)$.

7. 求 $\int \dfrac{dx}{x^2(1-x^4)}$.

8. 求 $\int \dfrac{1}{x}\sqrt{\dfrac{3-2\ln x}{3+2\ln x}}\,dx$.

9. 求 $\int \dfrac{\sqrt{x+1}+2}{(x+1)^2 - \sqrt{x+1}}\,dx$.

10. 設 $a > 0$，求 $\int_{-a}^{a} \sqrt{a^2 - x^2}\ln\dfrac{x+\sqrt{1+x^2}}{3}\,dx$.

11. 設 $b > a > 0$，求 $\int_{-b}^{b} \dfrac{1}{a + |x-a|}\,dx$.

12. 求 $\int_0^1 \left(\sqrt{2x - x^2} - \sqrt{(1-x^2)^3}\right) dx$.

13. 求 $\int_{-\frac{1}{2}}^{\frac{1}{2}} \left(\dfrac{x\arcsin x}{\sqrt{1-x^2}} + \dfrac{\sin x}{\sqrt{1-x^2}}\right) dx$.

14. 求 $\lim\limits_{n\to\infty} \int_0^1 \dfrac{x^n}{1+x}\,dx$.

15. 求 $\int_0^{+\infty} \dfrac{xe^{-x}}{(1+e^{-x})^2}\,dx$.

16. 求 $\int_{\frac{1}{2}}^{\frac{3}{2}} \dfrac{dx}{\sqrt{|x - x^2|}}$.

17. 設 $f(x) = x^2 - x\int_0^2 f(x)\,dx + 2\int_0^1 f(x)\,dx$，求 $f(x)$.

第 4 章　冪級數

如果無窮級數的一般項不是常數,而是一個函數,這樣的級數稱為函數項級數. 而冪級數是一類特殊的函數項級數,它在很多實際問題及理論上有重要的應用.

第 1 節　冪級數的概念

1. 函數項級數的概念

如果給定一個定義在區間 I 上的函數序列

$$u_1(x), u_2(x), u_3(x), \cdots, u_n(x), \cdots,$$

則由這個函數序列構成的表達式

$$\sum_{n=1}^{\infty} u_n(x) = u_1(x) + u_2(x) + u_3(x) + \cdots + u_n(x) + \cdots \tag{4.1}$$

稱為定義在區間 I 上的(**函數項**) **無窮級數**,簡稱(**函數項**) **級數**.

對於每一個確定的值 $x_0 \in I$,函數項級數(4.1)式成為常數項級數

$$\sum_{n=1}^{\infty} u_n(x_0) = u_1(x_0) + u_2(x_0) + u_3(x_0) + \cdots + u_n(x_0) + \cdots \tag{4.2}$$

這個級數(4.2)式可能收斂也可能發散. 如果級數(4.2)式收斂,我們稱點 x_0 是函數項級數(4.1)式的**收斂點**;如果(4.2)式發散,我們稱點 x_0 是函數項級數(4.1)式的**發散點**. 函數項級數(4.1)式收斂點的全體稱為它的**收斂域**,發散點的全體稱為它的**發散域**.

對於收斂域內的任意一個數 x,函數項級數的和是 x 的函數 $s(x)$,通常稱 $s(x)$ 為函數項級數的**和函數**,$s(x)$ 的定義域就是級數的收斂域,並寫成

$$s(x) = \sum_{n=1}^{\infty} u_n(x) = u_1(x) + u_2(x) + u_3(x) + \cdots + u_n(x) + \cdots.$$

把函數項級數(4.1)式的前 n 項的部分和記作 $s_n(x)$,則在收斂域上有

$$\lim_{n \to \infty} s_n(x) = s(x).$$

我們仍把 $R_n(x) = s(x) - s_n(x)$ 叫做函數項級數的餘項(當然,只有 x 在收斂域上 $R_n(x)$ 才有意義),於是有

$$\lim_{n \to \infty} R_n(x) = 0.$$

對於函數項級數 $\sum_{n=1}^{\infty} u_n(x)$，如果 $\lim_{n\to\infty} \frac{|u_{n+1}(x)|}{|u_n(x)|}$ 存在，則可以用比值法求其收斂域.具體方法如下：

如果 $\lim_{n\to\infty} \frac{|u_{n+1}(x)|}{|u_n(x)|} = \rho(x)$，則由比值判別法：

(1) 當 $\rho(x) < 1$ 時，級數 $\sum_{n=1}^{\infty} u_n(x)$ 絕對收斂；

(2) 當 $\rho(x) > 1$ 時，級數發散；

(3) 當 $\rho(x) = 1$ 時，將滿足方程 $\rho(x) = 1$ 的 x_0 代入 $\sum_{n=1}^{\infty} u_n(x)$，判斷相應的數項級數 $\sum_{n=1}^{\infty} u_n(x_0)$ 的斂散性.

因此，通過求解不等式 $\rho(x) < 1$ 或 $\rho(x) > 1$，可得到級數 $\sum_{n=1}^{\infty} u_n(x)$ 的收斂域和發散域.

例1 求級數 $\sum_{n=1}^{\infty} \frac{(-1)^{n-1}}{n(x-1)^n}$ 的收斂域.

解 因為 $\lim_{n\to\infty} \frac{|u_{n+1}(x)|}{|u_n(x)|} = \lim_{n\to\infty} \left| \frac{\frac{(-1)^n}{(n+1)(x-1)^{n+1}}}{\frac{(-1)^{n-1}}{n(x-1)^n}} \right| = \lim_{n\to\infty} \frac{n}{n+1} \cdot \frac{1}{|x-1|}$

$= \frac{1}{|x-1|}$

所以，當 $\frac{1}{|x-1|} < 1$，即 $x < 0$ 或 $x > 2$ 時，級數 $\sum_{n=1}^{\infty} \frac{(-1)^{n-1}}{n(x-1)^n}$ 絕對收斂，從而收斂；當 $\frac{1}{|x-1|} > 1$，即 $0 < x < 2$ 時，級數 $\sum_{n=1}^{\infty} \frac{(-1)^{n-1}}{n(x-1)^n}$ 發散；當 $\frac{1}{|x-1|} = 1$，即 $x = 0$ 或 $x = 2$ 時，將 $x = 0$ 代入原級數，級數變為 $\sum_{n=1}^{\infty} \frac{-1}{n}$，發散，將 $x = 2$ 代入原級數，級數變為 $\sum_{n=1}^{\infty} \frac{(-1)^{n-1}}{n}$，收斂.所以，原級數的收斂域為 $(-\infty, 0) \cup [2, +\infty)$.

2. 冪級數的概念

一般項是冪函數的函數項級數，稱為**冪級數**，它的形式是

$$\sum_{n=0}^{\infty} a_n(x-x_0)^n = a_0 + a_1(x-x_0) + a_2(x-x_0)^2 + \cdots + a_n(x-x_0)^n + \cdots$$

(4.3)

或

$$\sum_{n=0}^{\infty} a_n x^n = a_0 + a_1 x + a_2 x^2 + \cdots + a_n x^n + \cdots \qquad (4.4)$$

其中常數$a_i(i=0,1,2,\cdots)$叫做冪級數的系數.如果作代換$t = x - x_0$,冪級數(4.3)式就變成(4.4)式的形式,所以,下面只對冪級數(4.4)式進行討論.

先看一個例子,考察冪級數

$$\sum_{n=0}^{\infty} x^n = 1 + x + x^2 + \cdots + x^n + \cdots$$

的收斂性.如果將x看成常數,由幾何級數的斂散性知,當$|x| < 1$時,$\sum_{n=0}^{\infty} x^n$收斂且和為$\dfrac{1}{1-x}$;當$|x| \geq 1$時,$\sum_{n=0}^{\infty} x^n$發散.因此,$\sum_{n=0}^{\infty} x^n$的收斂域是開區間$(-1,1)$,發散域是$(-\infty,-1] \cup [1,+\infty)$.對於任意$x \in (-1,1)$,有

$$\frac{1}{1-x} = 1 + x + x^2 + \cdots + x^n + \cdots.$$

我們看到,這個冪級數的收斂域是一個區間.事實上,這個結論對於一般的冪級數也是成立的.我們有如下定理:

定理 4.1(阿貝爾(Abel)定理) 如果級數$\sum_{n=0}^{\infty} a_n x^n$當$x = x_0 (x_0 \neq 0)$時收斂,則對於滿足不等式$|x| < |x_0|$的一切$x$,$\sum_{n=0}^{\infty} a_n x^n$都絕對收斂;反之,如果當$x = x_0$時級數$\sum_{n=0}^{\infty} a_n x^n$發散,則對於滿足不等式$|x| > |x_0|$的一切$x$,$\sum_{n=0}^{\infty} a_n x^n$都發散.

證明 先設x_0是冪級數$\sum_{n=0}^{\infty} a_n x^n$的收斂點,即級數$\sum_{n=0}^{\infty} a_n x_0^n$收斂.根據級數收斂的必要條件,這時有$\lim_{n \to \infty} a_n x_0^n = 0$,於是存在一個正數$M$,使得

$$|a_n x_0^n| \leq M \quad (n = 0,1,2,\cdots).$$

這樣級數$\sum_{n=0}^{\infty} a_n x^n$的一般項的絕對值

$$|a_n x^n| = \left| a_n x_0^n \cdot \frac{x^n}{x_0^n} \right| = |a_n x_0^n| \cdot \left|\frac{x}{x_0}\right|^n \leq M \left|\frac{x}{x_0}\right|^n.$$

因為當$|x| < |x_0|$時,幾何級數$\sum_{n=0}^{\infty} M \left|\dfrac{x}{x_0}\right|^n$收斂(因為$\left|\dfrac{x}{x_0}\right| < 1$),所以級數$\sum_{n=0}^{\infty} |a_n x^n|$收斂,也就是級數$\sum_{n=0}^{\infty} a_n x^n$絕對收斂.

定理的第二部分可用反證法證明.倘若冪級數當$x = x_0$時發散而有一點x_1適合$|x_1| > |x_0|$使級數收斂,則根據本定理的第一部分,級數當$x = x_0$時應收斂,這與所設矛盾.定理得證.

由定理4.1可知,如果冪級數在$x = x_0$處收斂,則對區間$(-|x_0|,|x_0|)$上每一點

x,冪級數都收斂;如果冪級數在 $x = x_0$ 處發散,則對區間 $(-\infty, -|x_0|) \cup (|x_0|, \infty)$ 上每一點 x,冪級數都發散.

因此,如果冪級數 $\sum_{n=0}^{\infty} a_n x^n$ 不是僅在 $x = 0$ 一點收斂,也不是在整個數軸上都收斂,則必有一個完全確定的正數 R 存在,使得

（1）當 $|x| < R$ 時,冪級數絕對收斂;

（2）當 $|x| > R$ 時,冪級數發散;

（3）當 $|x| = R$ 時,冪級數可能收斂也可能發散.

正數 R 通常叫做冪級數 $\sum_{n=0}^{\infty} a_n x^n$ 的**收斂半徑**.由冪級數在 $|x| = R$ 處的收斂性就可以決定它在區間 $(-R, R)$、$[-R, R)$、$(-R, R]$ 或 $[-R, R]$ 上收斂,這個區間叫做冪級數 $\sum_{n=0}^{\infty} a_n x^n$ 的**收斂區間**.

如果冪級數 $\sum_{n=0}^{\infty} a_n x^n$ 只在 $x = 0$ 處收斂,這時收斂域只有一點 $x = 0$.但為了方便起見,我們規定這時收斂半徑 $R = 0$,並說收斂區間只有一點 $x = 0$;如果冪級數 $\sum_{n=0}^{\infty} a_n x^n$ 對一切 x 都收斂,則規定收斂半徑 $R = +\infty$,這時收斂區間是 $(-\infty, +\infty)$.

關於冪級數的收斂半徑求法,有下面的定理:

定理 4.2　對於冪級數 $\sum_{n=0}^{\infty} a_n x^n$,如果 $\lim_{n \to \infty} \left| \dfrac{a_{n+1}}{a_n} \right| = \rho$,則其收斂半徑

$$R = \begin{cases} \dfrac{1}{\rho}, & 0 < \rho < \infty \\ +\infty, & \rho = 0 \\ 0, & \rho = +\infty \end{cases}.$$

證明　因為 $\lim_{n \to \infty} \left| \dfrac{a_{n+1}}{a_n} \right| = \rho$,所以 $\lim_{n \to \infty} \left| \dfrac{a_{n+1} x^{n+1}}{a_n x^n} \right| = \lim_{n \to \infty} \left| \dfrac{a_{n+1}}{a_n} \right| \cdot |x| = \rho |x|$,

（1）如果 $0 < \rho < +\infty$,根據比值判別法,則當 $\rho |x| < 1$ 即 $|x| < \dfrac{1}{\rho}$ 時,級數 $\sum_{n=0}^{\infty} a_n x^n$ 絕對收斂,從而收斂;當 $\rho |x| > 1$ 即 $|x| > \dfrac{1}{\rho}$ 時,級數 $\sum_{n=0}^{\infty} a_n x^n$ 發散.於是收斂半徑 $R = \dfrac{1}{\rho}$.

（2）如果 $\rho = 0$,則對於任何 $x \neq 0$,有

$$\lim_{n \to \infty} \left| \dfrac{a_{n+1} x^{n+1}}{a_n x^n} \right| = \lim_{n \to \infty} \left| \dfrac{a_{n+1}}{a_n} \right| \cdot |x| = \rho |x| = 0 < 1,$$

所以級數 $\sum_{n=0}^{\infty} a_n x^n$ 絕對收斂,從而收斂.於是 $R = +\infty$.

(3) 如果 $\rho = +\infty$，則對於除 $x = 0$ 外的其他一切 x 值，級數 $\sum_{n=0}^{\infty} a_n x^n$ 必發散，於是 $R = 0$。

定理 4.3 對於幂級數 $\sum_{n=0}^{\infty} a_n x^n$，如果 $\lim_{n \to \infty} \sqrt[n]{|a_n|} = \rho$，則其收斂半徑

$$R = \begin{cases} \dfrac{1}{\rho}, & 0 < \rho < \infty \\ +\infty, & \rho = 0 \\ 0, & \rho = +\infty \end{cases}.$$

類似可由根式判別法證明，此處略。

例 2 求幂級數 $\sum_{n=1}^{\infty} (-1)^{n-1} \dfrac{x^n}{n}$ 的收斂半徑和收斂區間。

解 $\rho = \lim_{n \to \infty} \left| \dfrac{a_{n+1}}{a_n} \right| = \lim_{n \to \infty} \dfrac{\dfrac{1}{n+1}}{\dfrac{1}{n}} = \lim_{n \to \infty} \dfrac{n}{n+1} = 1$，所以收斂半徑 $R = 1$。

當 $x = 1$ 時，級數成為 $\sum_{n=1}^{\infty} \dfrac{(-1)^{n-1}}{n}$，該級數收斂；當 $x = -1$ 時，級數成為 $\sum_{n=1}^{\infty} \dfrac{-1}{n}$，該級數發散。

從而幂級數的收斂區間為 $(-1, 1]$。

例 3 求幂級數 $\sum_{n=1}^{\infty} (-nx)^n$ 的收斂半徑和收斂區間。

解 因為 $\rho = \lim_{n \to \infty} \sqrt[n]{|a_n|} = \lim_{n \to \infty} n = +\infty$，故收斂半徑 $R = 0$，即級數 $\sum_{n=1}^{\infty} (-nx)^n$ 只在 $x = 0$ 處收斂。

例 4 求幂級數 $\sum_{n=1}^{\infty} \dfrac{x^n}{n!}$ 的收斂半徑和收斂區間。

解 因為 $\rho = \lim_{n \to \infty} \left| \dfrac{a_{n+1}}{a_n} \right| = \lim_{n \to \infty} \dfrac{\dfrac{1}{(n+1)!}}{\dfrac{1}{n!}} = \lim_{n \to \infty} \dfrac{1}{n+1} = 0$，所以收斂半徑 $R = +\infty$，收斂區間為 $(-\infty, +\infty)$。

例 5 求幂級數 $\sum_{n=1}^{\infty} (-1)^n \dfrac{2^n}{\sqrt{n}} \left(x - \dfrac{1}{2} \right)^n$ 的收斂半徑和收斂區間。

解 令 $t = x - \dfrac{1}{2}$，級數 $\sum_{n=1}^{\infty} (-1)^n \dfrac{2^n}{\sqrt{n}} \left(x - \dfrac{1}{2} \right)^n$ 化為 $\sum_{n=1}^{\infty} (-1)^n \dfrac{2^n}{\sqrt{n}} t^n$，因為 $\rho = \lim_{n \to \infty} \left| \dfrac{a_{n+1}}{a_n} \right| = \lim_{n \to \infty} \dfrac{2^{n+1}}{\sqrt{n+1}} \cdot \dfrac{\sqrt{n}}{2^n} = 2$，所以收斂半徑 $R = \dfrac{1}{2}$，收斂域為 $|t| < \dfrac{1}{2}$，即 $0 < x < 1$。

當 $x = 0$ 時，級數成為 $\sum_{n=1}^{\infty} \dfrac{1}{\sqrt{n}}$，該級數發散；當 $x = 1$ 時，級數成為 $\sum_{n=1}^{\infty} \dfrac{(-1)^n}{\sqrt{n}}$，該級數收斂.

從而收斂區間為 $(0, 1]$.

例 6 求冪級數 $\sum_{n=1}^{\infty} \dfrac{x^{2n-1}}{2^n}$ 的收斂區間.

解 因級數 $\sum_{n=1}^{\infty} \dfrac{x^{2n-1}}{2^n}$ 缺少偶數次冪，此時不能直接使用定理 4.2 求解. 可直接利用比值判別法：

$$\lim_{n \to \infty} \left| \dfrac{u_{n+1}(x)}{u_n(x)} \right| = \lim_{n \to \infty} \dfrac{x^{2n+1}}{2^{n+1}} \cdot \dfrac{2^n}{x^{2n-1}} = \dfrac{1}{2} |x|^2,$$

當 $\dfrac{1}{2} |x|^2 < 1$ 即 $|x| < \sqrt{2}$ 時，級數收斂；

當 $\dfrac{1}{2} |x|^2 > 1$ 即 $|x| > \sqrt{2}$ 時，級數發散，所以收斂半徑 $R = \sqrt{2}$；

當 $x = \sqrt{2}$ 時，級數成為 $\sum_{n=1}^{\infty} \dfrac{1}{\sqrt{2}}$，該級數發散；當 $x = -\sqrt{2}$ 時，級數成為 $\sum_{n=1}^{\infty} \dfrac{-1}{\sqrt{2}}$，該級數發散.

所以，收斂區間為 $(-\sqrt{2}, \sqrt{2})$.

例 7 求函數項級數 $\sum_{n=1}^{\infty} \dfrac{1}{n} \left(\dfrac{x-3}{x} \right)^n$ 的收斂域.

解 令 $t = \dfrac{x-3}{x}$，原級數變為 $\sum_{n=1}^{\infty} \dfrac{1}{n} t^n$，容易求得級數 $\sum_{n=1}^{\infty} \dfrac{1}{n} t^n$ 的收斂域為 $-1 \leqslant t < 1$，即

$$-1 \leqslant \dfrac{x-3}{x} < 1,$$

解此不等式得 $x \geqslant \dfrac{3}{2}$，所以原級數的收斂域為 $[\dfrac{3}{2}, +\infty)$.

3. 冪級數的性質

冪級數具有以下基本性質：

（1）如果冪級數

$$\sum_{n=0}^{\infty} a_n x^n = s_1(x) \ (x \in (-R_1, R_1)), \ \sum_{n=0}^{\infty} b_n x^n = s_2(x) \ (x \in (-R_2, R_2)),$$

記 $R = \min\{R_1, R_2\}$，則有

$$\sum_{n=0}^{\infty} a_n x^n + \sum_{n=0}^{\infty} b_n x^n = \sum_{n=0}^{\infty} (a_n \pm b_n) x^n = s_1(x) \pm s_2(x) \ (x \in (-R, R)).$$

(2) 如果冪級數 $\sum_{n=0}^{\infty} a_n x^n$ 的收斂半徑 $R > 0$，則它的和函數 $s(x)$ 在收斂區間內是連續函數．

(3) 如果冪級數 $\sum_{n=0}^{\infty} a_n x^n$ 的收斂半徑 $R > 0$，則對於任意一點 $x \in (-R, R)$，其和函數 $s(x)$ 是可導的，且有逐項求導公式

$$s'(x) = \left(\sum_{n=0}^{\infty} a_n x^n\right)' = \sum_{n=0}^{\infty} (a_n x^n)' = \sum_{n=0}^{\infty} n a_n x^{n-1}, x \in (-R, R).$$

(4) 如果冪級數 $\sum_{n=0}^{\infty} a_n x^n$ 的收斂半徑 $R > 0$，則對於任意一點 $x \in (-R, R)$，其和函數 $s(x)$ 是可積的，且有逐項積分公式

$$\int_0^x s(t) dt = \int_0^x \left[\sum_{n=0}^{\infty} a_n t^n\right] dt = \sum_{n=0}^{\infty} \int_0^x a_n t^n dt = \sum_{n=0}^{\infty} \frac{a_n}{n+1} x^{n+1}, x \in (-R, R).$$

可見，冪級數若收斂，則其和函數在收斂域內具有非常好的數學性質，不但連續、可導、可積，且能夠逐項求導、逐項積分．利用冪級數的基本性質，可以求冪級數的和函數，下面通過例子來說明．

例 8 求冪級數 $\sum_{n=1}^{\infty} (-1)^{n-1} \frac{x^n}{n}$ 的和函數．

解 由例 2 知，級數 $\sum_{n=1}^{\infty} (-1)^{n-1} \frac{x^n}{n}$ 的收斂域為 $(-1, 1]$，設其和函數為 $s(x)$，即

$$s(x) = x - \frac{x^2}{2} + \frac{x^3}{3} - \frac{x^4}{4} + \cdots + (-1)^{n-1} \frac{x^n}{n} + \cdots,$$

顯然 $s(0) = 0$，且

$$s'(x) = \left(\sum_{n=1}^{\infty} (-1)^{n-1} \frac{x^n}{n}\right)' = \sum_{n=1}^{\infty} \left((-1)^{n-1} \frac{x^n}{n}\right)'$$

$$= \sum_{n=1}^{\infty} (-1)^{n-1} x^{n-1} = 1 - x + x^2 + \cdots + (-1)^{n-1} x^{n-1} + \cdots$$

$$= \frac{1}{1+x} \quad (-1 < x < 1)$$

由積分公式 $\int_0^x s'(t) dt = s(x) - s(0)$，得

$$s(x) = s(0) + \int_0^x s'(t) dt = \int_0^x \frac{1}{1+t} dt = \ln(1+x),$$

因原級數在 $x = 1$ 時收斂，所以 $\sum_{n=1}^{\infty} (-1)^{n-1} \frac{x^n}{n} = \ln(1+x) \ (-1 < x \leq 1)$.

例 9 求冪級數 $\sum_{n=0}^{\infty} (n+1)^2 x^n$ 的和函數．

解 因為 $\lim_{n \to \infty} \frac{|a_{n+1}|}{|a_n|} = \lim_{n \to \infty} \frac{(n+2)^2}{(n+1)^2} = 1$，故級數 $\sum_{n=0}^{\infty} (n+1)^2 x^n$ 的收斂半徑

$R=1$,易見當 $x=\pm 1$ 時,級數發散,所以級數的收斂區間為 $(-1,1)$.

設 $s(x)=\sum_{n=0}^{\infty}(n+1)^2 x^n(|x|<1)$,則

$$\int_0^x s(t)dt = \int_0^x \Big(\sum_{n=0}^{\infty}(n+1)^2 t^n\Big)dt = \sum_{n=0}^{\infty}\int_0^x (n+1)^2 t^n dt = \sum_{n=0}^{\infty}(n+1)x^{n+1}$$

$$= x\sum_{n=0}^{\infty}(x^{n+1})' = x\Big(\sum_{n=0}^{\infty}x^{n+1}\Big)' = x\Big(\frac{x}{1-x}\Big)' = \frac{x}{(1-x)^2},$$

在上式兩端求導,得所求和函數

$$s(x) = \frac{1+x}{(1-x)^3}\ (|x|<1).$$

例 10 求級數 $\dfrac{1}{1\times 3}+\dfrac{1}{2\times 3^2}+\dfrac{1}{3\times 3^3}+\dfrac{1}{4\times 3^4}+\cdots+\dfrac{1}{n\times 3^n}+\cdots$ 的和.

解 所求級數的和是冪級數 $\sum_{n=1}^{\infty}\dfrac{x^n}{n}$ 當 $x=\dfrac{1}{3}$ 時的和.設 $s(x)=\sum_{n=1}^{\infty}\dfrac{x^n}{n}, x\in[-1,1)$,

逐項求導,得 $s'(x)=\sum_{n=1}^{\infty}x^{n-1}=\dfrac{1}{1-x}, x\in(-1,1)$,兩邊積分,得

$$\int_0^x s'(t)dt = \int_0^x \frac{1}{1-t}dt = -\ln(1-x),\text{即 } s(x)-s(0)=-\ln(1-x).$$

又因 $s(0)=0$,所以 $s(x)=-\ln(1-x)$,故所求原級數的和為

$$s\Big(\frac{1}{3}\Big)=-\ln\Big(1-\frac{1}{3}\Big)=\ln\frac{3}{2}.$$

例 11 求冪級數 $\sum_{n=1}^{\infty}\dfrac{(-1)^{n-1}}{n(2n-1)}x^{2n}$ 的和.

解 設 $s(x)=\sum_{n=1}^{\infty}\dfrac{(-1)^{n-1}}{n(2n-1)}x^{2n}(|x|<1)$,則

$$s'(x)=\Big(\sum_{n=1}^{\infty}\frac{(-1)^{n-1}}{n(2n-1)}x^{2n}\Big)'=\sum_{n=1}^{\infty}\frac{2\cdot(-1)^{n-1}}{2n-1}x^{2n-1},$$

$$s''(x)=\Big(\sum_{n=1}^{\infty}\frac{2\cdot(-1)^{n-1}}{2n-1}x^{2n-1}\Big)'=\sum_{n=1}^{\infty}2\cdot(-1)^{n-1}x^{2n-2}$$

$$=2-2x^2+2x^4-2x^6+\cdots=\frac{2}{1+x^2},(|x|<1)$$

將上式兩端對 x 積分,得

$$s'(x)-s'(0)=\int_0^x s''(t)dt=\int_0^x \frac{2}{1+t^2}dt=2\arctan x.$$

由 $s'(0)=0$,得 $s'(x)=2\arctan x$,兩端積分得

$$s(x)-s(0)=\int_0^x s'(t)dt=2\int_0^x \arctan t\,dt$$

$$=2\Big[t\arctan t\Big|_0^x - \int_0^x \frac{t}{1+t^2}dt\Big]$$

$$= 2x\arctan x - \ln(1 + x^2) \ (|x| < 1),$$

由 $s(0) = 0$, 得

$$s(x) = 2x\arctan x - \ln(1 + x^2)$$

即

$$\sum_{n=1}^{\infty} \frac{(-1)^{n-1}}{n(2n-1)} x^{2n} = 2x\arctan x - \ln(1 + x^2).$$

習題 4.1

1. 求下列級數的收斂域.

(1) $\sum_{n=1}^{\infty} (-1)^n \frac{5}{\sqrt{n}} x^n$;

(2) $\sum_{n=1}^{\infty} \frac{(-1)^n}{n!} x^n$;

(3) $\sum_{n=0}^{\infty} n! \, x^n$;

(4) $\sum_{n=0}^{\infty} \frac{1}{3^n} x^{2n+1}$;

(5) $\sum_{n=1}^{\infty} \frac{(-1)^{n-1}}{n^2} (x-2)^n$;

(6) $\sum_{n=1}^{\infty} \frac{(-1)^n}{\sqrt{n}} x^n$;

(7) $\sum_{n=0}^{\infty} q^{n^2} x^n, (0 < q < 1)$;

(8) $\sum_{n=1}^{\infty} \frac{1}{1+n^2} (3x)^n$;

(9) $\sum_{n=0}^{\infty} 5^n x^n$;

(10) $\sum_{n=1}^{\infty} \frac{(-1)^{n-1}}{n \cdot 3^n} \sqrt{x^n}$;

(11) $\sum_{n=1}^{\infty} \frac{2^n}{2n-2} x^{4n}$;

(12) $\sum_{n=1}^{\infty} \left[\left(\frac{n+1}{n!} \right)^n x \right]^n$;

(13) $\sum_{n=0}^{\infty} \frac{1}{(n+2)!} (x-1)^n$;

(14) $\sum_{n=1}^{\infty} \frac{3^n + (-2)^n}{n} (x+1)^n$;

(15) $\sum_{n=1}^{\infty} \frac{n^2}{x^n}$;

(16) $\sum_{n=1}^{\infty} \left[\frac{(-1)^n}{2^n} x^n + 3^n x^n \right]$.

2. 求下列級數的收斂域, 以及它們在收斂域內的和函數.

(1) $\sum_{n=1}^{\infty} n^2 x^{n-1}$;

(2) $\sum_{n=0}^{\infty} (n+1) x^n$;

(3) $\sum_{n=0}^{\infty} \frac{1}{2^n} x^n$;

(4) $\sum_{n=1}^{\infty} \frac{1}{2n+1} x^{2n+1}$;

(5) $\sum_{n=1}^{\infty} \frac{2n+1}{n!} x^{2n}$;

(6) $\sum_{n=1}^{\infty} \left(\frac{1}{n} x^n - \frac{1}{n+1} x^{n+1} \right)$.

3. 求級數 $\sum_{n=1}^{\infty} n(n+1) x^n$ 在其收斂區間 $(-1, 1)$ 內的和函數, 並求常數項級數 $\sum_{n=1}^{\infty} \frac{n(n+1)}{2^n}$ 的和.

4. 求級數 $\sum_{n=1}^{\infty} \dfrac{x^n}{n}$ 的和函數，並證明 $\ln 2 = \sum_{n=1}^{\infty} \dfrac{1}{n \cdot 2^n}$.

5. 求級數 $\sum_{n=1}^{\infty} \dfrac{2n-1}{2^n} x^{2n-2}$ 的收斂區域以及和函數，並求常數項級數 $\sum_{n=1}^{\infty} \dfrac{2n-1}{2^n}$ 的和.

第 2 節　初等函數的冪級數展開

前面我們討論了冪級數 $\sum_{n=0}^{\infty} a_n x^n$ 與 $\sum_{n=0}^{\infty} a_n (x-x_0)^n$ 的收斂域與其和函數的基本性質，以及利用基本性質如何在收斂域內求和函數. 本節討論與此相反的問題：給定函數 $f(x)$ 后，能否在某區間將此函數表示為形如 $\sum_{n=0}^{\infty} a_n x^n$ 的冪級數，或者更一般的表示成形如 $\sum_{n=0}^{\infty} a_n (x-x_0)^n$ 的冪級數？將函數表示成冪級數，稱為函數的冪級數展開，而該冪級數稱為函數的冪級數展開式.

1. 泰勒級數

具有什麼性質的函數可以展開成冪級數？冪級數展開式的系數與函數有何種關係？下面的定理給出解答.

定理 4.4　設函數 $f(x)$ 在點 $x=x_0$ 的某鄰域內有任意階導數，且 $f(x)$ 在 $x=x_0$ 處的冪級數展開式為

$$f(x) = \sum_{n=0}^{\infty} a_n (x-x_0)^n,$$

則有

$$a_n = \dfrac{1}{n!} f^{(n)}(x_0), n = 0, 1, 2, \cdots.$$

定理 4.4 說明了如何求函數冪級數展開式的系數，也說明了冪級數展開式的唯一性. 即一個函數在 $x=x_0$ 處不可能有兩個不同的冪級數展開式. 於是，我們可引入如下的定義：

定義 4.1　設函數 $f(x)$ 在點 $x=x_0$ 處有任意階導數，則稱冪級數

$$\sum_{n=0}^{\infty} \dfrac{f^{(n)}(x_0)}{n!} (x-x_0)^n = f(x_0) + f'(x_0)(x-x_0) + \dfrac{1}{2!} f''(x_0)(x-x_0)^2 + \cdots + \dfrac{1}{n!} f^{(n)}(x_0)(x-x_0)^n + \cdots$$

為函數 $f(x)$ 在點 $x=x_0$ 處的泰勒級數（或泰勒展開式）. 特別的，當取 $x_0 = 0$ 時，有

$$\sum_{n=0}^{\infty} \frac{f^{(n)}(0)}{n!} x^n = f(0) + f'(0)x + \frac{1}{2!}f''(0)x^2 + \cdots + \frac{1}{n!}f^{(n)}(0)x^n + \cdots$$

稱為函數 $f(x)$ 的麥克勞林級數.

因此,若函數 $f(x)$ 在點 $x = x_0$ 處能展開成冪級數,則其冪級數展開式必為泰勒級數;特別地,若函數 $f(x)$ 在點 $x = 0$ 處能展開成冪級數,則其冪級數展開式必為麥克勞林級數.

顯然 $f(x)$ 在點 $x = x_0$ 處的泰勒級數在 $x = x_0$ 時收斂於 $f(x_0)$,但除了 $x = x_0$ 外,它是否一定收斂? 如果它收斂,它是否一定收斂於 $f(x)$? 這些問題,我們有下列定理.

定理 4.5 設函數 $f(x)$ 在點 $x = x_0$ 的某鄰域 $U(x_0)$ 內有任意階導數,則 $f(x)$ 在該鄰域內能展開成泰勒級數的充分必要條件是

$$\lim_{n \to \infty} R_n(x) = \lim_{n \to \infty} \frac{f^{(n+1)}(\xi)}{(n+1)!}(x - x_0)^{n+1} = 0,$$

其中 ξ 是 x 與 x_0 之間的某個值, $x \in U(x_0)$.

證明從略.

2. 初等函數的冪級數展開

要把函數 $f(x)$ 展開成泰勒級數,可以按照下列步驟進行:

第一步,求出 $f(x)$ 的各階導數 $f'(x), f''(x), \cdots, f^{(n)}(x), \cdots$,如果在 $x = x_0$ 的某階導數不存在,就停止進行.

第二步,求函數及其各階導數在 $x = x_0$ 處的值.

$$f(x_0), f'(x_0), f''(x_0), \cdots, f^{(n)}(x_0), \cdots$$

第三步,寫出冪級數.

$$f(x_0) + f'(x_0)x + \frac{1}{2!}f''(x_0)x^2 + \cdots + \frac{1}{n!}f^{(n)}(x_0)x^n + \cdots,$$

並求出收斂半徑 R.

第四步,考察當 $x \in (-R, R)$ 時,極限 $\lim_{n \to \infty} R_n(x) = \lim_{n \to \infty} \frac{f^{(n+1)}(\xi)}{(n+1)!}(x - x_0)^{n+1}$ 是否為零(其中 ξ 在 x_0 與 x 之間).如果為零,則函數 $f(x)$ 在區間 $(-R, R)$ 內的泰勒級數展開式為

$$f(x) = f(x_0) + f'(x_0)x + \frac{1}{2!}f''(x_0)x^2 + \cdots + \frac{1}{n!}f^{(n)}(x_0)x^n + \cdots$$
$$(x \in (-R, R)).$$

例 1 求函數 $f(x) = e^x$ 的麥克勞林級數展開式.

解 由 $f^{(n)}(x) = e^x$,得 $f^{(n)}(0) = 1 (n = 0, 1, 2, \cdots)$,於是 $f(x)$ 的麥克勞林級數為

$$1 + x + \frac{1}{2!}x^2 + \cdots + \frac{1}{n!}x^n + \cdots,$$

該級數的收斂半徑為 $R = +\infty$,對於任何有限的數 x, ξ(ξ 介於 0 與 x 之間),有

$$R_n(x) = \left| \frac{e^{\xi}}{(n+1)!} x^{n+1} \right| < e^{|x|} \cdot \frac{|x|^{n+1}}{(n+1)!}.$$

因 $e^{|x|}$ 有限,而 $\frac{|x|^{n+1}}{(n+1)!}$ 是收斂級數 $\sum_{n=0}^{\infty} \frac{|x|^{n+1}}{(n+1)!}$ 的一般項,所以 $e^{|x|} \cdot \frac{|x|^{n+1}}{(n+1)!}$ $\to 0 \, (n \to \infty)$.

即有 $\lim_{n \to \infty} R_n(x) = 0$,於是 $e^x = 1 + x + \frac{1}{2!}x^2 + \cdots + \frac{1}{n!}x^n + \cdots, x \in (-\infty, +\infty)$.

例 2 求函數 $f(x) = \sin x$ 麥克勞林級數展開式.

解 $f^{(n)}(x) = \sin(x + \frac{n\pi}{2}) \, (n = 0, 1, 2, \cdots)$,

$f^{(n)}(0)$ 順序循環地取 $0, 1, 0, -1, \cdots (n = 0, 1, 2, \cdots)$,於是 $f(x)$ 的麥克勞林級數為

$$x - \frac{1}{3!}x^3 + \frac{1}{5!}x^5 - \cdots + (-1)^n \frac{x^{2n+1}}{(2n+1)!} + \cdots,$$

該級數的收斂半徑為 $R = +\infty$,對於任何有限的數 x、ξ(ξ 介於 0 與 x 之間),有

$$|R_n(x)| = \left| \frac{\sin\left[\xi + \frac{(n+1)\pi}{2}\right]}{(n+1)!} x^{n+1} \right| < \frac{|x|^{n+1}}{(n+1)!}$$

因此 $\quad |R_n(x)| < \frac{|x|^{n+1}}{(n+1)!} \to 0 (n \to \infty)$,

於是 $\quad \sin x = x - \frac{1}{3!}x^3 + \cdots + (-1)^n \frac{x^{2n+1}}{(2n+1)!} + \cdots, x \in (-\infty, +\infty)$.

例 3 求函數 $f(x) = (1+x)^{\alpha} \, (\alpha \in R)$ 麥克勞林級數展開式.

解 $f'(x) = \alpha(1+x)^{\alpha-1}$,
$\quad f''(x) = \alpha(\alpha-1)(1+x)^{\alpha-2}, \cdots$,
$\quad f^{(n)}(x) = \alpha(\alpha-1)(\alpha-2)\cdots(\alpha-n+1)(1+x)^{\alpha-n}, \cdots$,

所以 $f(0) = 1, f'(0) = \alpha, f''(0) = \alpha(\alpha-1), \cdots, f^{(n)}(0) = \alpha(\alpha-1)\cdots(\alpha-n+1), \cdots$,
於是 $f(x)$ 的麥克勞林級數為

$$1 + \alpha x + \frac{\alpha(\alpha-1)}{2!}x^2 + \cdots + \frac{\alpha(\alpha-1)\cdots(\alpha-n+1)}{n!}x^n + \cdots \quad (4.5)$$

該級數相鄰兩項的係數之比的絕對值 $\left|\frac{a_{n+1}}{a_n}\right| = \left|\frac{\alpha-n}{n+1}\right| \to 1 \, (n \to \infty)$,

因此,該級數的收斂半徑 $R = 1$,收域區間為 $(-1, 1)$.

設級數(4.5)式的和函數為 $s(x)$,則可求得 $s(x) = (1+x)^{\alpha}, x \in (-1, 1)$.

即 $\quad (1+x)^{\alpha} = 1 + \alpha x + \cdots + \frac{\alpha(\alpha-1)\cdots(\alpha-n+1)}{n!}x^n + \cdots x \in (-1, 1)$

$$(4.6)$$

在區間的端點 $x = \pm 1$ 處,展開式(4.6)式是否成立要看 α 的取值而定.

可證明:當 $a \leq -1$ 時,收斂域為 $(-1,1)$;當 $-1 < a < 0$ 時,收斂域為 $(-1,1]$;當 $a > 0$ 時,收斂域為 $[-1,1]$.

公式(4.6) 稱為二項展開式.

特別地,當 α 為正整數時,級數成為 x 的 α 次多項式,它就是初等代數中的二項式定理.

例如,對應 $\alpha = \dfrac{1}{2}$、$\alpha = -\dfrac{1}{2}$ 的二項展開式分別為

$$\sqrt{1+x} = 1 + \frac{1}{2}x - \frac{1}{2 \cdot 4}x^2 + \frac{1 \cdot 3}{2 \cdot 4 \cdot 6}x^3 + \cdots, x \in [-1,1];$$

$$\frac{1}{\sqrt{1+x}} = 1 - \frac{1}{2}x + \frac{1 \cdot 3}{2 \cdot 4}x^2 - \frac{1 \cdot 3 \cdot 5}{2 \cdot 4 \cdot 6}x^3 + \cdots, x \in (-1,1].$$

由於初等函數的泰勒級數展開式是唯一的,所以要將函數在某點鄰域中展開為泰勒級數,就沒有必要先求泰勒係數,可以用其他任何方法來將函數展開成冪級數,只要是每一步都合理,則最後得到的展開式必是泰勒展開式.

例 4　求函數 $f(x) = \cos x$ 麥克勞林級數展開式.

解　利用冪級數的運算性質,由 $\sin x$ 的展開式

$$\sin x = x - \frac{x^3}{3!} + \frac{x^5}{5!} - \cdots + (-1)^n \frac{x^{2n+1}}{(2n+1)!} + \cdots, x \in (-\infty, +\infty)$$

逐項求導得

$$\cos x = 1 - \frac{x^2}{2!} + \frac{x^4}{4!} - \cdots + (-1)^n \frac{x^{2n}}{(2n)!} + \cdots, x \in (-\infty, +\infty)$$

例 5　求函數 $f(x) = \ln(1+x)$ 麥克勞林級數展開式.

解　因為 $f'(x) = \dfrac{1}{1+x}$,而

$$\frac{1}{1+x} = 1 - x + x^2 - x^3 + \cdots + (-1)^n x^n + \cdots, x \in (-1,1)$$ 在上式兩端從 0 到 x 逐項積分,得

$$\ln(1+x) = x - \frac{x^2}{2!} + \frac{x^3}{3!} - \cdots + (-1)^n \frac{x^{n+1}}{n+1} + \cdots, x \in (-1,1]$$

上式對 $x = 1$ 也成立.因為上式右端的冪級數當 $x = 1$ 時收斂,而上式左端的函數 $\ln(1+x)$ 在 $x = 1$ 處有定義且連續.

例 6　求函數 $\arctan x$ 的麥克勞林級數展開式.

解　因為

$$\frac{1}{1+x^2} = 1 - x^2 + x^4 + \cdots + (-1)^n x^{2n} + \cdots, |x| < 1$$

所以

$$\arctan x = \int_0^x \frac{dt}{1+t^2} = \sum_{n=0}^{\infty} \int_0^x (-1)^n t^{2n} dt$$

$$= \sum_{n=0}^{\infty} \frac{(-1)^n}{2n+1} x^{2n+1}, (|x| \leq 1)$$

其中 $x = \pm 1$ 處的斂散性由交錯級數的萊布尼茲判別法容易得到.

例 7 求函數 $f(x) = \dfrac{1}{(x-1)(x+3)}$ 在 $x = 2$ 處的泰勒展開式.

解 由於

$$f(x) = \frac{1}{(x-1)(x+3)} = \frac{1}{4}\left(\frac{1}{x-1} - \frac{1}{x+3}\right)$$

$$= \frac{1}{4}\left[\frac{1}{1+(x-2)} - \frac{1}{5+(x-2)}\right]$$

利用 $\dfrac{1}{1-t} = \sum_{n=0}^{\infty} t^n, |t| < 1$,得到

$$\frac{1}{1+(x-2)} = \sum_{n=0}^{\infty} (-1)^n (x-2)^n, |x-2| < 1$$

$$\frac{1}{5+(x-2)} = \frac{1}{5\left(1+\dfrac{x-2}{5}\right)} = \frac{1}{5}\sum_{n=0}^{\infty} (-1)^n \left(\frac{x-2}{5}\right)^n, \left|\frac{x-2}{5}\right| < 1$$

因而

$$f(x) = \frac{1}{(x-1)(x+3)}$$

$$= \frac{1}{4}\sum_{n=0}^{\infty} (-1)^n \left(1 + \frac{1}{5^{n+1}}\right)(x-2)^n, |x-2| < 1$$

習題 4.2

1. 將下列函數展開成 x 的冪級數,並求收斂域.

(1) $f(x) = \sin^2 x$;

(2) $f(x) = \dfrac{x}{\sqrt{1+x^2}}$;

(3) $f(x) = x^3 e^{-x}$;

(4) $f(x) = 3^x$;

(5) $f(x) = \dfrac{e^x + e^{-x}}{2}$;

(6) $f(x) = \dfrac{x^2}{\sqrt{1-x^2}}$;

(7) $f(x) = \int_0^x e^{-t^2} dt$;

(8) $f(x) = \dfrac{1}{x}\ln(1+x)$;

(9) $f(x) = \ln(4 - 3x - x^2)$;

(10) $f(x) = \sin(x + a)$;

(11) $f(x) = \dfrac{1}{(x-1)(x-2)}$;

(12) $f(x) = \dfrac{x}{(1-x)(1-2x)}$.

2. 將下列函數展開成 $(x-1)$ 的冪級數.

(1) $f(x) = e^x$;   (2) $f(x) = \ln x$.

3. 將 $f(x) = \cos x$ 展開成 $(x + \dfrac{\pi}{3})$ 的冪級數.

4. 將 $f(x) = \dfrac{1}{x^2 - 3x + 2}$ 展開成 $(x + 4)$ 的冪級數.

第 3 節　冪級數的應用

前面已通過舉例說明了利用冪級數來求和 $\sum\limits_{n=0}^{\infty} a_n$ 的方法,這裡再介紹其他幾個應用.

1. 近似計算

若一個數 A 可展為級數 $A = a_1 + a_2 + \cdots + a_n + \cdots$,其中 $a_n (n = 1,2,3,\cdots)$ 容易計算,則可取級數的部分和做為 A 的近似值,即 $A \approx a_1 + a_2 + \cdots + a_n$.產生的誤差由餘項 $R_n = \sum\limits_{k=n+1}^{\infty} a_k$ 表示,如果這個誤差可以估計,我們就知道 n 取多大時,就能達到預先要求的精確度.

例 1　π 的計算.

解　由

$$\arctan x = x - \frac{x^3}{3} + \frac{x^5}{5} - \frac{x^7}{7} + \cdots$$

若取 $x = \dfrac{1}{\sqrt{3}}$,得

$$\frac{\pi}{6} = \frac{1}{\sqrt{3}} \left(1 - \frac{1}{3} \cdot \frac{1}{3} + \frac{1}{5} \cdot \frac{1}{3^2} - \frac{1}{7} \cdot \frac{1}{3^3} + \cdots \right)$$

由此可以計算 π.

例 2　對數計算,如計算 $\ln 2$.

解　由上節例 5 的結果,不難得出

$$\ln \frac{1+x}{1-x} = \ln(1+x) - \ln(1-x)$$
$$= 2 \left(x + \frac{x^3}{3} + \frac{x^5}{5} + \cdots + \frac{x^{2n+1}}{2n+1} + \cdots \right), (-1 < x < 1)$$

特別取 $x = \dfrac{1}{2n+1}$,n 為自然數,則有

$$\ln\frac{n+1}{n} = \frac{2}{2n+1}\left[1 + \frac{1}{3}\cdot\frac{1}{(2n+1)^2} + \frac{1}{5}\cdot\frac{1}{(2n+1)^4} + \cdots\right]$$

在上式中令 $n=1$，得

$$\ln 2 = \frac{2}{3}\left(1 + \frac{1}{3}\cdot\frac{1}{9} + \frac{1}{5}\cdot\frac{1}{9^2} + \frac{1}{7}\cdot\frac{1}{9^3} + \cdots + \frac{1}{17}\cdot\frac{1}{9^8} + \cdots\right)$$

若取上面寫出的這些項進行計算，則可算出 $\ln 2$ 精確到小數點後第 9 位的結果為

$$\ln 2 = 0.693,147,180\cdots$$

因為此時的誤差

$$\Delta = \frac{2}{3}\left(\frac{1}{19}\cdot\frac{1}{9^9} + \frac{1}{21}\cdot\frac{1}{9^{10}} + \cdots\right)$$

$$< \frac{2}{3\times 19\times 9^9}\left(1 + \frac{1}{9} + \frac{1}{9^2} + \cdots\right)$$

$$= \frac{2}{3\times 19\times 9^9}\times\frac{9}{8} = \frac{1}{12\times 19\times 9^8} < \frac{2}{10^{10}}$$

2. 定積分的計算

設 $f(x) = \sum_{n=0}^{\infty} a_n x^n, x\in(-R,R)$，若 $[a,b]\subset(-R,R)$，可利用逐項積分，取其部分和近似計算定積分

$$\int_a^b f(x)dx = \sum_{n=0}^{\infty} a_n \int_a^b x^n dx \approx \sum_{k=0}^{n} a_k \int_a^b x^k dx$$

例 3 計算 $\int_0^1 e^{-x^2}dx$ 的近似值。

解 已知

$$e^{-x^2} = 1 - \frac{x^2}{1!} + \frac{x^4}{2!} - \cdots + (-1)^n\frac{x^{2n}}{n!} + \cdots,$$

則

$$\int_0^x e^{-t^2}dt = x - \frac{x^3}{3} + \frac{x^5}{5\cdot 2!} - \cdots + (-1)^n\frac{x^{2n+1}}{(2n+1)\cdot n!} + \cdots,$$

故

$$\int_0^1 e^{-x^2}dx = 1 - \frac{1}{3} + \frac{1}{10} - \frac{1}{42} + \frac{1}{216} - \frac{1}{1,320} + \frac{1}{9,360} - \frac{1}{75,600} + \cdots + (-1)^n\cdot\frac{1}{2n+1}\cdot\frac{1}{n!} + \cdots$$

$$\approx 1 - \frac{1}{3} + \frac{1}{10} - \frac{1}{42} + \frac{1}{216} - \frac{1}{1,320} + \frac{1}{9,360} \approx 0.746,8\cdots$$

這時的誤差

$$|\Delta| < \frac{1}{75,600} < \frac{1.5}{10^5}.$$

3. 微分方程的冪級數解法

若一個微分方程的解可以展開成冪級數,則該方程就可以用冪級數方法求解.下面通過例子來說明這種方法的基本思想和步驟.

例 4 求解方程 $(1-x^2)y'' = -2y$.

解 設方程的解可以展開成冪級數

$$y = \sum_{n=0}^{\infty} a_n x^n \tag{4.7}$$

只需要確定出系數 $a_0, a_1, a_2, \cdots$ 即可.

將 (4.7) 式逐項微分兩次,得

$$y'' = \sum_{n=2}^{\infty} n(n-1) a_n x^{n-2} \tag{4.8}$$

將 (4.7) 式、(4.8) 式代入原方程,得

$$(1-x^2) \sum_{n=2}^{\infty} n(n-1) a_n x^{n-2} = -2 \sum_{n=0}^{\infty} a_n x^n$$

即

$$\sum_{n=0}^{\infty} (n+2)(n+1) a_{n+2} x^n - \sum_{n=0}^{\infty} n(n-1) a_n x^n = -2 \sum_{n=0}^{\infty} a_n x^n$$

$$\sum_{n=0}^{\infty} [(n+2)(n+1) a_{n+2} - n(n-1) a_n] x^n = -2 \sum_{n=0}^{\infty} a_n x^n$$

由冪級數展開的唯一性,得

$$(n+2)(n+1) a_{n+2} - n(n-1) a_n = -2 a_n$$

$$a_{n+2} = \frac{n^2 - n - 2}{(n+2)(n+1)} a_n = \frac{n-2}{n+2} a_n$$

由以上結果,任意給定 a_0, a_1,可以得到 $a_2, a_4, a_6, \cdots$ 以及 $a_3, a_5, a_7, \cdots$ 如下:

$$a_2 = -a_0, \quad a_4 = a_6 = \cdots = 0$$

$$a_{2n+1} = \frac{-1}{(2n+1)(2n-1)} a_1, \quad n = 1, 2, 3, \cdots$$

因此

$$y = a_0(1-x^2) - a_1 \sum_{n=0}^{\infty} \frac{1}{(2n+1)(2n-1)} x^{2n+1} \tag{4.9}$$

(4.9) 式只是原微分方程的形式解,只有 (4.9) 式右端級數是收斂時,上述計算步驟才是合理的,(4.9) 式才是原微分方程的冪級數解.

事實上,由比值判別法易知,當 $|x| < 1$ 時,(4.9) 式右端級數是收斂的.因此,當 $|x| < 1$ 時,(4.9) 式表示了原微分方程的解,其中 a_0, a_1 是任意常數.

第4章補充習題

1. 請選擇下列各題中的正確選項.

(1) 若 $\sum_{n=1}^{\infty} a_n (x-1)^n$ 在 $x=-1$ 處收斂,則級數在 $x=2$ 處(　　).

(A) 絕對收斂　　　　　　　　(B) 條件收斂

(C) 發散　　　　　　　　　　(D) 斂散性不能確定

(2) 若 $\sum_{n=1}^{\infty} a_n (x-1)^n$ 在 $x=-1$ 處發散,則級數在 $x=2$ 處(　　).

(A) 絕對收斂　　　　　　　　(B) 條件收斂

(C) 發散　　　　　　　　　　(D) 斂散性不能確定

(3) 設函數 $f(x)=x^2, 0 \leq x \leq 1$,則 $S(x)=\sum_{n=1}^{\infty} b_n \sin n\pi x, -\infty < x < +\infty$,其中 $b_n = 2\int_0^1 f(x)\sin n\pi x\, dx, n=1,2,3,\cdots$,則 $S\left(\dfrac{7}{2}\right)$ 等於(　　).

(A) 4　　　　　　　　　　　　(B) -4

(C) $\dfrac{1}{4}$　　　　　　　　　　(D) $-\dfrac{1}{4}$

(4) 設 $f(x)=\begin{cases}\dfrac{1-\cos x}{x^2}, & x\neq 0 \\ \dfrac{1}{2}, & x=0\end{cases}$,則 $f(x)$ 在 $x=0$ 點的 6 階導數 $f^{(6)}(0)$ 是 (　　).

(A) 不存在　　　　　　　　　(B) $-\dfrac{1}{6}$

(C) $-\dfrac{1}{56}$　　　　　　　　(D) $\dfrac{1}{56}$

(5) 若 $\sum_{n=0}^{\infty} a_n x^n$ 的收斂域是 $(-8,8]$,則 $\sum_{n=2}^{\infty} \dfrac{a_n x^n}{n(n-1)}$ 的收斂半徑與 $\sum_{n=0}^{\infty} a_n x^{2n}$ 的收斂域分別是(　　).

(A) 8, $(-2,2]$　　　　　　　(B) 8, $[-2,2]$

(C) 不定, $(-2,2]$　　　　　(D) 8, $[-2,2)$

2. 求下列級數的收斂域.

(1) $\sum_{n=1}^{\infty} \dfrac{2^{\ln n}}{n} x^n$;　　　　　　(2) $\sum_{n=1}^{\infty} \dfrac{1}{3^n+(-2)^n} \cdot \dfrac{x^n}{n}$;

(3) $\sum_{n=1}^{\infty} \frac{x^{2n-1}}{n4^n}$; (4) $\sum_{n=1}^{\infty} \frac{(-1)^{n-1}}{(n^2+2n+3)^x}$.

3. 設有級數 $\sum_{n=1}^{\infty} \frac{1}{(n-1)!} x^{n+1}$，試求：

(1) 收斂區間； (2) 和函數； (3) 級數 $\sum_{n=1}^{\infty} \frac{n-1}{n!} 2^n$ 的和.

4. 將函數 $f(x) = \begin{cases} \frac{1+x^2}{x}\arctan x, & x \neq 0 \\ 1, & x = 0 \end{cases}$ 展開成 x 的冪級數，並求級數 $\sum_{n=1}^{\infty} \frac{(-1)^n}{1-4n^2}$ 的和.

5. 將 $f(x) = \frac{1}{x(x-1)}$ 展開成 $x-3$ 的冪級數.

6. 將下列函數展開成 x 的冪級數.

(1) $f(x) = \frac{1}{x^2 - 2x - 3}$;

(2) $f(x) = \ln(1 - x - 2x^2)$;

(3) $f(x) = x\arctan x - \ln\sqrt{1+x^2}$.

第 5 章 高階微分方程

在微分方程中,通常把二階及二階以上的方程統稱為高階微分方程.

一般來說,高階微分方程的求解比較困難,還沒有比較普遍或通用的解法,因此本章我們只討論二階線性微分方程及幾種特殊的高階微分方程的解法.

第 1 節 高階線性微分方程的解的結構

1. 幾種特殊的高階方程

(1) 直接積分的微分方程

形如 $y^{(n)} = f(x)$ 的微分方程,通過 n 次積分就可以求得其通解.

例 1 求微分方程 $y''' = e^{2x} - \cos x$ 的通解.

解 對原方程連續積分三次得

$$y'' = \frac{1}{2}e^{2x} - \sin x + C_1$$

$$y' = \frac{1}{4}e^{2x} + \cos x + C_1 x + C_2$$

$$y = \frac{1}{8}e^{2x} + \sin x + \frac{C_1}{2}x^2 + C_2 x + C_3$$

即得原方程的通解.

(2) 不顯含未知函數 y 的二階微分方程

形如

$$y'' = f(x, y')$$

的方程,其右端不顯含未知函數 y,如果設 $y' = p$,則

$$y'' = (y')' = p'$$

代入上面方程,得

$$p' = f(x, p)$$

這是一個關於變量未知函數 p 的一階微分方程,若能求出其通解

$$p = g(x, C_1)$$

再由 $p = \dfrac{dy}{dx}$,就得到了一個一階微分方程

$$\frac{dy}{dx} = g(x, C_1)$$

再次積分,便得到原方程的通解為

$$y = \int g(x, C_1) dx + C_2$$

例 2 求微分方程 $(1 + x^2) y'' = 2xy'$ 的通解.

解 所給方程中不顯含未知函數 y, 設 $y' = p$, 代入方程, 得

$$(1 + x^2) p' = 2xp$$

即

$$\frac{dp}{p} = \frac{2x}{1 + x^2} dx$$

兩邊積分就得到

$$\ln|p| = \ln(1 + x^2) + C$$

即

$$p = y' = \pm e^C (1 + x^2)$$

兩端再次積分,得原方程的通解為

$$y = C_1(3x + x^3) + C_2, \text{(其中 } C_1 = \pm \frac{1}{3} e^C, \text{仍為任意常數)}$$

(3) 不顯含自變量 x 的二階微分方程

形如

$$y'' = f(y, y')$$

的方程,其中不顯含自變量 x. 為了求解,令 $y' = p$, 並把 y 看作是自變量, 利用複合函數的求導法則, 有

$$y'' = \frac{dp}{dx} = \frac{dp}{dy} \frac{dy}{dx} = p \frac{dp}{dy}$$

把 y', y'' 代入原方程, 得到一個關於未知函數 p 的一階微分方程

$$p \frac{dp}{dy} = f(y, p)$$

若能求出其通解為

$$y' = p = g(y, C_1)$$

分離變量並積分就得到原方程的通解為

$$\int \frac{dy}{g(y, C_1)} = x + C_2$$

例 3 求微分方程 $yy'' + (y')^2 = 0$ 的通解.

解 令 $y' = p$, 則 $y'' = p \dfrac{dp}{dy}$ 代入方程得

$$yp \frac{dp}{dy} + p^2 = 0$$

由此可得

$$p = 0 \text{ 或 } y\frac{dp}{dy} + p = 0$$

由 $y\dfrac{dp}{dy} + p = 0$ 分離變量后積分就得到

$$p = \frac{C}{y} \quad \text{即} \quad y' = \frac{C}{y}$$

再積分一次就得原方程的通解為

$$y^2 = C_1 x + C_2$$

其中 C_1, C_2 為任意常數.

另外,由 $p = y' = 0$,得 $y = C$,(為任意常數),此解顯然包含在上面的通解中.

2. n 階線性微分方程解的結構

n 階線性微分方程的一般形式為

$$y^{(n)} + a_1(x)y^{(n-1)} + \cdots + a_{n-1}(x)y' + a_n(x)y = f(x) \tag{5.1}$$

其中 $a_1(x), a_2(x), \cdots, a_n(x), f(x)$ 都是自變量 x 的已知函數.

若 $f(x) \not\equiv 0$,則稱方程(5.1)式為**非齊次線性微分方程**,簡稱為非齊次線性方程.

若 $f(x) \equiv 0$,則稱方程

$$y^{(n)} + a_1(x)y^{(n-1)} + \cdots + a_{n-1}(x)y' + a_n(x)y = 0 \tag{5.2}$$

為 n 階**齊次線性微分方程**,簡稱為齊次線性方程,並且稱方程(5.2)式為方程(5.1)式所對應的齊次線性方程.

為了研究線性微分方程的解的結構,我們首先引入函數相關性的概念.

定義 5.1 對於定義在區間 (a, b) 上的函數組 $y_1(x), y_2(x), \cdots, y_k(x)$,如果存在不全為 0 的常數 $C_1, C_2, \cdots, C_k$,使得等式

$$C_1 y_1(x) + C_2 y_2(x) + \cdots + C_k y_k(x) = 0 \tag{5.3}$$

在區間 (a, b) 上恒成立,則稱函數組 $y_1(x), y_2(x), \cdots, y_k(x)$ 在區間 (a, b) 上線性相關;否則,稱為線性無關.

即如果在區間 (a, b) 上,(5.3)式只有在 $C_1, C_2, \cdots, C_k$ 全為零的時候才能成立,則稱函數組 $y_1(x), y_2(x), \cdots, y_k(x)$ 在區間 (a, b) 上線性無關.

特別地,當 $k = 2$ 時,如果存在非零常數 C,使得 $y_1(x) = Cy_2(x)$,則函數 $y_1(x)$ 與 $y_2(x)$ 線性相關,否則線性無關,或者說,當兩個函數 $y_1(x)$ 和 $y_2(x)$ 滿足 $\dfrac{y_1(x)}{y_2(x)} \neq$ 常數時,我們稱函數 $y_1(x)$ 和 $y_2(x)$ 線性無關.

例如 x 與 $2x$ 是線性相關的,而 x 與 $x^2 + 1$,$\sin x$ 與 $\cos x$,xe^x 與 e^x 都是線性無關的,函數組 $1, x, x^2, x^3, \cdots, x^n$ 是線性無關的.

線性微分方程的解具有以下結論:

定理 5.1 如果函數 $y_1(x), y_2(x), \cdots, y_n(x)$ 都是齊次線性微分方程(5.2)式的解,則它們的線性組合

$$y(x) = C_1 y_1(x) + C_2 y_2(x) + \cdots + C_n y_n(x)$$

也是齊次線性微分方程(5.2)式的解,其中 $C_1, C_2, \cdots, C_k$ 是 n 個任意常數.

我們已知,若解中含有任意常數,且相互獨立的任意常數個數與微分方程的階數相等,這樣的解稱為通解.因此,如果 $y_1(x), y_2(x), \cdots, y_n(x)$ 是 n 階齊次線性微分方程(5.2)式的 n 個線性無關的解,則

$$y_c(x) = C_1 y_1(x) + C_2 y_2(x) + \cdots + C_n y_n(x)$$

就是微分方程(5.2)式的通解.因為 $y_1(x), y_2(x), \cdots, y_n(x)$ 線性無關,所有這裡的任意常數 $C_1, C_2, \cdots, C_n$ 不能合併,是相互獨立的.

定理5.2 若 $\bar{y}(x)$ 是 n 階非齊次線性微分方程(5.1)式的一個特解,$y_c(x)$ 是對應的齊次線性微分方程(5.2)式的通解,則非齊次線性微分方程(5.1)式的通解為

$$y(x) = \bar{y}(x) + y_c(x)$$

例如,方程 $y'' + y = x^2$ 是二階非齊次方程,其對應的齊次方程 $y'' + y = 0$ 的通解為 $y_c(x) = C_1 \cos x + C_2 \sin x$,而該非齊次方程有一個特解 $\bar{y}(x) = x^2 - 2$,所以該非齊次方程的通解為 $y(x) = C_1 \cos x + C_2 \sin x + x^2 - 2$.

定理5.3 若非齊次線性微分方程(5.1)式的右端 $f(x)$ 是幾個函數之和,如

$$y^{(n)} + a_1(x) y^{(n-1)} + \cdots + a_{n-1}(x) y' + a_n(x) y = f_1(x) + f_2(x) \quad (5.3)$$

而 $\bar{y}_1(x)$ 與 $\bar{y}_2(x)$ 分別是方程

$$y^{(n)} + a_1(x) y^{(n-1)} + \cdots + a_{n-1}(x) y' + a_n(x) y = f_1(x)$$

與

$$y^{(n)} + a_1(x) y^{(n-1)} + \cdots + a_{n-1}(x) y' + a_n(x) y = f_2(x)$$

的特解,那麼 $\bar{y}_1(x) + \bar{y}_2(x)$ 就是原微分方程(5.3)式的特解.

定理5.3稱為非齊次線性微分方程的解的疊加原理.以上三個定理,讀者可以自己驗證.

由以上定理可知,要求出 n 階齊次線性微分方程的通解,只需要求出其 n 個線性無關的特解,這 n 個無關的特解的線性組合就得到通解;要求 n 階非齊次線性微分方程的通解,只需要求出其一個特解及其對應的齊次線性方程的通解,然后將特解和通解相加即可,因此非齊次線性微分方程求解的問題就歸結為求其一個特解和它對應的齊次線性微分方程的通解問題.

習題 5.1

求下列非齊次線性微分方程的通解.

(1) $y^{(3)} - 8y = e^{2x}$;

(2) $2y'y'' = 1$;

(3) $y'y'' - (y')^2 + (y')^3 = 0$;

(4) $y'' + \sqrt{1 - (y')^2} = 0$.

第 2 節　二階常系數線性微分方程

對一般的二階微分方程沒有普遍的解法，本節僅就比較簡單而特殊的情形 —— 常系數線性微分方程進行討論.

二階常系數線性微分方程的一般形式是
$$y'' + ay' + by = f(x) \tag{5.4}$$
其中 a, b 為已知實常數，$f(x)$ 為已知函數，方程(5.4)式對應的齊次方程為
$$y'' + ay' + by = 0 \tag{5.5}$$

1. 二階常系數齊次線性微分方程的通解

根據定理5.1，只需要求出方程(5.5)式的兩個線性無關的解即可. 那麼如何求得這兩個線性無關的特解呢？

注意到方程(5.5)式左端的系數 a 和 b 都是常數，很容易想到，解 y 應該具有這樣的性質：y', y'' 都是 y 的常數倍，聯想到指數函數 $y = e^{\lambda x}$（λ 為任意常數）恰好具有這樣的性質，因此可以設想方程(5.5)式的解為 $y = e^{\lambda x}$，我們來看看常數 λ 應滿足什麼性質.

將 $y = e^{\lambda x}, y' = \lambda e^{\lambda x}, y'' = \lambda^2 e^{\lambda x}$ 代入方程(5.5)式得
$$(\lambda^2 + a\lambda + b)e^{\lambda x} = 0$$
因為 $e^{\lambda x} \neq 0$，得
$$\lambda^2 + a\lambda + b = 0 \tag{5.6}$$
由此可知，只要 λ 滿足代數方程(5.6)式，則 $y = e^{\lambda x}$ 就是微分方程(5.5)式的解. 方程(5.6)式稱為微分方程(5.5)式的**特徵方程**，特徵方程的解稱為**特徵根**或者**特徵值**.

因為特徵方程(5.6)式是 λ 的二次方程，所以在復數範圍內，總有兩個特徵根（含重根），記為 λ_1, λ_2，以下分三種情況討論：

（1）**特徵根為相異實根**

由二次方程判別條件知，判別式 $\Delta = a^2 - 4b > 0$ 時，特徵方程(5.6)式有兩個相異的實根，即
$$\lambda_1 = \frac{1}{2}(-a + \sqrt{\Delta}), \quad \lambda_2 = \frac{1}{2}(-a - \sqrt{\Delta})$$
這時方程(5.5)式有兩個特解
$$y_1 = e^{\lambda_1 x}, y_2 = e^{\lambda_2 x}$$
由於 $\dfrac{y_1}{y_2} = e^{(\lambda_1 - \lambda_2)x} \neq$ 常數，因此特解 y_1, y_2 線性無關，所以方程(5.5)式的通解為

$$y_c(x) = C_1 e^{\lambda_1 x} + C_2 e^{\lambda_2 x}$$

其中 C_1, C_2 為任意常數.

(2) 特徵根為重根

此時有判別式 $\Delta = a^2 - 4b = 0$,且重特徵根為

$$\lambda_1 = \lambda_2 = -\frac{a}{2} = \lambda$$

此時方程(5.5)式有一個特解 $y_1 = e^{\lambda x}$,直接驗證可以知道 $y_2 = xe^{\lambda x}$ 也是方程(5.5) 式的一個特解,且 $\dfrac{y_1}{y_2} = \dfrac{1}{x} \neq$ 常數,因此特解 y_1, y_2 線性無關,所以方程(5.5)式的通解為

$$y_c(x) = C_1 e^{\lambda x} + C_2 x e^{\lambda x} = (C_1 + C_2 x) e^{\lambda x}$$

其中 C_1, C_2 為任意常數.

(3) 特徵根為共軛復根

此時有判別式 $\Delta = a^2 - 4b < 0$,且共軛復根為

$$\lambda_1 = \frac{1}{2}(-a + i\sqrt{-\Delta}), \lambda_2 = \frac{1}{2}(-a - i\sqrt{-\Delta})$$

其中 $i = \sqrt{-1}$ 為虛數單位.

記 λ_1, λ_2 的實部和虛部分別為 α, β,即

$$\alpha = -\frac{a}{2}, \quad \beta = \frac{\sqrt{-\Delta}}{2}$$

即方程的兩個特徵根為 $\lambda_1 = \alpha + i\beta, \lambda_2 = \alpha - i\beta$,相應地,微分方程(5.5)式有兩個線性無關的特解 $y_1 = e^{(\alpha+i\beta)x}$ 與 $y_2 = e^{(\alpha-i\beta)x}$.

由於復數形式的解不便於應用,借助歐拉公式 $e^{ix} = \cos x + i\sin x$,不難驗證函數

$$y_1(x) = e^{\alpha x}\cos\beta x, y_2(x) = e^{\alpha x}\sin\beta x$$

也是方程(5.5)式的兩個線性無關的特解,因此方程(5.5)式的通解為

$$y_c(x) = e^{\alpha x}(C_1 \cos\beta x + C_2 \sin\beta x)$$

其中 C_1, C_2 為任意常數.

例1 求方程 $y'' - 4y' + 3y = 0$ 的通解.

解 特徵方程為

$$\lambda^2 - 4\lambda + 3 = 0$$

求得特徵根為 $\lambda_1 = 1, \lambda_2 = 3$,因此所求方程的通解為

$$y_c = C_1 e^x + C_2 e^{3x}, \; C_1, C_2 \text{ 為任意常數.}$$

例2 求方程 $y'' - 12y' + 36y = 0$ 滿足初始條件 $y(0) = 1, y'(0) = 0$ 的特解.

解 特徵方程為 $\lambda^2 - 12\lambda + 36 = 0$

解得 $\lambda_1 = \lambda_2 = 6$ (二重根)

故原方程的通解為 $y = (C_1 + C_2 x)e^{6x}$

由初始條件 $y(0) = 1$,得 $C_1 = 1$
又由 $y'(0) = 0$,得 $C_2 + 6C_1 = 0$,解得 $C_2 = -6$
所以,滿足條件的特解為
$$y = (1 - 6x)e^{6x}$$

例3 求微分方程 $y'' + 2y' + 2y = 0$ 的通解.

解 特徵方程為 $\lambda^2 + 2\lambda + 2 = 0$

得到共軛復根,$\lambda_1 = -1 + i, \lambda_2 = -1 - i$,因此所求方程的通解為
$$y_c = e^{-x}(C_1\cos x + C_2\sin x)$$

2. 二階常系數非齊次線性微分方程的通解

根據定理5.2,求非齊次線性微分方程(5.4)式的通解,關鍵是要求出其一個特解. 下面我們介紹求非齊次線性微分方程特解的方法之一: 待定系數法.

待定系數法的基本思想就是用與方程(5.4)式中非齊次項函數 $f(x)$ 形式相同但含有待定系數的函數,作為(5.4)式的特解(稱為試解函數),然后將試解函數代入方程,利用方程兩邊對任意 x 的值恒等的條件,確定出試解函數中的待定系數,從而求出(5.4)式的一個特解.

例如,當函數 $f(x)$ 為常數的時候,用待定常數作為試解函數;當 $f(x) = P_m(x)$ 為 x 的 m 次多項式函數,取試解函數 $Q_m(x)$ 為 m 次多項式函數;當 $f(x)$ 為 x 的指數函數是,用含有待定系數的同形指數函數作為試解函數;當 $f(x)$ 為三角函數 $\sin\alpha x, \cos\beta x$ 或二者的線性組合時,用含有待定系數 A_1, A_2 的函數 $A_1\sin\alpha x + A_2\cos\beta x$ 作為試解函數,等等.

更一般地,待定系數法所用的試解函數如表5.1所示.

表5.1

$f(x)$ 的形式	特解 $\bar{y}$ 的試解形式	取試解的條件
$f(x) = P_m(x)$, $P_m(x)$ 為 x 的 m 次多項式	$\bar{y} = Q_m(x)$ $= A_0 + A_1x + \cdots + A_mx^m$ $A_0, A_1, \cdots, A_m$ 為待定系數	$b \neq 0$($b = 0$ 時,方程(5.4)式可以化為一階線性方程)
$f(x) = e^{\alpha x}P_m(x)$ α 為實常數,$P_m(x)$ 為 x 的 m 次多項式	$\bar{y} = Q_m(x)e^{\alpha x}$ $Q_m(x)$ 同上	α 不是特徵根
	$\bar{y} = xQ_m(x)e^{\alpha x}$ $Q_m(x)$ 同上	α 是單特徵根
	$\bar{y} = x^2Q_m(x)e^{\alpha x}$ $Q_m(x)$ 同上	α 為重特徵根

表 5.1(續)

$f(x)$ 的形式	特解 $\bar{y}$ 的試解形式	取試解的條件
$f(x) = a_1\cos\omega x + a_2\sin\omega x$ a_1, a_2, ω 為實常數	$\bar{y} = A_1\cos\omega x + A_2\sin\omega x$ A_1, A_2 為待定系數	$\pm i\omega$ 不是特徵根
	$\bar{y} = (A_1\cos\omega x + A_2\sin\omega x)x$ A_1, A_2 為待定系數	$\pm i\omega$ 是特徵根
$f(x) = (a_1\cos\omega x + a_2\sin\omega x)e^{\alpha x}$ a_1, a_2, ω, α 為實常數	$\bar{y} = (A_1\cos\omega x + A_2\sin\omega x)e^{\alpha x}$ A_1, A_2 為待定系數	$\alpha \pm i\omega$ 不是特徵根
	$\bar{y} = x(A_1\cos\omega x + A_2\sin\omega x)e^{\alpha x}$ A_1, A_2 為待定系數	$\alpha \pm i\omega$ 是特徵根

例 4 求方程 $y'' - 5y' = x^2 + 1$ 的一個特解 $\bar{y}(x)$.

解 因為方程右端是一個二次多項式,所以方程有一個多項式特解,方程左端沒有未知函數,只有未知函數的一階和二階導數,因此,未知函數是一個三次多項式,且常數項可以是任意值. 於是,設 $\bar{y}(x) = x(ax^2 + bx + c)$,則有

$$\bar{y}'(x) = 3ax^2 + 2bx + c, \bar{y}''(x) = 6ax + 2b,$$

將 $\bar{y}(x)$ 及其一階、二階導數代入原方程可得

$$6ax + 2b - 5(3ax^2 + 2bx + c) = x^2 + 1,$$
$$-15ax^2 + (6a - 10b)x + 2b - 5c = x^2 + 1,$$

於是有

$$\begin{cases} -15a = 1 \\ 6a - 10b = 0 \\ 2b - 5c = 1 \end{cases} \Rightarrow \begin{cases} a = -\dfrac{1}{15} \\ b = -\dfrac{1}{25} \\ c = -\dfrac{27}{125} \end{cases},$$

所以 $\bar{y}(x) = -x\left(\dfrac{1}{15}x^2 + \dfrac{1}{25}x + \dfrac{27}{125}\right)$.

例 5 求方程 $y'' - 4y' + 3y = 6$ 的通解.

解 在例 1 中已經求出了該方程對應的齊次方程的通解為

$$y_c = C_1 e^x + C_2 e^{3x}.$$

下面求非齊次方程的一個特解,因為 $f(x) = 6$ 為常數,取試解函數為 $\bar{y} = A$,A 為待定常數,將 $\bar{y} = A$ 代入原方程就得到 $A = 2$,因此 $\bar{y} = 2$ 是原方程的一個特解,於是所求方程的通解為

$$y = y_c + \bar{y} = C_1 e^x + C_2 e^{3x} + 2$$

C_1, C_2 為任意常數.

例6 求方程 $y'' - 12y' + 36y = e^x$ 的通解.

解 在例2中,我們已經求出了該方程對應的齊次方程的通解為
$$y_c = (C_1 + C_2 x)e^{6x}$$
設所給方程的特解為
$$\bar{y} = Ae^x$$
A 為待定係數,將 $\bar{y}$ 及 $\bar{y}' = Ae^x, \bar{y}'' = Ae^x$ 代入原方程得
$$(A - 12A + 36A)e^x = e^x$$
解得 $A = \dfrac{1}{25}$,因此 $\bar{y} = \dfrac{1}{25}e^x$ 為原方程的一個特解,於是原方程的通解為
$$y = y_c + \bar{y} = (C_1 + C_2 x)e^{6x} + \frac{1}{25}e^x$$

例7 求方程 $y'' + 2y' + 2y = 10\sin 2x$ 的通解.

解 在例3中我們已經求出了該方程對應的齊次方程的通解為
$$y_c = e^{-x}(C_1 \cos x + C_2 \sin x)$$
設所給方程的特解為
$$\bar{y} = A_1 \sin 2x + A_2 \cos 2x$$
A_1, A_2 為待定係數,將 $\bar{y} = A_1 \sin 2x + A_2 \cos 2x$ 及其一階、二階導數代入原方程得
$$-(A_1 + 2A_2)\sin 2x + (2A_1 - A_2)\cos 2x = 5\sin 2x$$
由於上式對任意 x 都成立,所以有
$$-(A_1 + 2A_2) = 5,$$
$$2A_1 - A_2 = 0$$
解得 $A_1 = -1, A_2 = -2$,因此就有 $\bar{y} = -2\cos 2x - \sin 2x$,
所以原方程的通解為
$$y = y_c + \bar{y} = (C_1 \cos x + C_2 \sin x)e^{-x} - \sin 2x - 2\cos 2x$$

例8 求方程 $y'' - 4y' + 13y = e^{2x}\sin 3x$ 的一個特解.

解 由 $\lambda^2 - 4\lambda + 13 = 0$ 解得 $\lambda_{1,2} = 2 \pm 3i$.於是,設特解
$$\bar{y}(x) = xe^{2x}(A\sin 3x + B\cos 3x),$$
則
$$\bar{y}'(x) = e^{2x}(A\sin 3x + B\cos 3x) + 2xe^{2x}(A\sin 3x + B\cos 3x)$$
$$+ 3xe^{2x}(A\cos 3x - B\sin 3x),$$
$$\bar{y}''(x) = 2e^{2x}(A\sin 3x + B\cos 3x) + 3e^{2x}(A\cos 3x - B\sin 3x)$$
$$+ 2e^{2x}(A\sin 3x + B\cos 3x) + 4xe^{2x}(A\sin 3x + B\cos 3x)$$
$$+ 6xe^{2x}(A\cos 3x - B\sin 3x) + 3e^{2x}(A\cos 3x - B\sin 3x)$$
$$+ 6xe^{2x}(A\cos 3x - B\sin 3x) + 9xe^{2x}(-A\sin 3x - B\cos 3x),$$
將 $\bar{y}(x)$ 及其一階、二階導數代入原方可得

$$2e^{2x}(A\sin3x + B\cos3x) + 3e^{2x}(A\cos3x - B\sin3x)$$
$$+ 2e^{2x}(A\sin3x + B\cos3x) + 4xe^{2x}(A\sin3x + B\cos3x)$$
$$+ 6xe^{2x}(A\cos3x - B\sin3x) + 3e^{2x}(A\cos3x - B\sin3x)$$
$$+ 6xe^{2x}(A\cos3x - B\sin3x) + 9xe^{2x}(-A\sin3x - B\cos3x),$$
$$- 4e^{2x}(A\sin3x + B\cos3x) - 8xe^{2x}(A\sin3x + B\cos3x)$$
$$- 12xe^{2x}(A\cos3x - B\sin3x) + 13xe^{2x}(A\sin3x + B\cos3x) = e^{2x}\sin3x,$$
$$6A\cos3x - 6B\sin3x = \sin3x,$$

於是，有

$$\begin{cases} A = 0 \\ B = -\dfrac{1}{6} \end{cases}.$$

所以，$\bar{y}(x) = -\dfrac{1}{6}xe^{2x}\cos3x.$

3. n 階常系數線性微分方程

上面介紹的二階常系數線性微分方程的求解方法，可以推廣到一般的 n 階常系數線性微分方程，n 階常系數線性微分方程的一般形式為

$$y^{(n)} + a_1 y^{(n-1)} + \cdots + a_{n-1} y' + a_n y = f(x) \tag{5.7}$$

其中 $a_1(x), a_2(x), \cdots, a_n(x), f(x)$ 都為自變量 x 的已知函數．對應的齊次線性方程為

$$y^{(n)} + a_1 y^{(n-1)} + \cdots + a_{n-1} y' + a_n y = 0 \tag{5.8}$$

與二階情形類似，設齊次方程(5.8)式有特解 $y = e^{\lambda x}$，將其代入方程(5.8)式得

$$\lambda^n + a_1 \lambda^{n-1} + \cdots + a_{n-1}\lambda + a_n = 0 \tag{5.9}$$

稱方程(5.9)式為方程(5.8)式的特徵方程，它的解就稱為方程(5.8)式的特徵根，方程(5.9)式是 λ 的 n 次代數方程，根據代數理論，它應該有 n 個實根或復根(重根按重數計算)，利用特徵根可求出方程(5.8)式的 n 個線性無關的特解，從而可以求出方程(5.8)的通解．

根據特徵根的各種不同情況，求齊次方程(5.8)式線性無關解的方法，列表如表5.2所示．

表 5.2

特徵方程(5.9)式的根	齊次方程(5.8)式的對應特解的形式
單實根 λ	給出通解中的一個特解 $e^{\lambda x}$
一對單復根 $\lambda_{1,2} = \alpha \pm i\beta$	給出通解中的兩個特解 $e^{\alpha x}\sin\beta x, e^{\alpha x}\cos\beta x$

表 5.2(續)

特徵方程(5.9)式的根	齊次方程(5.8)式的對應特解的形式
k 重實根 λ ($k \leq n$)	給出通解中的 k 個特解 $e^{\lambda x}, xe^{\lambda x}, \cdots, x^{k-1}e^{\lambda x}$
一對 m 重複根 $\lambda_{1,2} = \alpha \pm i\beta$ ($2m \leq n$)	給出通解中的 $2m$ 個特解 $e^{\alpha x}\sin\beta x, xe^{\alpha x}\sin\beta x, \cdots, x^{m-1}e^{\alpha x}\sin\beta x$ $e^{\alpha x}\cos\beta x, xe^{\alpha x}\cos\beta x, \cdots, x^{m-1}e^{\alpha x}\cos\beta x$

與二階常係數線性方程的求解過程類似,n 階常係數線性微分方程(5.7)式的求解過程可分為如下步驟進行:

(1) 求方程(5.7)式的對應齊次方程(5.8)式的通解.
$$y_c(x) = C_1 y_1(x) + C_2 y_2(x) + \cdots + C_n y_n(x)$$

其中 $y_1(x), y_2(x), \cdots, y_n(x)$ 為齊次線性方程(5.8)式的 n 個線性無關的解,$C_1, C_2, \cdots, C_k$ 是 n 個任意常數.

(2) 求非齊次方程(5.7)式的一個特解 $\bar{y}$,與二階常係數非齊次線性方程類似,用待定係數法.

(3) 將(1)和(2)中求出的通解 $y_C(x)$ 和特解 $\bar{y}$ 相加,則 $y(x) = y_C(x) + \bar{y}(x)$ 為方程所求方程的通解.

例 9 求方程 $y^{(5)} + y^{(4)} + 2y^{(3)} + 2y'' + y' + y = 8e^x$ 的通解.

解 對應特徵方程為
$$\lambda^5 + \lambda^4 + 2\lambda^3 + 2\lambda^2 + \lambda + 1 = (\lambda + 1)(\lambda^2 + 1)^2 = 0$$

可見特徵根為
$$\lambda_1 = -1, \lambda_2 = \lambda_3 = i, \lambda_4 = \lambda_5 = -i$$

於是對應齊次方程的通解為
$$y_C = C_1 e^{-x} + (C_2 + C_3 x)\sin x + (C_4 + C_5 x)\cos x$$

設所給方程有特解 $\bar{y} = Ae^x$,其中 A 為待定係數,將其代入所給方程得,
$$8Ae^x = 8e^x$$

所以 $A = 1, \bar{y} = e^x$,因此所給方程的通解為
$$y(x) = y_C(x) + \bar{y}(x)$$
$$= C_1 e^{-x} + (C_2 + C_3 x)\sin x + (C_4 + C_5 x)\cos x + e^x$$

習題 5.2

1. 求下列微分方程的通解.

(1) $y'' + y' - 2y = 0$; (2) $y'' - 4y' = 0$;

(3) $y'' - 2y' - y = 0$;　　　　　　　　(4) $3y'' - 2y' = 8y$;

(5) $y'' + y = 0$;　　　　　　　　　　(6) $4y'' - 8y' = -5y$;

(7) $y'' - 2y' + y = 0$;　　　　　　　　(8) $4\dfrac{d^2x}{dt^2} - 20\dfrac{dx}{dt} + 20x = 0$.

2. 求下列微分方程滿足所給初始條件的特解.

(1) $y'' - 4y' + 3y = 0, y\big|_{x=0} = 6, y'\big|_{x=0} = 10$;

(2) $4y'' - 4y' + y = 0, y\big|_{x=0} = 2, y'\big|_{x=0} = 0$;

(3) $y'' - 3y' + 4y = 0, y\big|_{x=0} = 0, y'\big|_{x=0} = -5$;

(4) $y'' + 4y' + 29y = 0, y\big|_{x=0} = 0, y'\big|_{x=0} = 15$;

(5) $y'' + 25y = 0, y\big|_{x=0} = 2, y'\big|_{x=0} = 5$;

(6) $y'' - 4y' + 13y = 0, y\big|_{x=0} = 0, y'\big|_{x=0} = 3$.

3. 求下列微分方程的通解.

(1) $2y'' + y' - y = 2e^x$;　　　　　　　(2) $y'' - 7y' + 12y = x$;

(3) $y'' - 3y' = -6x + 2$;　　　　　　　(4) $y'' - 3y' + 2y = 3e^{2x}$;

(5) $y'' + y' = \cos 2x$;　　　　　　　　(6) $y'' + 9y' = x\cos 3x$;

(7) $y'' - 6y' + 9y = e^{3x}(x+1)$;　　　　(8) $y'' - 2y' + 5y = e^x \sin 2x$;

(9) $y'' + y' = x^2 + \cos x$;　　　　　　(10) $y'' - 8y' + 16y = x + e^{4x}$.

4. 求下列微分方程滿足所給初始條件的特解.

(1) $y'' + y + \sin 2x = 0, y\big|_{x=\pi} = 1, y'\big|_{x=\pi} = 1$;

(2) $y'' - 3y' + 2y = 5, y\big|_{x=0} = 1, y'\big|_{x=0} = 2$;

(3) $y'' - 10y' + 9y = e^{3x}, y\big|_{x=0} = \dfrac{6}{7}, y'\big|_{x=0} = \dfrac{33}{7}$;

(4) $y'' - y = 4xe^x, y\big|_{x=0} = 0, y'\big|_{x=0} = 1$;

(5) $y'' - 4y' = 5, y\big|_{x=0} = 1, y'\big|_{x=0} = 0$.

第 5 章補充習題

1. 請選擇下列各題中的正確選項.

(1) 具有特解 $y_1 = e^{-x}, y_2 = 2xe^{-x}, y_3 = 3e^x$ 的三階常系數齊次線性微分方程是( ).

(A) $y''' - y'' - y' + y = 0$　　　　　　(B) $y''' + y'' - y' + - y = 0$

(C) $y''' - 6y'' + 11y' - 6y = 0$　　　　(D) $y''' - 2y'' - y' + 2y = 0$

(2) 設線性無關的函數 y_1, y_2, y_3 都是二階非齊次線性方程 $y'' + p(x)y' + q(x)y = f(x)$ 的解, C_1, C_2 是任意常數, 則該非齊次方程的通解是( ).

(A) $C_1y_1 + C_2y_2 + y_3$　　　　　　　(B) $C_1y_1 + C_2y_2 - (C_1 + C_2)y_3$

（C）$C_1y_1 + C_2y_2 - (1 - C_1 - C_2)y_3$　　　（D）$C_1y_1 + C_2y_2 + (1 - C_1 - C_2)y_3$

（3）對於微分方程 $y'' + 2y' + y = 0$，則 $y = Cxe^{-x}$（其中 C 任意常數）(　　).

（A）是方程的通解

（B）是方程的特解

（C）不是方程的解

（D）是不包含在(A)(B)(C)三個選項中的情況

（4）微分方程 $y'' - 3y' + 2y = 3x - 2e^x$ 的特解形式為(　　).

（A）$(ax + b)e^x$　　　　　　　　（B）$(ax + b)xe^x$

（C）$(ax + b) + ce^x$　　　　　　（D）$(ax + b) + cxe^x$

（5）方程 $y'' + 9y = 0$ 通過點 $(\pi, -1)$ 且在該點和直線 $y + 1 = x - \pi$ 相切的積分曲線為(　　).

（A）$y = C_1\cos3x + C_2\sin3x$　　（B）$y = \cos3x + C_2\sin3x$

（C）$y = \cos3x$　　　　　　　　（D）$y = \cos3x - \dfrac{1}{3}\sin3x$

2. 求方程 $y'' - 2y' - e^{2x} = 0$ 滿足 $y(0) = 1, y'(0) = 1$ 的解.

3. 寫出微分方程 $y'' - 2y' + \lambda y = xe^{ax}$ 的通解形式，其中 λ, a 是任意常數.

4. 已知 $y_1 = 3, y_2 = 3 + x^2, y_3 = 3 + e^x$ 是二階線性非齊次方程的解，求方程的通解及方程.

5. 已知函數 $y = e^{2x} + (x + 1)e^x$ 是二階常系數線性非齊次方程 $y'' + ay' + by = ce^x$ 的一個特解，求 a, b, c 及該方程的通解.

6. 求下列方程的通解.

（1）$xy'' + 3y' = 0$;

（2）$y'' - 2y' + 2y = e^x$;

（3）$y'' + 4y = \cos2x$.

7. 設有級數 $2 + \sum\limits_{n=1}^{\infty} \dfrac{x^{2n}}{(2n)!}$.

（1）求此級數的收斂域;

（2）證明此級數滿足微分方程 $y'' - y = -1$;

（3）求此級數的和函數.

附錄:各章補充習題答案或提示

第 1 章補充習題

1. (1)D　(2)C　(3)C　(4)D
2. $a = -2$
3. $a = 2$
4. $a = 1$, $b = -4$
5. (1)2　(2)2　(3)$\dfrac{3}{2}$　(4)1　(5)e^2　(6)$\dfrac{1}{2}$

第 2 章補充習題

1. (1)D　(2)B　(3)D　(4)D　(5)A　(6)B
   其中(2)註:設 $g(x)$ 在 $x = a$ 可導, $\varphi(x)$ 在 $x = a$ 連續而不可導, 則 $f(x) = g(x)\varphi(x)$ 在 $x = a$ 處 $\begin{cases} 不可導, & 若 g(a) \neq 0 \\ 可導且 f'(a) = g'(a)\varphi(a), & 若 g(a) = 0 \end{cases}$

2. $2f'(0)$

3. $x + 25y = 0$ 或 $x + y = 0$. 注意:原點$(0,0)$ 不在曲線上

4. $\begin{cases} (1+x)^{\frac{1}{x}} \dfrac{x - (1+x)\ln(1+x)}{x(1+x)}, & x \neq 0 \\ 0, & x = 0 \end{cases}$

5. $4\ln 2$

6. (1) $\dfrac{y^2 - e^x - 2x\cos(x^2 + y^2)}{2y\cos(x^2 + y^2) - 2xy}$; (2) e^{-2}

7. $\dfrac{2(x^2 + y^2)}{(x - y)^3}$

8. 提示:考察函數 $F(x) = f(x) - f(x + a)$, $x \in [0, a]$

9. 提示:不妨設 $f'(a) > 0$, $f'(b) > 0$, 考察 $f(x)$ 在點 a, b 附近單調上升, 故在

158

$[a, a+\delta_1]$ 上可找到 x_1，使得 $f(x_1) > f(a) = 0$；在 $[b-\delta_2, b]$ 上可找到 x_2，使得 $f(x_2) < f(b) = 0$；在 $[x_1, x_2]$ 區間上應用零點定理，可證明 ξ 的存在性

10. 提示：設函數 $f(x) = xe^x - 2, x \in [0,1]$，考慮到 $f(0) \cdot f(1) < 0$ 且 $f(x)$ 在 $(0,1)$ 上的單調性

11. 提示：考察函數 $f(x) = \ln x + \dfrac{1}{x} - \dfrac{1}{2}(x-1)^2 + \dfrac{2}{3}(x-1)^3$ 在 $(0, +\infty)$ 上的最小值.

12. (1) 2；(2) $-\dfrac{1}{8}$；(3) -1；(4) 1；(5) 1；(6) $-\dfrac{1}{2}$

13. $e^{\arctan \frac{y}{x}} \dfrac{y^2 - x^2 - xy}{(x^2 + y^2)^2}$

14. z

15. $dz = \dfrac{2xy^2 + \cos x \cos y}{3z^2 + e^z}dx + \dfrac{2x^2 y - \sin x \sin y}{3z^2 + e^z}dy$

16. $\dfrac{z f_1' dx - f_2' dy}{1 - x f_1' - f_2'}$

17. $4dx - 2dy$

18. $\dfrac{\pi}{4}$；$-\pi e$

19. 51

20. $dz = dx - \sqrt{2}dy$

第 3 章補充習題

1. $-\dfrac{1}{3}\sqrt{(1-x^2)^3} + C$

2. $x - 1$

3. $\dfrac{7}{3} - \dfrac{1}{e}$

4. $\dfrac{\pi}{2}$

5. $F(x) = \int f(x)dx = \begin{cases} -\dfrac{1}{2}\cos 2x + C, & x \leq 0 \\ x\ln(2x+1) - x + \dfrac{1}{2}\ln(2x+1) - \dfrac{1}{2} + C, & x > 0 \end{cases}$

6. $\begin{cases} \frac{1}{3}x^3 + \frac{1}{3}, & x < -1 \\ x + 1, & -1 \leq x \leq 1 \\ \frac{1}{3}x^3 + \frac{5}{3}, & x > 1 \end{cases}$

7. $-\frac{1}{x} + \frac{1}{4}\ln\left|\frac{1+x}{1-x}\right| - \frac{1}{2}\arctan x + C$

8. $\frac{3}{2}\arcsin\left(\frac{2}{3}\ln x\right) + \frac{1}{2}\sqrt{9 - 4\ln^2 x} + C$

9. $\ln\left|\frac{x + 2 - 2\sqrt{x+1}}{x + 2 + \sqrt{x+1}}\right| - \frac{2}{\sqrt{3}}\arctan\frac{2\sqrt{x+1} + 1}{\sqrt{3}} + C$

10. $-\frac{\pi}{2}a^2\ln 3$

11. $\ln\frac{b(2a+b)}{a^2}$

12. $\frac{\pi}{16}$

13. $1 - \frac{\sqrt{3}}{6}\pi$

14. 0

15. ln2

16. $\frac{\pi}{2} + \ln(2 + \sqrt{3})$

17. $x^2 - \frac{4}{3}x + \frac{2}{3}$

第4章補充習題

1.(1) A. 提示:根據阿貝爾定理

(2) D

(3) D. 提示:$S(x)$ 為以 2 為週期的奇函數,$S\left(\frac{7}{2}\right) = S\left(-\frac{1}{2}\right) = -S\left(\frac{1}{2}\right)$

(4) C. 提示:利用 $\cos x = \sum_{n=0}^{\infty} \frac{(-1)^n x^{2n}}{(2n)!}, x \in (-\infty, +\infty)$ 及函數 $f(x)$ 展開式的唯一性

(5) A. 提示:冪級數與逐項求導、逐項積分後的冪級數有相同的收斂半徑

2.(1) $[-1,1)$

(2) $[-3,3]$

(3) $(-2,2)$

(4) 當 $x > \dfrac{1}{2}$ 時絕對收斂;當 $0 < x \leqslant \dfrac{1}{2}$ 時條件收斂

提示:將 x 看成 p,即為 p 級數形式,用比較法:當 $x \leqslant 0$ 時,一般項極限不為 0,發散;當 $x > 0$ 時,$u_n = \dfrac{1}{n^{2x}\left(1 + \dfrac{2}{n} + \dfrac{3}{n^2}\right)^x}$ 與 $\dfrac{1}{n^{2x}}$ 是同階無窮小 $(n \to \infty)$

3.(1) $(-\infty, +\infty)$;(2) $S(x) = x^2 e^x$;(3) $e^2 + 1$

4. $f(x) = 1 + \sum\limits_{n=1}^{\infty} \dfrac{(-1)^n 2}{1 - 4n^2} x^{2n}, x \in [-1,1]$;$\dfrac{\pi}{4} - \dfrac{1}{2}$

5. $f(x) = \sum\limits_{n=0}^{\infty} (-1)^n \left(\dfrac{1}{2^{n+1}} - \dfrac{1}{3^{n+1}}\right)(x-3)^n, 1 < x < 5$

6.(1) $f(x) = \dfrac{1}{4} \sum\limits_{n=0}^{\infty} \left[(-1)^{n+1} - \dfrac{1}{3^{n+1}}\right] x^n, -1 < x < 1$

(2) $f(x) = \sum\limits_{n=1}^{\infty} \dfrac{(-1)^{n+1} - 2^n}{n} x^n, -\dfrac{1}{2} \leqslant x < \dfrac{1}{2}$

(3) $f(x) = \sum\limits_{n=0}^{\infty} (-1)^n \dfrac{x^{2n+2}}{(2n+1)(2n+2)}, -1 \leqslant x \leqslant 1$

第 5 章補充習題

1.(1) B (2) D (3) D (4) D (5) D

2. $y = \dfrac{1}{4} + \dfrac{1}{4}(3 + 2x) e^{2x}$

3. 提示:根據 λ, a 的不同取值進行討論

(1) 若 $\lambda = 1, a = 1$,則 $y = C_1 e^x + C_2 x e^x + x^2(Ax + B) e^x$

(2) 若 $\lambda = 1, a \neq 1$,則 $y = C_1 e^x + C_2 x e^x + (Ax + B) e^{ax}$

(3) 若 $\lambda < 1, a = 1 + \sqrt{1 - \lambda}$ 或 $a = 1 - \sqrt{1 - \lambda}$,則
$y = C_1 e^{(1+\sqrt{1-\lambda})x} + C_2 e^{(1-\sqrt{1-\lambda})x} + x(Ax + B) e^{ax}$

(4) 若 $\lambda < 1, a \neq 1 + \sqrt{1 - \lambda}$ 且 $a \neq 1 - \sqrt{1 - \lambda}$,則
$y = C_1 e^{(1+\sqrt{1-\lambda})x} + C_2 e^{(1-\sqrt{1-\lambda})x} + (Ax + B) e^{ax}$

(5) 若 $\lambda > 1$,因為 a 是實數,$y = e^x(C_1 \cos\sqrt{\lambda - 1}\,x + C_2 \sin\sqrt{\lambda - 1}\,x) + (Ax + B) e^{ax}$

4. 通解 $y = C_1 x^2 + C_2 e^x + 3$

所求方程為：$(2x - x^2) y'' + (x^2 - 2) y' + 2(1 - x) y = 6(1 - x)$

提示：求方程時，對通解求一階、二階導數並從中消去 C_1, C_2

5. $a = -3, b = 2, c = -1$，通解 $y = C_1 e^{2x} + C_2 e^x + x e^x$

6. (1) $y = C_1 + C_2 x^{-2}$

(2) $y = e^x (C_1 \cos x + C_2 \sin x + 1)$

(3) $y = C_1 \cos 2x + C_2 \sin 2x + \dfrac{1}{4} x \sin 2x$

7. (1) $(-\infty, +\infty)$

(2) 提示：分別求出 y', y'' 代入方程驗證即可

(3) 設和函數為 $y(x)$，則問題轉化為求解 $\begin{cases} y'' - y = -1, \\ y(0) = 2, \quad y'(0) = 0 \end{cases}$，得 $y(x) = \dfrac{1}{2}(e^x + e^{-x}) + 1$

國家圖書館出版品預行編目(CIP)資料

經濟數學進階 / 王國政、趙坤銀 主編. -- 第一版.
-- 臺北市：崧燁文化，2018.08

面；　公分

ISBN 978-957-681-390-0(平裝)

1.經濟數學

550.191　　　　　　107011664

書　　名：經濟數學進階
作　　者：王國政、趙坤銀 主編
發 行 人：黃振庭
出 版 者：崧燁文化事業有限公司
發 行 者：崧燁文化事業有限公司
E-mail：sonbookservice@gmail.com
粉絲頁　　　　　　　網　址：
地　　址：台北市中正區重慶南路一段六十一號八樓815室
8F.-815, No.61, Sec. 1, Chongqing S. Rd., Zhongzheng Dist., Taipei City 100, Taiwan (R.O.C.)
電　　話：(02)2370-3310　傳　真：(02) 2370-3210
總 經 銷：紅螞蟻圖書有限公司
地　　址：台北市內湖區舊宗路二段121巷19號
電　　話：02-2795-3656　　傳真：02-2795-4100　　網址：
印　　刷：京峯彩色印刷有限公司（京峰數位）

　　本書版權為西南財經大學出版社所有授權崧博出版事業股份有限公司獨家發行電子書繁體字版。若有其他相關權利需授權請與西南財經大學出版社聯繫，經本公司授權後方得行使相關權利。

定價：300 元

發行日期：2018 年 8 月第一版

◎ 本書以POD印製發行